普京家族

[俄] 亚历山大·普京 著
王宪举 李垂发 张铁钢 易甲子 译

图书在版编目（CIP）数据

普京家族 /（俄罗斯）亚历山大·普京著；王宪举等译. —北京：当代世界出版社，2017.5
ISBN 978-7-5090-1206-2

Ⅰ.①普… Ⅱ.①亚… ②王… Ⅲ ①普京（Putin, Vladimir 1952-）—家族—史料 Ⅳ.①K835.120.9

中国版本图书馆CIP数据核字（2017）第082137号

普京家族

作　　者：	（俄罗斯）亚历山大·普京著；王宪举等译	
出版发行：	当代世界出版社	
地　　址：	北京市复兴路4号（100860）	
网　　址：	http://www.worldpress.org.cn	
编务电话：	（010）83907332	
发行电话：	（010）83908409	
	（010）83908377	
	（010）83908423（邮购）	
	（010）83908410（传真）	
经　　销：	全国新华书店	
印　　刷：	北京华联印刷有限公司	
开　　本：	710毫米×1000毫米　1/16	
印　　张：	23	
字　　数：	245千字	
版　　次：	2017年5月第1版	
印　　次：	2017年7月第2次	
书　　号：	ISBN 978-7-5090-1206-2	
定　　价：	68.00元	

如发现印装质量问题，请与承印厂联系调换。
版权所有，翻印必究，未经许可，不得转载！

目 录

前言 / 1

第一部分　家　谱

第一章　普京的幼年 / 3

第二章　父母双亲 / 7

第三章　爷爷和奶奶 / 14

斯皮里东·伊万诺维奇·普京和奥莉加·伊万诺夫娜·普京娜 / 14

斯皮里东·伊万诺维奇和奥莉加·伊万诺夫娜的儿孙们 / 38

伊万·舍洛莫夫和伊丽莎白·舍洛莫娃 / 45

伊万和伊丽莎白的孩子们 / 47

第四章　第四代 / 50

伊万·彼得罗维奇分支 / 51

尼古拉·彼得罗维奇分支 / 66

季莫费·彼得罗维奇分支 / 117

第五章　第五代 / 147

高祖（四世祖）彼得·普罗霍罗维奇 / 147

瓦西里·普罗霍罗维奇分支 / 149

第六章　第六代 / 171

天祖（五世祖）普罗霍尔·伊万诺维奇 / 171

普罗霍尔·伊万诺维奇的三个兄弟和一个姐姐 / 172

第二部分　家世调查

第七章　家世调查结果 / 187

博尔季诺村的几代人 / 188

波米诺沃村的几代人 / 192

目 录

第八章　关于保全普京家族的世代传说 / 208

第九章　伏尔加河流域的族人 / 213

第十章　遥远的普京们 / 227

　　勃良斯克州 / 230

　　彼尔姆边疆区 / 231

第三部分　同姓者

第十一章　在俄罗斯和其他独联体国家的同姓者 / 237

　　在俄罗斯联邦 / 237

　　在其他独联体国家 / 244

第十二章　有名气的同姓人 / 247

第四部分　姓氏来历

第五部分　补　遗

　　补遗之一　家族的不动产 / 269

　　补遗之二　俄罗斯帝国关于雇佣劳动法的若干条款 / 271

　　补遗之三　第一次世界大战中战俘的命运 / 273

　　补遗之四　伟大卫国战争年代中的波米诺沃村 / 277

　　补遗之五　普京家族在伟大的卫国战争中 / 290

第六部分　相　册

后　记 / 313

译后记 / 325

前　言

> 心系自己的祖国，珍爱前辈的历史。
> ——尼·米·卡拉姆津

前　言

　　本书是2013年版《普京家族：基本研究资料1986-2002年》一书的精编版，原书加上图片共有500多页，包括34个文件，22张图表，183张照片，还附有地方地图。书中向读者介绍的普京家谱成员有：来自伏尔加河流域的85人，勃良斯克州的42人，彼尔姆州也是42人。对35个俄罗斯联邦主体的成员名单进行了系统分类。对来自于地方的、大家感兴趣的一些历史性文献、地名录和其他一些第一手资料进行了专门分析。呈现给大家的《普京家族：基本研究资料1986-2002年》一书，除了那些大篇幅的文献资料外，将使读者了解我们的主要工作成果和作出的结论。

　　对普京家谱的搜集工作始于1986年，那时谁也没有想到它们会成为俄罗斯总统普京家谱的研究对象，是时代使然。我们进行这项研究工作的目的很简单：弄清自己的出身和祖辈的情况，找到失去联系的亲人，恢复往来和联系。这项研究工作吸引了很多人。我们将普京总统家族中的农民家族作为研究的主要对象。本书大量事实验证了世代流传的一句古话：只有优秀的人种才会有善良的民族。

现在我们手里汇集了部分经过多方面研究的材料，包括6代家庭亲属之间的来往资料，对12代家族的研究成果，姓氏起源的资料，在俄罗斯境内的迁移统计资料，还有大量照片、档案证明和其他有价值的材料。按照订购方和执行方的约定，不得将研究的任何资料透露给媒体，也不授权第三方进行补充和辅助研究。所有研究材料不得在网上发表。专家们的评语认为，此书是在俄罗斯正式出版的农民家族家谱专著之一。

人民的历史首先是农民史，农民是人民的主要组成部分。我们是否对人民的历史有足够的了解呢？从表面上看，我们的回答是肯定的。我们对一般的历史概况，当政王朝史、贵族史、战争史以及人口发展史是有一些了解，但是在这些历史的描述中，人民的作用是很小的。人民的历史与当政家族史是有区别的。现在大家都承认，农民才是人民历史的基础，而我们恰恰对农民史的研究很不够。

在20世纪里，我国人民经受了其他国家很少遭遇过的社会动荡，如1917年事件、没收银行存款和私人贵重物品、内战和恐怖事件、剥夺个人财产、搞集体化、德国法西斯入侵、苏联解体、上世纪90年代的休克疗法式改革。这些事件给我国大多数人的生活带来了灾难性的后果。如此剧烈的政治突变使人们背井离乡从自己的老家来到其他城市，人们不得不改换职业，改变自己的生活和思维方式。与三四代前不同，现在不少人在很大程度上脱离了自己家族自然社会环境。寻找先辈亲人成了一个现实的问题。

大多数民族都对自己的家族来往情况一辈一辈地追踪下去，即使在最困难的时期，人们首先关心的是自己的子孙们。

在十月革命前，有一个传统的做法：每个家庭，无论是什么样阶层的家庭都要将有关先辈们的情况传给年轻的下一代。在订婚之前，通常老一辈人聚集在未来新郎和新娘的家里，谈谈双方亲戚的一些情况，所谈的内容包括性格特点、事业情况、办事能力、缺点与不足、取得的成绩和遭遇的挫折、身体素质和智商情况、健康状况、有几个孩子、有哪些亲近的人、寿命如何等。老人们通过对前辈情况的分析讨论，对新人未来家庭及其生育孩子问题作出预测判断。这种分析一般要追溯到前6代人。很早人们就发现，家族的性格特点和志向爱好一般会遗传到第6代子孙。因此，人们都将前6代算作亲属，从第7代起就不算是亲属了。在俄语中有一个固定的词组："八杆子打不着的亲戚。"意思是，从第7代之前就是远亲。这样的家庭属于同姓家庭，不过他们都是有家族关系的。家谱研究的范围很广，从同一个家谱的近亲到远亲，一直到同姓亲属。

现代医学可以对民间长期观察到的现象进行论证。科学证实，孩子的健康、气质、特性、外表、甚至命运是由其出生前6代人的基因形成的。

哲学家弗洛连斯基告诫大家，"不要忘记自己的出身，也不要忘记祖辈人的身世，要对自己的祖父和曾祖父进行研究，要纪念他们，尽力记录过去所有的一切，如出生、家庭、住宅、境况、物品、书籍等。尽量搜集与家庭和家族有关人员，如熟人、亲戚、朋友的照片、手稿、书信、出版物和手稿。让家族的全部历史都收藏在你的家里，让你身边的一切都在回忆之中。住宅、藏书、家中有意义的物品，不到最需要的时候不要卖给他人。"

个人搜集

我个人从事家族问题研究是从查阅现有专业性的和图书馆订阅的文献资料开始的，并在苏联列宁国家图书馆里进行了深入研究。由于拥有基础性的文献资料，我们对家族和地名问题有了比较系统的了解，进而可以自如地与专家交流。

后来，我来到苏联科学院语言研究所，拜访了苏佩兰斯卡娅教授，她是著名的地名学专家。苏佩兰斯卡娅教授得知我的目的后，提出了宝贵的建议，并拟定了高水平的研究计划。

在很多年里，我们整理了父母、祖父、曾祖父的回忆录，列出了从亲属开始的家谱录，系统地搜集旧的文件、日记、信件、照片，并向有关单位和人员发出咨询函。随着个人档案的不断补充和增多，我们拥有了很有意思的、甚至是独一无二的资料。经过本人的研究，列出了以下研究专题：家族族谱、姓氏起源、全国迁徙。

口述的家谱资料是档案材料论证和专业人员深入研究家谱的起点。

后来向国家机构发出的咨询函效果不尽如人意。在很短的时间内，个人搜集家谱的可能性耗费殆尽。与职能部门人员接触的经验表明，为了能与他们进行有效的合作研究必须有法人的主动参与。

前言

家　谱

　　为了与家谱普查机构进行有效的合作，提供确实可信的家族家谱信息是很重要的。订购方应当从父母开始，按照自己最亲长辈的主要生活经历准备好家族家谱材料。主要生活经历包括出生、婚姻、死亡等情况。最好能提供生活经历的准确时间和地点，如果可能的话，有文件依据为好。如果没有，就只有凭记忆了。口述的亲属家谱资料是按国家文件标准进行家谱录设计所需要的特殊技术工作。有了这些原始材料便可以开始具体的档案查找工作。通过对有关家谱文献资料的分析，作者对编撰家谱的复杂性和特殊性有了足够的认识。由此我们懂得，必须找专家进行家谱研究，他们必须对家族家谱有系统的研究。他们有自己的研究方法，与国家档案馆有着密切的联系。他们可以找到解决问题的办法，比如需要办理有关文件和有关手续，甚至包括某些私人问题。对于如此重要的研究工作，靠业余爱好是不行的，因为这将浪费大量的时间，不可能保证资料搜集的完整性，研究成果的可信度也得不到保障。

　　在选定家谱研究工作任务时，应向家谱研究人员提供现有的家族家谱材料，以制定最初的工作方案。家谱研究人员应以档案文件为依据，对家谱研究选题方案进行论证确认，或者对其加以否定。只有这样，记录下来的口述家族家谱材料才能成为具有法律效力的档案文件。

　　起初，普京家族家谱情况只是在祖父和祖母的记忆里。从小他们就记住了亲人们有关生活情况和性格特点的谈话，听到他们阅读信件的内容。亲人来访，或者到别人家作客是一件最令人高兴的事。亚历山大·尼古拉耶维奇·普京、亚历山大·斯皮里东诺维奇·普京、玛丽亚·季莫费耶夫娜·普京娜、玛丽亚·帕夫洛夫娜·丘尔萨诺娃、亚历山大·亚历山德罗维奇·普京讲述了许多有趣的家族故事。

　　祖辈们小时候的求知好学欲望对家谱研究产生了兴趣。遗憾的是，他们不可能将那时候所有的事情都记录下来。当时谁也没有想到，由于生活某个阶段发生的外部变化，我们要对后来成为总统的家族家谱进行认真、仔细的研究。为所有亲属们编撰一生一次的家谱，后辈的家谱由子孙们补充。永恒而简单的真理：珍视家族价值，敬爱父母，尊重并怀念祖辈，关心子孙的现在和未来。不珍惜自己过去的人是没有前途的。

　　如果你感到自己是始于祖先的又大又长的家族链条中的一环，那么，你的任务就是不要使链条在你这一辈断掉了，而应该让它更加结实，精神上更加丰富。为什么有些著名王朝几百年强盛不衰？那是因为他们的孩子们是在世代相传的光荣传统精神沐浴下成长的。他们读着关于优秀前辈的许多书籍，把前辈们的画像挂在墙上，把照片保存在相册里，前辈的画像和照片时刻影响着后代的成长。祖辈遗传下来的骄傲自豪感不允许他们干坏事，不允许他们有不良习气。

　　你的祖先是你的保护神，不要失去与祖先的精神联系。

前　言

家谱研究前期准备

"家谱是根据确实可信的文献记载及其他来源，对拥有同一祖宗或后辈之间的亲属关系，无论其社会地位如何，进行调查确认。家谱是某个氏族代表的社会和家庭生活的全部历史。"这是著名俄国专家萨维奥洛夫对"家谱"的定义。"家谱"一词来源于希腊语"genealogia"。

在古代，统治阶级出于多种考虑，为了巩固自己家族关系的实际需要编纂了家谱。为了确定某个人的社会等级地位就必须了解家谱。在执行继承法方面也需要了解家谱，不仅是财产继承，而且包括权力继承，也就是皇朝统治权的继承。

随着社会的发展，家谱逐渐具有了世界的、国家的、民族的独立文化和社会价值。

在中国最著名的家谱是《孔氏家谱》，它的创始人就是伟大的教育家和思想家孔夫子（孔子）。其家谱是2300年前开始编纂的，共计包含74代。《邓氏家谱》是中国最古老的家谱，此家谱始于3300年前，包含114代，目前收藏在中国河南省邓州市档案馆。

许多人尽管哲学思想不同，宗教信仰各异，民族特点差别，却对家谱研究情有独钟。圣经是从描述亚当和夏娃家谱人类开始的。英国家谱研究专家托里·比尔罗丝列出了耶稣基督的家庭成员名单。

在耶路撒冷的一个修道院里，有耶稣族谱录，起源于约瑟夫、亚当和夏娃，对耶稣是上帝的儿子就不可能是约瑟夫的儿子的说法不屑一顾。按父系建立族谱非常重要和必要。电视台为表敬意播放了关于苏格兰王朝的电影，介绍道格拉斯（著名的罗伯特·布鲁斯）和其他人的家谱。

在澳大利亚，一位姓伊利英的俄国侨民征得州长的同意，1915年与当地姑娘结婚。他建立了家庭，有了自己的孩子、孙子、重孙。如今，后辈们对自己的出身感兴趣，于是请明斯克的一位历史学家做家谱。专家编写并出版了起源自俄国萨拉托夫省的伊利英氏族谱。此书在澳大利亚成了畅销书，可见社会对家谱问题的兴趣多么巨大。

在俄罗斯，很早就有人用有关家谱的知识来解决官员等级之争和处理财产诉讼官司。俄国从16世纪40年代起在征兵服役时就利用了家谱方面的知识，在吏部编纂了第一批家谱书籍，后来又成立了爵位等级管理处。18—19世纪，家谱也被用来确认某个人或某个家族的头衔和爵位。爵位等级管理处改名后直到1917年前隶属于议会参议院。从此，官方对每个家庭的来历进行确认，出现了家族文件，得到了社会的高度评价。

在俄国形成了由专家组成的俄国家谱学派。十月革命后，有经验的家谱专家被迫移居到了国外，他们将自己的知识传授给了国外的信徒和学生，为其他国家的文化发展作出了巨大贡献。

有人认为，微观历史，即家史、家族史、家族个人信件的研究是当代历史研究的一个重要方向，围绕这个问题曾经有过长时间的争论，职业历史学家支持这个观点。

上世纪90年代初，我国开始恢复家谱研究，历史学家、档案人员向有意编纂家谱的所有人提供帮助。家谱工作者对自己工作的兴趣大大提高了，涌现出大量职业家谱专家。他们积极地工作，尽量使不知道自己家世的伊万诺夫那样的人更少一些，使俄罗斯成为大家相互团结，互相信任的国家。

在俄语中"人民"（народ）这个词来源于"氏族"（род）一词。它是所有有血缘关系家族的总称。"祖国"（родина）一词的词根也是"氏族"（род）一词。"氏族"（род）是斯拉夫神的名字。我们都是通过家族和家谱成为祖国的人民的。

1996年在俄罗斯研究出了家谱录数学模式，并建立了网站www.rodstvo.ru。这一模式以历史人口资料和每个家族上一辈人数量增倍的事实为基础。按照这个模式得出以下结果：

—— 生活在1800–1900间的祖先的生存概率；

—— 1700–1800年间不少于1个共同祖先；

—— 1600–1799年间会有几个共同祖先；

—— 1500–1600年间有很多共同祖先。可以确信，所有俄罗斯人都来源于智者雅罗斯拉夫和亚历山大·涅夫斯基。

家谱是不会有重复的，这是一项单个的科学研究工作。编纂一部家谱需要很长时间，要跑很多城市，到各种档案馆查资料，求证各种信息来源。工作成本很大，编纂时间往往要好几年。有时不得不分阶段，按辈分编写。

1992年6月25日我与俄罗斯家谱协会签署了编纂普京家族族谱的合同。按照合同规定，订购方向执行方提供了两份文件：

一是到国家档案馆查阅普京姓氏资料的委托书；二是调查表式的口述家谱样本，特殊的技术研究任务。

调查表适用于订购方亲属：祖父、曾祖父、高祖父。这是最为流行的一种方法，因为在大多数情况下，祖父都能记住自己祖父的情况。为了能在档案馆里有效地查阅有关资料，最好的办法是按上述三辈人名字查阅。如果加上父辈和自己，订购方可以得到编纂5代人家谱的机会。

从合同签署之时起，执行方的任务是：首先对订购方提供的、由亲属口述的祖父、曾祖父、高祖父的家谱资料进行核实。然后从高祖父到祖父进行家谱调查，尽可能找到档案文件。家谱编纂协会的古文献学家奥莉加·亚历山德罗夫娜·叶利扎里耶娃与特维尔州国家档案馆的工作人员进行了初期阶段的研究。

由协会编纂的、按姓氏排列的正式家谱目录出版于1994年，由亚历山大·米哈伊洛维奇·普京编写的普京家谱录也收录其中。

前言

Д О Г О В О Р

на создание родословной росписи

г. Пермь "25" июля 1992 г.

Ассоциация генеалогов-любителей, именуемая в дальнейшем ИСПОЛНИТЕЛЬ, в лице Президента Онучина Александра Николаевича, действующего на основании Устава, с одной стороны, и _Путин Александр Михайл_, именуемый в дальнейшем ЗАКАЗЧИК, проживающий по адресу: _____

с другой стороны, заключили настоящий договор о нижеследующем:

I. ПРЕДМЕТ ДОГОВОРА.

1.1. Заказчик поручает, а Исполнитель принимает на себя создание родословной росписи рода ___Путиных___ .

2. ПРАВА И ОБЯЗАННОСТИ СТОРОН.

2.1. Заказчик обязуется:

2.1.1. В срок до "25" июля 1992 г. предоставить Исполнителю заполненную анкету (родословное древо), оформленную доверенность и подписанный экземпляр настоящего договора.

Просрочка представления указанных материалов до одного месяца отодвигает срок выполнения работ на один месяц, а свыше одного месяца влечет за собой расторжение договора в установленном порядке.

2.1.2. В тот же срок перечислить на счет Исполнителя аванс в сумме 2 000 (двух тысяч) рублей.

2.1.3. Оплатить представленную родословную роспись (с зачетом аванса) из расчета: 75 рублей за каждое лицо, включенное в рос-

（合同图片）

1992年7月25日，作者亚历山大·普京与佩尔姆市家谱爱好者协会签署的关于建立家族档案的合同书。

起步维艰：在特维尔州国家档案馆确认家谱

编写家谱录可以按多种来源进行，职业研究人员都要对纳税人花名册、信教名单、出生证和人口普查手册以及其他有价值的第一手材料进行研究。

这些文献资料都收藏在州、中心城市、莫斯科和圣彼得堡国家档案馆里。接触档案资料须按现行法规办理。

编纂普京家谱首先必须弄清所需文献的保存状况。普京总统家谱编纂工作在特维尔州[①]的一个区里启动，1941年这里曾经被德国占领。文献资料的保存情况决定着搜集资料和合同执行的效果。对此，否定答案的概率非常高：如果在档案馆里找不到所需要的文献资料，执行方有可能做出由于客观原因不能按合同查找资料的结论。1941年夏秋之际，德国法西斯进攻苏联的速度和苏联红军溃退的速度同样之快，对于这一战争给苏联的地区管理局所带来的严重后果，我们这一代人是无法想象的。德国法西斯军队仅用3个多月就从苏联西部边界打到了莫斯科郊外。有一些地区管理局没有能力全面完成撤退的计划。可以肯定，带走和保存档案文件并没有列为当时头等重要的任

---

① 州府特维尔市位于莫斯科以西167公里处，1931年前称特维尔，1931年至1990年称加里宁市，1991年复称特维尔。

务。在当时那种形势下有可能下令销毁档案文件，档案馆的领导人也必须将所藏的档案全部烧毁。在那种极端形势下，档案馆都被德国人占领了，是不可能将档案保存下来的。战争的头一年，德国空军控制了苏联领空，他们肆无忌惮地轰炸列车、火车站、居民点、汽车车队等。谁也不会去捡从某个文件夹中散落的纸片，谁也不会去扑灭焚烧档案的火焰。当时主要的任务是，一切为了前线，保卫祖国，保住后方。

起初对档案馆的期望很渺茫，所以，后来从特维尔国家档案馆得到肯定答复是很意外的，这使我们对成功充满了信心。档案馆的工作人员热情地提供了使用馆藏文献的方便。所需要的文献资料都保存完好，这使我们能编纂出经过档案资料核实的、可信的家谱录，使我们有了迅速完成合同的希望。档案馆的分析员打开文献卷宗、文件袋，将其与搜集到的散落的文献资料进行比对，一定会编纂出让订购方满意的普京家族族谱。

但是，在档案馆的初期研究工作并没有取得完整的成果，仅仅是一些片断的、过渡性的成果。已经开始的工作成果不多，家谱协会无法制定研究方法。头一年只能靠档案馆专家们的专业知识和他们核查资料过程中提出的意见进行研究。编纂家谱的特点与其他工作一样，不可能提前预知到一些问题。家谱研究是一项庞大的工作，它包含有许多单个的因素。随着研究工作的深入，终于搞清了工作受挫的原因。原来俄国一些中央州的农奴们在登记时没有填写自己的姓，只写了名和父称，比如：伊万·彼得罗夫，儿子；尼古拉·德米特里耶夫，儿子，等等。姓是家谱的名称，而无记载，他们只是一代一代地口传下来。这是农奴无独立人格、缺乏个人自由、没有公民权利的后果。在乌拉尔州，尤其是彼尔姆边区，编纂家谱的工作完全是另外一种情况。那里的农民是按姓登记的，因此，在乌拉尔进行农民家谱查找工作就比在俄国中央州容易多了。彼尔姆家谱协会的工作人员在特维尔档案材料里看到了上千个伊万·彼得罗夫、尼古拉·德米特里耶夫，但谁姓普京？谁不姓普京？怎样将他们挑选出来？成了一道难题。在这种条件下，编纂农奴家谱极为艰难，需要有极大的耐心，从大量的登记资料中挑出谁是要寻找的家族。特维尔国家档案馆工作人员在解决这个难题方面功不可没。加琳娜·维克托罗夫娜·巴努特金娜处长是一位经验丰富的专家，是多部档案研究作品的作者，在她的领导下，家谱编纂工作有条不紊地进行。先对旁系亲属的档案资料进行了核实，这项工作花费了很多时间。曾经试图找到一切可能的来源：出生证（出生日期、结婚时间、死亡时间）、教堂手册（注明个人年龄的家庭成员忏悔名单）。有文献资料为客观依据，加上丰富的职业经验，制定了农民家谱调查的识别标准。经过大量细致的工作，对名、姓、父称、出生日期和其他口述的家族情况与国家档案馆的文献资料进行了核对，终于在1992年底取得了合同要求的初步成果。在开展工作的初期，经受了极大的考验，做到了坚忍不拔、专业过硬、耐心细致。在特维尔州图尔吉诺夫乡，教堂登记册、纳税人口花名册和出生证是编纂普京家谱的资料来源。特维尔国家档案馆关于普京家族祖辈出生证的首批证明材料于1998年交给了订购方。订购方提供的口述家谱得到了档案馆的核实，成为有法律效力的文件。

乘胜前进：深入查找

在获得确实可靠的档案资料后，便可以进入下一阶段的工作：从高祖父起一代一代地查找，并对订购方提供的初始家谱录进行补充。时任助理研究员，后来当了档案馆馆长的叶连娜·尼古拉耶夫娜·叶夫列莫娃对家谱进行了深入研究，并对4代人的初始家谱录进行了补充。一步一步地对家族代际之间的联系情况进行了确认和核实，家谱编纂工作有了深入进展。

俄国经常进行人口普查，因此，纳税人花名册是人口普查结果的真实文件。每隔20-30年进行一次人口普查，以对全国的纳税人进行准确统计。人口普查最主要的目的是为了确定人头税和政府征收的个人税。当时只向男人征收个人税，他们每年要交人头税。纳税人花名册对每个院子里居住情况进行了详细记载：有房主的姓、名、父称，每个家庭成员的年龄、家庭成员，他们同房主的关系：是儿子、女婿、儿媳妇、妻子、姐姐等。对没交税赋的原因也有说明：死亡、移民、当兵、逃亡等。在最初的纳税人花名册里只有男人交税的记载，女人不交税。后来才将妻子和子女交税记入花名册。

下一次人口普查与上一次相比，人口情况发生了很大的变化。在进行人口普查和随后的头几年里，国家管理机构所掌握的人口统计资料还是接近事实的。几年过后，实际人口数量与人口普查时统计误差越来越大，因为已死亡的人还在统计数字中，而新出生的婴儿又没有统计进去。俄国总共进行过10次人口普查：1715至1719年，1743年，1762年，1782年，1795年，1811年，1816年，1834年，1850年和1858年。在特维尔的家族调查是根据1782—1858年的纳税人花名册进行的（特维尔州税务局第312号卷宗）。

关于祖辈资料的另一个主要来源是教堂登记册。登记册中有教民数量的统计，不仅有按姓名或每个教堂统计的，还有每个教区教民总数的统计。教堂登记册使用的表格是东正教事务总管理局的印刷厂印制的。根据1728–1880年教堂登记册进行的调查很有成果（特维尔省宗教法庭第160号卷宗）。

对于家族当年的资料情况可以查看出生证。这个工作量很大，因为要查阅每年的出生证。在特维尔，查阅了1878–1918年的出生证（特维尔省办公厅第57号卷宗）。

经过细致的、专业的查找工作，编纂了小本的家族图，交给了订购方。

提交给订购方的9代家谱图是根据特维尔州国家档案馆文献资料编纂的。

特维尔州国家档案馆所藏文献资料有限，最早的人口普查资料只有1782年的，而这已是帝俄时期第四次人口普查了。必须到莫斯科进行进一步的查找工作。

前言

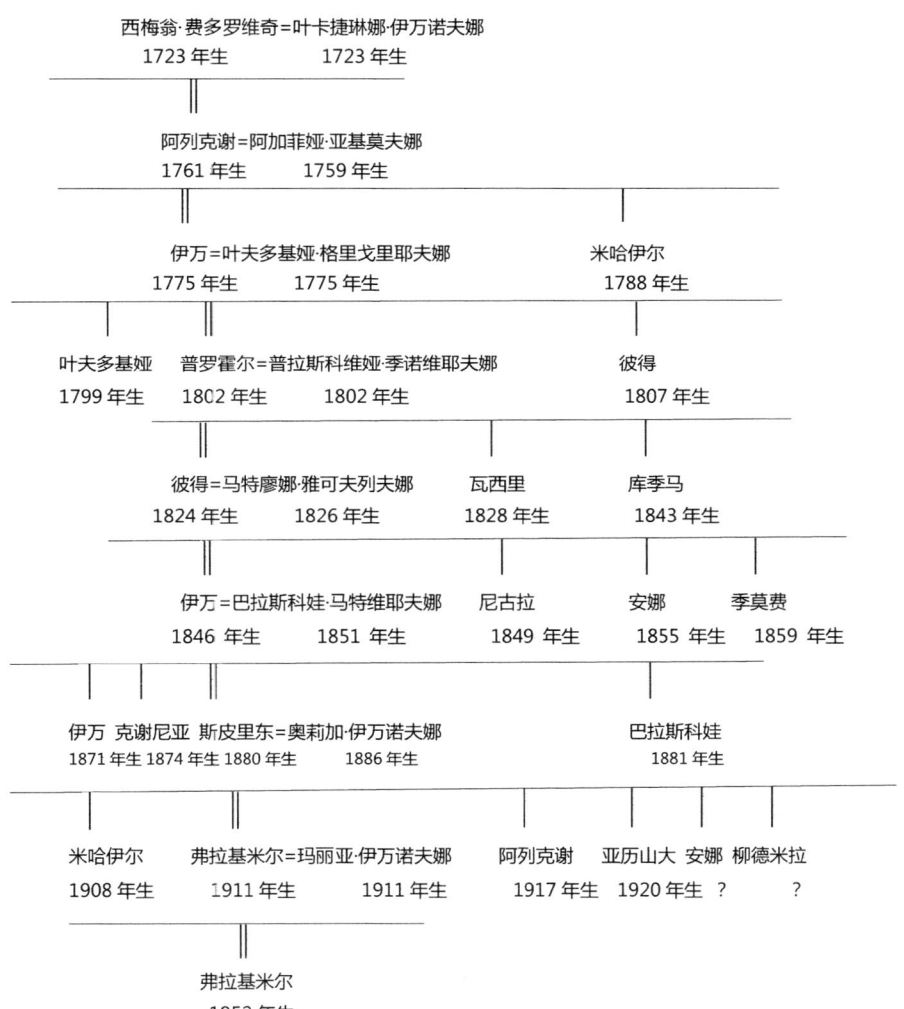

提交给订购方的9代家谱图是根据特维尔州国家档案馆文献资料编纂的

在俄罗斯古代文献档案馆查阅资料

为了家谱编纂工作取得更大的进展，必须找到1719年、1744年和1764年3次人口普查资料。这些资料收藏在莫斯科国家古代文献档案馆，那里藏有税务登记册和人口调查册，编纂17—18世纪家谱需要这些资料。对前三次人口普查资料和其他文献资料进行了研究。

助理研究员叶·尼·叶夫列莫娃到莫斯科出差。在档案馆查阅了必要的资料，对家谱图又补充了3代人的资料，编到了1630年，并交给了订购方。编纂总进度到了第12代人，专家认为，对于一个农民家谱来说，这是一个很好的成果。

从开始到现在，1992—2002年共计10年时间，完成了对俄罗斯总统弗拉基米尔·弗拉基米罗维奇·普京家族家谱的研究。家谱录编纂者名单如下：

叶连娜·尼古拉耶夫娜·叶夫列莫娃，特维尔国家档案馆馆长，负责第1代到第7代的家谱研究，她完成了最初档案资料的查阅工作，并根据特维尔档案馆和俄罗斯古代文献档案馆的资料编纂了家谱图。

亚历山大·米哈伊洛维奇·普京，作为订购方，负责从第8代到12代的家谱研究，他向特维尔国家档案馆提交了5代人的原始家谱材料，通过查阅档案资料，对原始家谱进行了核实确认。

前言

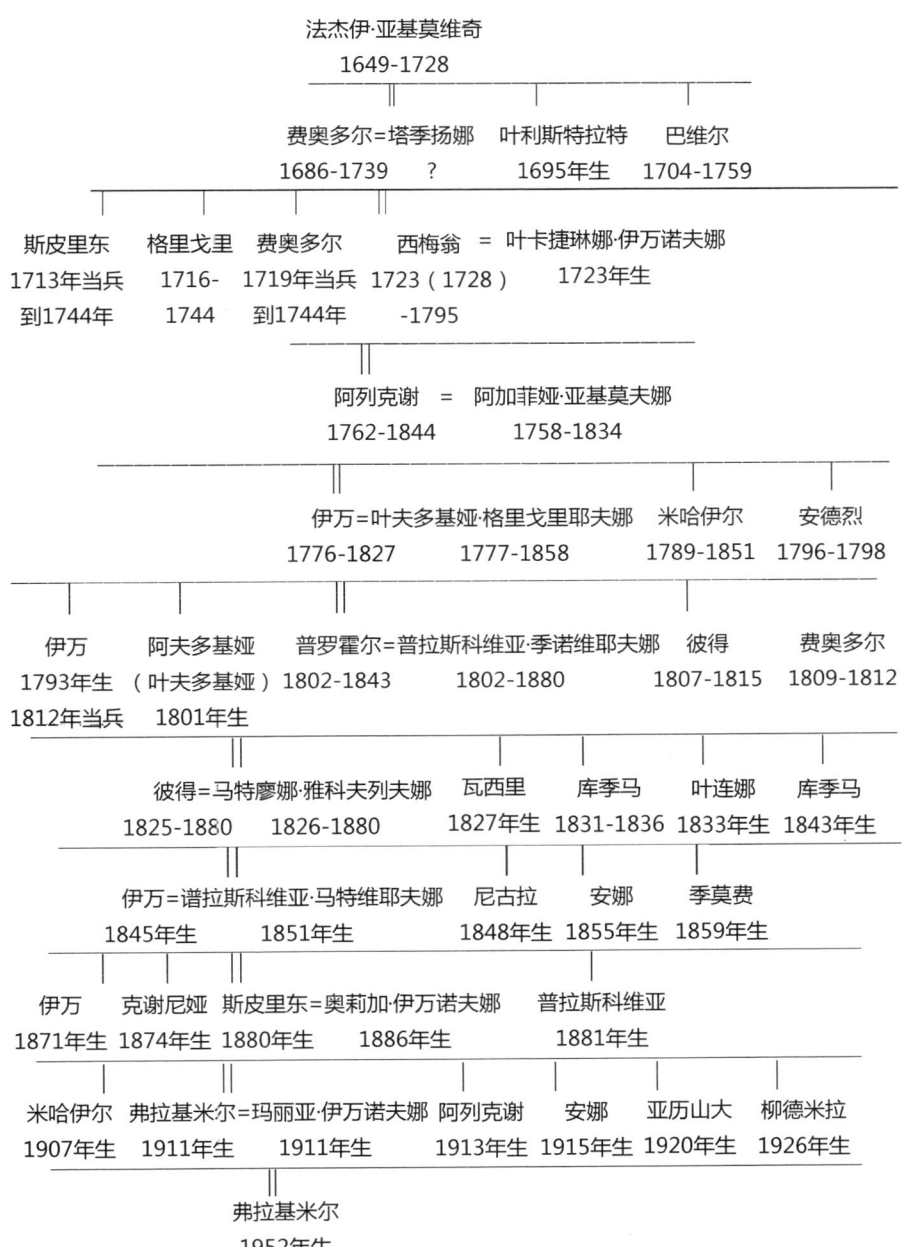

普京家族12代家谱图

提交给订购方的12代家谱图是根据特维尔州国家档案馆和俄罗斯古代文献档案馆资料编纂的,2002年拿到了最后一批档案资料。特维尔国家档案馆将已编好的家谱图交给了订购方,并呈送给总统办公厅。

根据研究成果拍摄了电视片《普京家谱编年史》,片中介绍了家谱调查的主要阶段、第10代普京家族的住宅、家庭,以及他们的日常生活情况。

姓氏起源

语言学家们都知道文科博士阿·瓦·苏佩兰斯卡娅教授,她是一位专业超群、知识渊博的语言专家。语言学家们都学习她的研究方法和已发表的大量作品。

苏佩兰斯卡娅的书通俗易懂、文采飞扬,许多文学爱好者都热衷于读她写的书。许多人就是从她发表的文章中搞清楚了自己姓氏的起源。她还是《科学与生活》杂志《你的姓氏》栏目无可替代的撰稿人。

1986年,苏佩兰斯卡娅对"普京"姓氏的起源发表了很有价值的具体建议,并为普京姓氏列出了变化表。当时她担任苏联科学院语言研究所专有名词研究室主任的职务。1989年前整理完成了普京姓氏起源的材料。

前　言

同姓者

在移民研究中，弄清姓氏问题在全国各地都是一项复杂的工作，主要难点是如何得到原始资料。通常出现的一些组织工作方面的问题也可能使这项工作无法完成。

20世纪80年代末，几次搜集资料的工作都失败了。按照最初的工作计划是不可能完成任务的，后来，对工作计划作出修改后才完成了任务。我们放弃了进行全面完整研究的计划，代之以减少原先选定的一些地区，只对部分地区进行搜集和研究。

在1992—1994年间，开展了对俄罗斯境内的普京（普京娜）这一姓氏公民的移民情况的研究查找。在工作过程中出现了一些另外的问题，但这些问题并没有成为不可解决的难题。当时，普京这个姓是一个不常见的、不引人注目的、很普通的姓氏而已，并没有引起人们过多的关注。这极大地减少了解决诸多问题的难度。

普京家谱工作当然先从圣彼得堡开始，因为他的父亲、祖父和曾祖父都曾经生活、学习和工作在这里。后来又在许多俄罗斯联邦主体继续开展了这项工作。1994年收到了最后一批查询结果的回复。曾向内务部地区管理局请求帮助查询某某姓氏居民的情况，内务部护照处的工作人员对居住在这里的人从现有文件资料库中进行了查找。查找到的资料以回复查询结果的方式报送给相关人员。

根据居住人员数量多少，查询结果回复的信函采取两种格式：一是对于人数不多的地区使用第二种格式，随信附上填写好的标准表格。二是对于人数很多的地区则随信附上总名单。因此，收到的每个人的材料丰满度相差很大。

每个人的年龄和社会状况千差万别，有退休老人、大学生以及各种不同行业的在职人员。

照片凭证

照相很早就进入了人们的生活，成为日常生活中最为普通的一件事。19世纪末期，照相技术、胶片制作和印像工艺都有了很大的改进，大大降低了照相成本，这使许多商人可以自己购买成套照相设备，开设私人照相馆。从老的纪录片中可以看到，那时街道上的照相馆并不比商店、服装店、小饭馆少。竞争导致物价下跌，有专业技能的人走俏。照相已成为许多居民力所能及享用的，甚至有的农民为了寻求开心，也照张家庭照和朋友照留作纪念。当然，照相纸的价格很贵，使得印相的人并不多。人们只在有特别理由时才到照相馆照相。

普京家族在圣彼得堡工作期间，曾经照过一些像。随着时间的流逝，照片数量不断增多，并且定期收藏，当传家宝一样精心保存下来。用丝绒做的相册，配上精致的小铜扣，在当时是很精美的。相册作为家族最珍贵的物品和纪念品保存完好。这是珍爱家庭的优秀榜样。1917年革命事件发生后，普京家族被迫从首都搬到了农村，他们把照片也随身带着。在大搜查时，把照片交给经过考验的、可靠的亲戚保存。在法西斯占领时期，这些照片也完好地保存下来，并没有被当作弃之无用的图片给小孩子玩。如今这些照片已经一百多年了。正是这些古老的照片让我们将普京祖辈的血统关系分辨出来。照相艺术是我们共同文化的财富，它散发着时代流逝、独一无二的芬芳。

革命前的照片按照当时的流行做法分为：办公室照、访问照、宠物照等。每一张照片都是摄像师小小的艺术杰作。照相时选择什么样的点缀，什么样的背景，怎样装饰，摆什么样的姿势，什么样的脸部表情，怎样的眼神，都是经过精心设计的。照片印相技术非常精细，直到今天还像当初一样清晰可见。

在印刷厂定制了带名字的精美相框。20世纪20年代照相师们走向联合经营，成立合作社，带名字的相框就用不上了，这样照相就便宜些了。各个不同照相合作社里，照相师傅传授经验的效果也各不相同。

后来出现了使用胶卷的照相机，既小巧，又方便，照相进入人民大众的生活之中。20世纪五六十年代，在我国一些城市里，可以看到许多摄影爱好者手里拿着价格便宜的照相机。他们的照相质量完全取决于本人的技术功底和审美水平。米哈伊尔·亚历山德罗维奇·普京曾是个摄影迷，米库林编写的著名的摄影指南《摄影25课》一直放在他的桌上。一年的时间里，他照完并洗印了3—5个胶卷，每个胶卷36张照片，这些照片都保存了下来，普京家族照片库大部分照片都是他拍摄的。

《普京家谱》第一版问世后，明显感到图片部分需要进一步改进。因此，修复照片、补充现有的照片档案、保障图片资料的可靠性成为首要任务。根据研究工作需要，照片工作仅限于20世纪60年代，因为当时只有家庭、朋友和熟人的黑白照片。

很快这项具体工作上升为当初下达的家谱研究的任务范围，并具有独立性。照片的风格是大众化的，没有任何修饰地反映着真实情况。照片册里有许多照片，有同班同学的，有朋友们一起的，有战友合影的，不得不对这些照片进行研究。显然，每一个具体的事件，他们的外表面容，他们相互之间的关系，都需要列入资料库中。照片总数增加到数百张，这些照片反映了我国当时的现实生活和历史事件。这也是我们父母和祖辈生活历史的最可信的资料。从他们的眼中可以看到欢乐和忧伤、对未来的信心和失望、家庭琐事和事业上遇到的问题。总之，过去10年俄国家庭遭遇到的一切都反映出来。毫无夸张地说，无论从历史的观点，还是从美学的角度，许多照片都是独一无二的珍贵资料。

在我国那些忙碌的年代，很少有人在照相馆里洗印照片，将照片放在漂亮、厚厚的相册里，并且按很久以前的传统，当有人来家作客时，乐此不疲地、不慌不忙地给客人一张一张地翻看照片。现在人们都是在电脑里建立自己的照片档案夹。生活条件的变化使人们对照相有了新的认识。

当手中拿着这些黑白老照片，接触到那么久远和如此亲近的一些事件和内容时，心里有一种忐忑不安的感觉。过去的人表现出高雅的风度，受人爱戴。从祖辈发黄的照片和他们坦诚的目光中，可以看到他们对我们寄以信赖和希望。看到这些照片，谁也不会无动于衷。照片插图工作是如此地引人入胜，因为家谱研究破例让我们对过去保留下来的大量照片进行分析研究。照片库具有极大的历史、文化和美学意义，可以从中挑选出照片建立展览馆。以照片插图的形式挑选出了反映20世纪上半叶农民生活的照片。为了听取客观的建设性意见，组织了几次个人摄影作品展。展览引起了观众的极大兴趣，观众们在留言簿上写下了一些感谢的话。

地方志

在俄国中央区平原地带，特维尔州和莫斯科之间交界处，有大片森林、小树林、湖泊、湿地、小溪、泉水。松林中非常轻松的气氛，有益的青草和水中植物散发着各种清香味，给人一种难以言表的特别印象。这是从事任何活动和休养的最有利于健康的环境。到处是舒畅、安宁、卫生、干净的感觉。很久以前就有人在这里居住。

普京家族的故乡波米诺沃村，离扎维多沃国家公园附近的图尔吉诺沃村很近。

俄国最初的经济合作社就是从这个地方沿着神奇的绍申—拉姆河岸建立的。莫斯科与特维尔公国的交界处曾经是一块不安宁的地方。特维尔和弗拉基米尔大公米哈伊尔·雅罗斯拉沃维奇1317年12月22日在别尔捷尼奥夫战役中打败了莫斯科军队。战役是在舒申河流域进行的，战争场地至今还无法确定。1375年莫斯科大公德米特里经过拉姆河与米库林河的通道徒步到过特维尔。

1539年税册中关于土地所有制的记载如下："扎霍日叶乡的大公国村庄和宫中村庄被地主瓜分了：图尔吉诺沃村庄为谢苗·伊万诺维奇·格林斯基大公所有，其中包括波克罗夫圣母教堂，大公宅院，18户农民，耕地，饲料干草。同一个乡里还有几个村庄……"（后面列举了108个村庄）。

在那个混乱的年代，波兰人入侵俄国，农村居民都离开了农村，农业经营停止了。关于经济停滞的规模可以那时的文件为证，当时特维尔县司书官费德·伊格纳吉耶夫起草的1628年的地方令中有过记载。

在波兰人入侵时，当地居民遭受了严重灾难，人们被屠杀，农业经济停止，土地上长满了杂草。从侵略者手中夺回这块土地后，实际上是在一片废墟上重建新的生活，继续修建道路、工厂，进行经济开发。

关于普京家族的最早信息资料是17世纪30年代以前的，在此之前的资料都是由特维尔的档案专家们补上的。普京家族12代人在这里生活工作共300年，是这块土地养活了他们，保障了他们的收入，供养了他们全家及整个家族。

许多农民，包括普京家族，他们的足迹踏出了一条小路，他们赶着大车常年奔跑在附近农村和村庄的大路上，如图尔吉诺沃、伊林斯克、博尔津诺、费里亚兹金诺、津措沃、扎奥泽里耶、库里扬诺沃、诺维金克等村庄。他们还到过很远的居民点：如布拉舍沃、米库林诺、科兹诺沃、克林、戈罗德里亚。

普京家族的故乡波米诺沃位于舒申河岸，是一个人来人往很多的村庄。祖祖辈辈流传着许多关于这个村庄起源的传奇故事。

1719年第一次人口普查记载，特维尔县扎霍日区是沙皇时代近亲御前大臣和房管大臣安德烈·马特维耶维奇·阿普拉克辛（1663-1731）、费奥多尔·阿列克谢耶维奇和伊万五世的领地。后来，这些土地传给了他的儿子费奥多尔·安德烈耶维奇·阿普拉克辛，他是宫中正式的高级侍从，勋章获得者。他因在波克罗夫卡村22号建立了巴洛克式建筑风格的宫殿而流芳后世。他于1757年逝世。他的全部财产都分给了两个儿子米哈伊尔和马特维。尼尔诺—戈罗季希村和舒申河、拉马河下游的农庄给了米哈伊尔。图尔吉诺沃村，包括通向沃洛科拉姆斯基大道方向邻近的农村都归马特维所有。

根据1766年8月2日的房契记载，阿普拉克辛家族所有的1个乡村和12个村庄，包括居住在此的706名男人和831名女人都转给了俄罗斯贵族出身的瓦西里·尼古拉耶维奇·萨马林少校（1740-1811），他是国家商业委员会检察长的儿子。萨马林有两个孩子：儿子叫费奥多尔，女儿叫纳塔利娅。费奥多尔·瓦西里耶维奇曾在伊斯梅洛夫团御林军当中尉。

父亲和兄弟去世后，"图尔吉诺沃村，包括村中住着农民的屯子、村庄、可耕地、割草场、林场，以及动产和不动产耕地"，都转给了纳塔利娅·瓦西里耶夫娜所有。纳塔利娅·瓦西里耶夫娜·萨马林娜嫁给了伊万·尼古拉耶维奇·涅普柳耶夫为妻并随丈夫改了姓。涅普柳耶夫（1752-1823）曾任国务委员、枢密官，按品级为私密顾问。后来，他们的儿子伊万·伊万诺维奇·涅普柳耶夫成了这块土地的所有者。

传统上这里的大部分农民以种植和出售黑麦为生，这曾经是农民经营的主要行业。许多农户也种植亚麻。

由于收入所限，新开发了利用各种废料制作手工艺品，这成为许多家庭的主要收入来源。主要是那些家里没有什么活干的男人从事手工艺品制作。他们创业的结果各不相同：有的很快步入了经营正轨，开始做贸易；有人将挣得的钱寄回家里；也有的人空手而归，还欠了债。除了男人外，也有女人从事手工艺品制作，在大多数情况下，她们多为被雇佣女工。大多数在彼得堡做过雇工的都是品行端正、做事认真、头脑清醒的人。他们无论是回家，还是出外去彼得堡打工，没有人酗酒，连闲逛的人都没有。他们吃点小煎饼，喝点热茶，或者在一起坐一坐。城里出现了许多新东西，农民工将它们带回农村自己的家，送给妻子、孩子和亲戚们，如：新衣服、装饰品、室内装饰用品、乐器、衣料、卫生用品等。他们带回一些小礼品：送给妻子和女儿的是制作连衣裙和围巾的各种布料，带给儿子的一般是玩具。农民工成了美好生活新文化的传播者。是农民工最早为自己家庭盖起了新房，这些新房吸收了日常生活文化中出现的新元素：有方便适用的俄式火炉、厚厚的木地板、镶着雕刻窗框的大窗户、全套家具、挂在墙壁上的镜子、带报时的挂钟、缝纫机、温暖的浴室，还有适用的家务间：贮藏室和暖蜂房。以前那种老旧的小房子已经成为过去。那种没有烟囱的小房子在特维尔州现在已成了稀罕之物，官方对这些特殊的房屋都进行了登记，并给予特别保护。农民工基本上是农村中的优秀分子，是农村中的精英。他们大多数在各个行业当雇工，有的摆摊做点小生意，每月收入从10-20卢布到300-400卢布不等，只有干超强度活的才能拿到最高收入。在工厂劳动的工人所得工资并不高。

20世纪初，商贸和劳务很活跃。国家发展了，人们也富起来了，拥有了自己的耕地和宅旁园地、交通工具，形成了人民自己的习俗、信仰和传统，人们对自己未来生活前景充满了乐观主义精神。

到19世纪末，图尔吉诺沃乡人口增长之快，导致近处的放牧场都不够了，农民们不得不在森林中开辟牲畜牧场。有的农民只有到远道相邻的特维尔州斯塔里茨克县和莫斯科州克林斯克县租用土地。

1908年莫斯科爆发了灾难性的水灾，此后，开始讨论修建水利设施的计划，以增强排水的能力。20世纪30年代初开始实施，1937年建成了伊凡科夫水库（称莫斯科海）。水库建成后，舒申低地被淹没，形成了水量不多的河段。修建伊凡科夫水库将舒申河口的水位从113米抬高到了124米。一些房子、经济设施、学校、商店、教堂都被淹没在水下，河谷变成了海湾和沼地，过去高高的河岸堤坝成了孤立的小岛。这是人们第一次对自己的住地发挥了巨大的影响力。

当地美丽的自然风光吸引着许多名人前来居住游玩。1886年，画家 В.Д.杰尔维兹携夫人 Н.Я.西蒙诺维奇来到多莫特甘诺沃村定居，他在艺术学院的老同学、著名画家瓦连京·谢罗夫，表弟 Н.Я.西蒙诺维奇便经常来这里作客。瓦连京·谢罗夫认为多莫特甘诺沃村是个休闲娱乐和进行艺术创作的好地方。在1886至1911年间，他在这里创作了油画《阳光下的姑娘》《草木丛生的池塘》《秋天的晚上》。

离科兹诺沃镇不远，有一个瓦西廖沃村。1840-1850年间在这里居住过作曲家亚历山大·亚历山德罗维奇·阿利亚比耶夫（1787-1851），他创作了150多部音乐作品，其中有最著名的浪漫曲《晚上的铃声》《夜莺》《我记住奇妙的瞬间》，其所有权属于音乐家的夫人叶卡捷琳娜·亚历山德罗夫娜·阿利亚比耶娃。

后来，庄园转归了孙女叶卡捷琳娜·格里戈里耶夫娜·阿维尔吉耶娃（1852-1918），她是俄国蔬菜种植第一女人。从1881年起，她一直居住在瓦西廖沃村，为蔬菜水果的选种、栽培、种植做了大量具体工作。她的果蔬技术在俄国和其他国家闻名遐迩。她的种植地成了设备精良的种子试验站。1908年在她的基地开设了农业学校，为农民子弟培训农业种植基础理论。

俄国艺术科学院院士伊万·伊万诺维奇·特沃罗日尼科夫（1848-1919）出生在大茹科夫村。天气冷的时候他住在彼得堡，天气暖和了他便回到家乡。他创作的著名油画有：《在教堂旁》《农女刺绣》《奶奶与孙女》《捡树枝》《农民孩子》。他与瓦西里·苏里科夫一道参加了莫斯科救世主大教堂的彩画工作。大茹科夫村在伊凡科夫水库淹没区域，村庄没有保留下来。И.И.特沃罗日尼科夫的房子迁移到了列德金诺小镇，在此为他立了个纪念牌。

在尼佐沃克村诞生了农民诗人斯皮里东·德米特里耶维奇·德罗任（1848-1930），他发表了许多诗集，例如：《劳动与忧愁的诗》（1901）《藏在心中的歌》（1907）《农民之歌》（1929）等。德罗任博物馆搬到了诺沃扎维多沃小镇，他的学生马特维·谢苗诺维奇·杜多罗夫（1891-1956）和农民诗人谢尔盖·叶谢林在诗人墓地立了一块纪念碑。

苏联时期，在舒申村休养过的作家有：阿列克谢·谢雷奇·诺维科夫—普里博伊（1877–1944）和亚历山大·亚历山德罗维奇·法捷耶夫（1901–1956）；著名动物学家 А.Н.福尔莫佐夫教授（1899–1973）来这里考察过鸟类动物；著名北极研究专家 И.Д.巴巴林曾经来到因纽胡河边打野鸭。

普京总统家族，这是一个历史悠久的俄罗斯农民家族。这个家族的许多人在19世纪末曾经是农民工的一员，他们积极主动、意志坚定、训练有素。为了自己和家庭，也为了国家，他们最大限度地利用了1861年农民改革带来的公民权利和经济自由。普京家族的人在首都是最好的饭店厨师、中心街上的女装裁缝、红木工匠、印染工、木匠、建筑师、经济师等。他们都是满怀生活激情的人。国际社会上称他们为"白手起家的人"。他们的这种素质一代一代地传延下来。

在俄罗斯，人们直观地感觉到普京总统的农民根基。正是这种具有吸引力的特点成为普京总统支持率居高不下的原因。他是一位善良、可靠的耕耘者，为了俄罗斯人民的幸福，他勤奋地耕耘在政治舞台上。

第一部分

家　谱

第一章　普京的幼年

读者们通过官方资料和新闻媒介发表的大量报道，对普京总统上学以后的生平经历很熟悉。

我们大多数人关于幼年最好的回忆并不是来自于学校的课桌，不是那些天天重复的上课、纪律、分数。不管我们学习如何，不管我们怎样对待老师，喜不喜欢学校，但从上学的第一周开始，我们就盼望着放假。每当离学期结束越近时，越是急不可耐地想着放假。

"幼年"这个词应该与自由自在、儿童游戏、惊奇冒险、无忧无虑联系在一起。城里的男孩和女孩可以来到农村全身心地与爷爷奶奶度假期。父母们将孩子送到自己的父母那里，放心地让他们对孩子进行教育和看护。

在列宁格勒，弗拉基米尔·斯皮里东诺维奇和玛丽亚·伊万诺夫娜·普京娜家庭就是这样生活的。对于小时候的普京来说，最好的度假之地莫过于在爷爷斯皮里东和奶奶奥莉加那里。他们居住在莫斯科郊外伊林斯克小镇，家里充满谦让和谐的气氛，家里的事处理得井井有条，生活过得很有节奏，对未来充满着信心。

父母亲将儿子放在爷爷那里，知道他会有饭吃，有衣穿，有鞋换，他会交上好朋友，会看到生活的好榜样。爷爷和奶奶对孙子无微不至的照料使父母很放心。

小男孩独立自主地安排自己的时间,找朋友玩,在莫斯科河里戏水,感受另外一种男孩子的乐趣。莫斯科郊外的气候和风光为孩子多年的健康成长"充电"。爷爷斯皮里东和奶奶奥莉加对生活的观点和见解潜移默化地深入到沃洛佳的意识中,使他形成了对未来生活坚忍不拔的世界观。

普京的表姐和表弟也来过伊林斯克小镇,他们是斯皮里东·伊万诺维奇的两个孩子——亚历山大和柳德米拉的孩子。亚历山大·斯皮里东诺维奇带着柳夏、伊戈尔和小奥莉加3个孩子来到了伊林斯克小镇,沃洛佳(10月生)与伊戈尔(3月生)年龄相差6个月。柳夏在家里和在小伙伴中间都是大姐姐,因

与爷爷在菜园里,伊林斯克小镇
从右至左:爷爷斯皮里东、孙子沃洛佳和孙女柳夏、小奥莉加
米哈伊尔·普京摄于1964年

第一部分 家 谱　第一章 普京的幼年

此，父母总是对她说："你已经是大姑娘了，要多照顾小弟弟小妹妹们。"这样就可以让她对那些淘气的小伙伴负起责任。小奥莉加比沃洛佳和伊戈尔小2岁。柳德米拉·斯皮里东拉夫娜到父亲家来作客，也把自己的女儿柳达带来了。她不爱照相，总是躲在扇子后面。所有孩子年龄差不多大，有的大一点，有的小一点，他们有相同的兴趣。一大帮孩子在房间里穿来穿去，在菜园里跑，寻找着自己的乐趣；他们在一起玩耍，相互交谈着。父母们看到孩子们兴高采烈地在一起，心里也很高

在爷爷的房子旁，伊林斯克小镇
从右至左，从后至前：爷爷斯皮里东、沃洛佳、
父亲弗拉基米尔·斯皮里东诺维奇、伊戈尔、小奥莉加
米哈伊尔·普京摄于1964年

弗拉基米尔·斯皮里东诺维奇给儿子沃洛佳的"胜利牌"手表
本书作者摄

兴,他们感谢爷爷和奶奶给了孩子们一个愉快的假期。而老人们看到自己的孙子孙女们团结、健康,家庭和家族后继有人,他们也高兴得心满意足。

每个人都按照自己的方式度过了幼年时期。在我们的幼年生活中,发生了一些重大的事件。在经历了这些事件的考验之后,我们开始感到,应以有责任担当和训练有素的姿态进入成年人生活。1960年代,标志着学生进入人生下一个阶段的事是接收手表纪念品。当时手表的价格与父母的工资差不多。

沃洛佳·普京从父亲手上接过的第一件重要纪念品就是他父亲的一只"胜利牌"手表。这是一件珍贵的纪念品,这只手表使他养成了遵守纪律、认真守时、精打细算的好习惯。

第二章　父母双亲

　　普京的父亲弗拉基米尔·斯皮里东诺维奇1911年出生于彼得堡，他是一名农民工厨师。6岁以前的幼年是在首都彼得堡度过的。1917年事件后，他随父母回到了家乡——特维尔州图尔吉诺沃区波米诺沃村，全家住进了不久前建造的12号屋。普京第二年上了小学，学校在本村的另一头，离家约半公里。

　　普京的妈妈玛丽亚·伊万诺夫娜，结婚之前姓舍洛莫娃，1911年出生于与普京的家乡波米诺沃村相距3公里左右的扎列奇耶村。她来自一个靠种地为生的农民家庭，收入稳定，生活比较富裕。她幼年和青年时，像所有农民的孩子一样，帮助父母做点力所能及的家务事。

　　弗拉基米尔·斯皮里东诺维奇的第一张照片是在农村上学时照的。16岁的小伙子沃洛佳·普京与班长谢尔盖·伊万诺维奇·斯米尔诺夫及同班同学一起来到亚历山大·尼古拉耶维奇·普京家，向因挨饿而死去的好朋友、堂弟谢尔盖·普京的遗体告别（见下图）。

　　青年时期，沃洛佳与外号叫克龙什塔德的阿列克谢·杰肖尔金很要好，他家住在街对面的9号屋。他们两人喜欢的姑娘也住在同一个村子里，是心爱的姑娘使他们成了好朋友。沃洛佳与玛莎（玛丽亚的小称）·舍洛莫娃相爱，阿列克谢爱上纽拉（安娜的小称）·雷普金娜。两位姑娘都住在扎列奇耶村，相同的喜好使几个青年人相爱了。两人结伴一起到另一个村去心

谢尔盖·普京的葬礼

什特尔金·О·И摄，波米诺沃村，亚历山大·尼古拉耶维奇·普京的37号屋，1928年

从左至右：谢尔盖·伊里奇·斯米尔诺夫（1920年至1930年担任波米诺沃学校的中学教师），米加·格涅拉罗夫，瓦夏·库拉金，万尼亚·杰肖尔金，鲍里亚·库瓦林，沃洛佳·普京，科里亚·格涅拉罗夫，瓦夏·杰肖尔金，科里亚·库瓦林。

左起第四个中学生——生于1909年，18岁；右起第四个中学生——生于1911年，16岁；

在前线牺牲的：

德米特里·德米特里耶维奇·格涅拉罗夫，伊万·米哈伊洛维奇·杰肖尔金。

即将成为职业军人的：

瓦西里·尼古拉耶维奇·库拉金，尼古拉·格里戈里耶维奇·库瓦林。

将在民用领域工作的：

在莫斯科——鲍里斯·瓦西里耶维奇·库瓦林，瓦西里·巴甫洛维奇·杰肖尔金；

在列宁格勒——弗拉基米尔·斯皮里东诺维奇·普京，尼古拉·伊万诺维奇·格涅拉罗夫。

第一部分　家　谱　第二章　父母双亲

里踏实，也安全些。他们之间的感情发展很快，姑娘们大大方方地来到小伙子住的村里作客，有时结伴在一起玩。到了谈婚论嫁的时候了，弗拉基米尔与玛丽亚在20世纪20年代末结婚。正赶上农村挨饿的年代，因此，没有任何结婚的纪念保存下来，也不知道他们是否在教堂举行过婚礼。

玛丽亚·舍洛莫娃的堂姐玛丽亚·别利亚科娃出嫁后改随丈夫姓克里特斯卡娅。20世纪四五十年代，学业结束后，玛丽亚·瓦西里耶夫娜·克里特斯卡娅参加了工作，在当地一所中学当数学老师。她的丈夫鲍里斯·阿法纳西耶维奇·克里特斯基是阿法纳西父亲的儿子，阿法纳西是图尔吉诺沃教堂的神甫，Г.А.普京在克里特斯卡娅那里上学，А.Н.普京20世纪60年代在这所学校工作过，她的女儿也在这里上学。

我们这个年代的人，很难想象过去那个年代人们之间的家族关系是那么的紧密。祖父那一辈是个大家庭，将各种各样的人组织起来，建立了强大的家族俱乐部。这种个人间的关系使孩子们生活中增添了安全感和自信心。

年轻人先是与父母一起住在乡村里，财产增多了，在田间集体劳动，但这些并没有唤起他们的乐观情绪，许多人开始向往城市。弗拉基米尔和玛丽亚很快就去了列宁格勒。农民家庭的传统教育使他们成为勤劳、诚实的人，他们不怕体力劳动，但日常生活问题解决起来却非常复杂，既费时，又伤神。他们住在福坦克村，由于条件所限，直到20世纪30年代后期才生育了一儿一女。战争前夕，全家4口人搬迁到了奥博沃运河边97幢13号。

战争使家庭经受了深重而痛苦的考验。1941年，弗拉基米尔·斯皮里东诺维奇上前线参加了志愿军。玛丽亚·伊万诺夫娜留在家里抚养幼年的孩子。她没有出过城，所以也不知道家庭会遭遇封锁和挨饿的苦难。凡是见过列宁格勒被封锁和挨饿惨状的人，谁也不愿意回忆起那段悲惨的情景。1942年是战争封锁最残酷的一年，两个孩子饿死了，埋在阵亡将士公墓。由于饿死的人太多，很多人没有棺材就掩埋了。挖个沟就算集体公墓。那些饿死和被枪打死的尸体几天后就埋进了沟里，然后又挖沟，再埋下一批尸体。因每个时间死的人数不同，所以每个墓沟里掩埋的尸体数量也不一样。人们尽量不去回忆这些悲惨的战争历史。这是遭遇封锁的家庭经受的最痛苦的灾难，弗拉基米尔·斯皮里东诺维奇和玛丽亚·伊万诺夫娜夫妇也在这些受害家庭之中。

　　战士们在通往列宁格勒的要冲里战斗着，没有了武器和食品，周围满地是灰尘、泥土、鲜血，他们眼看着自己的战友死去，有的在没有麻药的条件下做手术。忍受着沉痛的伤亡，死亡随时都在身边，没有取得任何胜利，离胜利还很遥远。斯皮里东诺维奇在战斗中受了伤，生命垂危，在战地医院接受了治疗，成了残废军人回到家里。回家后他又经受了新的命运的沉重打击，家中只有玛丽亚还活着，他们没有孩子了。

　　封锁解除后，为了支援前线和恢复城市，人们在繁重的劳动中过着半饥饿的生活。人们铲除了房屋和工厂废墟，将城市打扫干净，整顿了列宁格勒市的秩序。战争结束后，曾经疏散到后方的人陆续地回来，恢复了家庭，父母找到了自己的孩子。企业开始满负荷地工作，城市经济开始恢复，食品也有了。

　　弗拉基米尔·斯皮里东诺维奇和玛丽亚·伊万诺夫娜夫妇

第一部分　家　谱　　第二章　父母双亲

看到别人家的孩子时心里特别难受。每当回忆起死去的儿子和女儿，他们心中便生起难以忍受的痛苦。1951年他们俩都年满40岁，他们不年轻了…

但他们还是不算老。生活走上了正轨，对于他们来说，没有什么比能再生个自己的孩子更宝贵了。他们想无论如何要延续自己的家庭，于是决定生个孩子。1952年10月7日，玛丽亚·伊万诺夫娜生下一个儿子，取名为弗拉基米尔。

弗拉基米尔·斯皮里东诺维奇在著名的叶戈罗夫车辆制造厂工作，该厂专门生产火车和地铁车厢。他担任生产车间工长。同志们推选他担任车间党支部书记，在那个年代，这是很重要的社会政治职务，说明弗拉基米尔·斯皮里东诺维奇深受同事和领导的尊敬。

玛丽亚·伊万诺夫娜一直工作在城市需要她的地方。这是普通的、不显眼的，但是所有人都需要的工作岗位，如守门、扫院子、面包房接收员、幼儿园卫生员、实验室清洁工。大家评价她是个勤劳、谦逊的女人，为人平和、安静。

弗拉基米尔·斯皮里东诺维奇和玛丽亚·伊万诺夫娜一家在巴斯克胡同的公寓弄到了一间房。苏联时期，大多数人居住条件都是如此简陋。即使在这种条件下，他们还在自己这间小房子里接待过来列宁格勒的亚历山大·斯皮里东诺维奇全家。3人加4人，平均1人多少平米啊……后来他们搬进了单元楼里，位于中霍京大街42/11楼22号。夏天放假的时候，全家人与父母相聚在一起。

在那些沉痛的生活年代，玛丽亚·伊万诺夫娜的弟弟，伊万·伊万诺维奇·舍洛莫夫帮助过她们家。战争期间和战后，

玛丽亚·伊万诺夫娜·普京娜在伊林斯克村
米哈伊尔·普京摄于1964年

第一部分　家　谱　　第二章　父母双亲

他是一位享有威信的列宁格勒海军军官，后来在北方服役，成为一名边防军人。弗拉基米尔·斯皮里东诺维奇一家也多次帮助过他。

普京总统的父母都是长寿老人。玛丽亚·伊万诺夫娜1997年去世，终年86岁；弗拉基米尔·斯皮里东诺维奇1999年去世，享年88岁。他们都安葬在列宁格勒谢拉菲莫夫斯基公墓里。

彼得堡的地方志专家找到了大封锁时期死去的弗拉基米尔·弗拉基米罗维奇·普京的哥哥和姐姐的墓地，但从伦理道德考虑，没有将他们移出墓地。

第三章　爷爷和奶奶

斯皮里东·伊万诺维奇·普京和奥莉加·伊万诺夫娜·普京娜

斯皮里东·伊万诺维奇·普京1880年12月19日生于特维尔省。据图尔吉诺沃乡圣母大教堂里的记录，曾经有波米诺沃村的村民来这里洗礼。1880年的记录证实，该村的农民普京曾到此做礼拜。斯皮里东就登记在"男性"一栏里，第622号。

斯皮里东是在父母身边度过的童年。一家人在生死边缘熬过了1891至1892年的饥荒。所以，一有机会父母就把小斯皮里东送到特维尔去学厨艺。父母为儿子作出了非常正确的选择。他们对小斯皮里东的爱绝不比对其他孩子的爱少，作出这个决定完全是出于乡村生活的理念：民以食为天。

19世纪末俄罗斯出现并大范围蔓延着一种新现象——外出打工挣钱。农民们利用农闲或长期离乡到大城市找工作。发达的特维尔市、莫斯科、圣彼得堡成了特维尔省农民打工的中心，因为这些城市里正在快速兴建各种工厂，开路搭桥和发展商贸。能挣到真金白银诱惑力很大，驱使着农民们离开传统的乡村，奔向离家不太遥远的地方。

繁华的圣彼得堡迎来了最有胆量的农民。帝国的首都像一个大磁场吸引着各行各业、各阶层的人们。这里是所有人拼

第一部分　家　谱　第三章　爷爷和奶奶

搏的舞台——有建筑工地，有富人家的庄园，有各种各样的工厂。当时俄罗斯流传着一句俗语："男人修路架桥挣钱，女人围着灶台做饭。"许多农民在1861年废除奴隶制，获得人身自由，得到自己土地和缴纳出让土地税之后就纷纷到城里去挣钱。后来一些幸运者甚至把副业变成了自己的主要生活来源，把妻儿老小都带进城里。在城里工作和生活的农民们渐渐成了乡下不动产的持有者。

斯皮里东的成熟和职业素养与其父的堂兄弟伊万·瓦西里耶维奇·普京及其来自巴波戈列沃村的妻子诺沃热洛娃家族有直接关系。小斯皮里东遇到了很懂市场行情的人，跟他们学文化、学财会，养成了负责任、做事严谨的好习惯，有了生意场上的灵感和社交能力。对这个乡村孩子而言，这是个全新的天地，让他学会了生活。斯皮里东在这里迈出了掌握烹饪技术的第一步，之后才领会到俄罗斯烹饪技术的精髓，通过培训，成为一名职业厨师。

那些年有一本很流行的书《送给年轻女主人的礼物，或家务节省指南》。作者是叶连娜·伊万诺夫娜·莫洛霍维茨（1831—1918年），是阿尔汉格尔斯克省海关署署长的女儿，斯莫尔尼学院的毕业生。此人被公认为俄罗斯烹饪艺术经典人物。专家们认为，叶连娜·莫洛霍维茨是俄罗斯社会发展中最具影响的五位女性之一。当时世界烹饪技术文献中最有名气的两个人是：法国烹饪大师瓦德勒和俄罗斯家庭主妇叶连娜。

现在关于革命前烹饪界的情况知之甚少。档案资料表明，当时在俄罗斯类似特维尔这样省中心城市里大约有100个这样的场所，最常见的是小酒馆、小吃部，在这里可以饱餐一顿。比如在梁赞市阿斯特拉罕街商人叶利谢耶夫开办的酒馆里50戈比的午间套餐包括：

——腌制红莓苔子果；

——番茄酱肉汤加小馅饼；

——家炖猪肉土豆；

——茶和果汁。

1.5个卢布的套餐菜谱是：

——苹果小牛熏肉；

——小鲟鱼汤；

——斯特拉斯堡肉酱（法式）；

——半瓶梳舒斯托夫白兰地。

类似的城市里大饭店屈指可数，不过三五家。一般省级城市饭店里客源还是不足。通常像样的饮食文化都集中在两个首都——圣彼得堡和莫斯科。当时对饭店的规格要求是蛮高的。获得饭店的称号必须有一定数量的菜肴，菜谱里不能少于120种菜，工作人员需要受过专业培训，每年通过有相应资质饭店举办的考核。

对于餐饮业工作人员来说，从小吃部晋升到小酒馆，从小酒馆晋升到饭店是相当大的晋升，收入会有质的提高。从省级城市特维尔的小酒馆转到首都圣彼得堡饭店工作的先例很少，不是每个人都那么幸运。

人们说，特维尔是进入莫斯科的大门。而进入圣彼得堡的大门却对年轻的斯皮里东敞开了。19世纪90年代末斯皮里东有幸来到了俄罗斯帝国的首都，世界最大、最富有的城市之一——圣彼得堡。

第一部分　家　谱　第三章　爷爷和奶奶

　　当时斯皮里东的叔叔尼古拉·彼得洛维奇·普京在首都戈罗霍沃伊街上一家妇女服装加工店做裁缝。店铺离海军部大厦不远，再往前一点就是皇家冬宫。

　　在叔叔尼古拉·彼得罗维奇、伊万·瓦西里耶维奇·普京和诺沃热洛夫一家的帮助下，年青的斯皮里东来到了圣彼得堡。只有在获得专业证书和工作经验的条件下，经过他人引荐才能找到工作。戈罗霍沃伊街路口，原来"阿斯托里亚"饭店的地段上，在一座不起眼的老房子里有一家饭店正式录用了斯皮里东。求职人员需要具备很高的职业素养。录用标准非常严格，按菜肴的品种和质量一道一道过关，包括清洁卫生工作也要考核。如果客人的盘子里不慎被发现有根头发丝，厨师就会被解雇，以后再想在这个行业里混，几乎就是不可能的事："您还是去路边的小酒馆吧！"

　　每天紧张工作之后斯皮里东常和朋友聚会，了解首都的情况。堂弟亚历山大跟着父亲学裁缝。就这样开始了他俩一生的友谊。首都的生活和工作改变了两个乡村的孩子。尽管他们进城后身上还带着乡村人特有的拘谨，但已经变成了年轻、有素养的男人。这一切都尽显在他们手拉手面对镜头时的眼神中（见下图）。

　　从波米诺沃村出来到圣彼得堡打工的人有20多个，到莫斯科的不少于30个。祖辈们回忆说，有些同乡人不是在市中心，而是在首都的城乡结合部打工。以前他们彼此在春耕秋收时或在路上偶遇过，聊过天。起初多数家庭都很困难，但信心把他们联合在一起，让他们坚持下来。有一次所有来自波米诺沃村的人凑足了钱派自己的代表去约安·喀朗施塔得教父那里

首都的农民工

斯皮里东（22岁，左）和亚历山大（16岁，右）堂兄弟俩在亚历山大成人日合影。1900年，摄于圣彼得堡

祈祷，问命。约安在全国巡回布道给自己带来了"全俄罗斯牧师"的荣誉，他是当时俄罗斯东正教和基督教其他分支的精神领袖。

斯皮里东同乡的两个小伙子在圣彼得堡不同饭店里工作，米哈伊尔·丘尔萨诺夫是门卫，米哈伊尔·库拉金是服务员。他们与普氏兄弟斯皮里东、亚历山大一直保持着友好往来。对他们4个人而言，在圣彼得堡工作已经是生活中的成功，比以前的生活、文化以及社会地位都提升了一个档次。尼古拉·彼得罗维奇·普京遵照父母的嘱托负责照料比他小的几个年轻人。他们一起带着极大的兴趣正在一步一步走进圣彼得堡的生活，然而他们的计划没能实现，世界大战的爆发和后来发生的种种事情使他们最终走上了不同的人生路。

在部队服役后斯皮里东开始筹划建立家庭。还在村子里时他就注意到丘尔萨诺夫家伊万和尤利娅夫妇生的双胞胎女儿奥莉加和玛尔法。她俩出生在1886年6月26日，比斯皮里东小6岁。

她俩生长在一个受人尊敬、勤劳的家庭。父亲伊万·伊万诺维奇·丘尔萨诺夫是个好木匠，家里的生活用具都是自己制作，还承接外边的订单。他在老房地基上盖了新房。奥莉加和玛尔法姊妹俩很亲近，稍一提示或交换个眼神彼此就灵犀相通，两人一辈子都很要好。

特维尔州行政办公厅

档案科

1700005. 特维尔，高尔基大街，71-a栋

电话：31-28-07，31-53-56

档案证明编号

05，04，2000　09-01/146

　　特维尔宗教档案库的出生登记簿里记载，双胞胎姊妹奥莉加和玛尔法生于6月26日，28日接受洗礼。

　　父母：图尔吉诺沃区波米诺沃村农民伊万·丘尔萨诺夫和合法妻子尤利娅·季莫费耶娃。

　　接生人：波戈廖洛沃村农村姑娘叶夫多基娅·伊万诺娃·安德烈耶娃和勃雷科沃村农民妻子阿加皮娅·伊万诺娃。

　　原始材料：ф.160，оп.15，д.486，лл.140об.-141

　　州国立档案馆馆长　奥·阿·孔德拉切季耶夫
　　信息部主任　格·巴·巴鲁特金娜

奥莉加和玛尔法·丘尔萨诺娃双胞胎姊妹出生证明

第一部分 家 谱 第三章 爷爷和奶奶

丘尔萨诺夫一家除了务农还一直在寻找其他生活来源。很长时间尤利娅带着两个闺女给人家卷纸烟。村里人都能看到装满纸箱的车进出丘尔萨诺夫家，许多人都记得从她们家散发出的烟味。根据味道就能知道她们给人家加工的是哪种卷烟，好烟散发出的味儿很香。丘尔萨诺夫家加工过很多种卷烟。

斯皮里东和奥莉加彼此都有好感。斯皮里东很少回村，但每次回来都会去看望奥莉加。特维尔县图尔吉诺沃乡教堂的登记簿里有1907年2月5日结婚登记的记录："图尔吉诺沃区波米诺沃村退役军人斯皮里东·伊万诺维奇·普京"，27岁，与"图尔吉诺沃区波米诺沃村农民伊万·伊万诺维奇·丘尔萨诺夫之女——奥莉加"，21岁，结为夫妻。斯皮里东与奥莉加结婚使普京和丘尔萨诺夫家族衍生出伊万这一分支。通过其他联姻进一步巩固了两个家族的关系，衍生出库兹玛分支、诺沃日洛夫分支、科诺诺夫分支、拉布京、察里科夫及其他当地的亲属关系。成家后1907年11月18日诞生了第一个孩子米哈伊尔。小家庭的物质状况虽不富裕，但日子过得还是祥和而平静。

斯皮里东·伊万诺维奇把全部精力和才华都放在完善自己的工作上。然而政治波及到每个公民的家园，即使家里的主人不关心政治也无法逃脱。斯皮里东明白并支持1905年因土地赎金问题引发的农民抗议活动，远东战事的失利也引起他的同情。对社会不满的浪潮诱发了激进思潮。农民特有的谨慎使斯皮里东·伊万诺维奇没直接参与这些运动。当时社会上认为这些鼓动者都是些空喊口号、不务实、不接地气的人。

当时的紧张气氛迫使人们不得不为自己的生活和家庭保障而担忧。圣彼得堡上层社会在饭店里吃着喝着，庆祝胜利，过节过年。他们知道许多媒体上不能公开的内幕。他们的议论有时会传到工作人员的耳朵里，高层的意图也会钻进听者的脑子里。有名的大饭店里不允许议论国事，但朋友之间说些悄悄话无法禁止。这种气氛让斯皮里东心里很不安。

儿子出生促使斯皮里东下决心在村里盖自己的房子。最基本的道理是：生活在自己的土地上，吃着自己种的粮食，在自己的窝里最踏实，而丢了工作随时还可以再找。在外挣到的钱应该用在土地和房产上。尽管斯皮里东·伊万诺维奇没把自己的未来拴在乡村，但他明白，自己的房，自己的地是最可靠的后方。

房子就盖在父母房子的对面，仅仅隔着一条小路，非常方便。盖房子的事就交给了岳父伊万·伊万诺维奇·丘尔萨诺夫一手操办。斯皮里东出钱，父亲负责质量，岳父负责采购材料和施工。父亲和岳父一起商量细节，掌控财务支出，给工人们发工钱。

年轻的圣彼得堡家庭想拥有简单而舒适的房子，有院子，有养牲畜和放工具的地方。伊万·伊万诺维奇明白孩子们的心愿，完全按照他们的想法完成了这项工作。盖起了一座当时算是非常好的乡村房子，格局按照当地的习俗设计：台阶、桥式走廊，左侧是居住房间，右侧是院子，小木房带两扇向街上的大窗户，一个大窗户让卧室里有足够的阳光，厨房的窗户面朝花园，整座房子坐北朝南，面向街道。普京和丘尔萨诺夫在选地段时本着地势最高，最干燥这个原则，离道路有20米远。当地碎石很多，房子就用碎石打地基，还往里面埋了些象征财富的钱币。

房子是金属屋顶，当时极少有这样的屋顶，全村只有两座这样的民用房——杰米多夫家族和格涅拉洛夫家族，再就是学

第一部分　家　谱　　第三章　爷爷和奶奶

校。斯皮里东家房顶上的雨水聚拢到导水管，水管端头带着漂亮的网状小漏斗，下边有水槽。像这样带排水管的房子也只有前边说的三个地方有。房子还装饰上黄铜材质的小五金件。为了降低地下水位，房前栽上了"天然抽水机"——杨树。后来发生的一切证明斯皮里东·伊万诺维奇盖这座房子真的很有远见。1911年奥莉加·伊万诺夫娜生了第二个儿子，起名叫弗拉基米尔（即普京总统的父亲——译者注）。

1912年俄罗斯百姓举行了许多活动庆祝罗曼诺夫王朝建立300周年。国家在快速发展，彼得·斯托雷平的改革为农民改善生活提供了广泛的可能性。邻村一些贫困户联合起来，辟出一块土地，顺应改革的经济政策办起奶牛场。

1913年在一些老房子的地方开了一家宾馆"阿斯托里亚"。斯皮里东·伊万诺维奇·普京被调到宾馆餐厅做厨师。这是苏联诞生之前斯皮里东在自己职场上取得的最高成就。毫不夸张地讲，当时"阿斯托里亚"是俄罗斯和欧洲最好饭店之一。

在职场上有这样名气之后的斯皮里东已经可以用自己手艺接待最挑剔的食客。由于自己高超的厨艺，他得到了特别的酬谢。很多年之后斯皮里东回忆在圣彼得堡工作时，讲述了其中一段小插曲。服务员把厨师叫到大厅，告诉他，"有人想酬谢你"。像师傅教导的那样，斯皮里东穿好工作服，走出厨房，来到餐桌前。此时他一下子明白了，是大名鼎鼎的格里戈里·拉斯普京[①]想酬谢他。拉斯普京住在离这里不远的戈罗霍夫

[①] 格里戈里·拉斯普京（1869年1月10日—1916年12月29日），善于巫术，给皇太子阿列克谢治病，因而得到沙皇尼古拉二世和皇后的宠信。后来被皇族成员谋杀。

街64号，常来这家饭店进午餐。斯皮里东认真听完拉斯普京的感谢之辞。最后拉斯普京奖给他一个三卢布的金币。

从波米诺沃村走出来的那个小孩斯皮里东怎么也想不到，自己后来成了首都大饭店里的一个厨师。

他的厨艺也不是一蹴而就的。斯皮里东一直在努力，探索烹饪艺术的每一个细节和技巧，所以才达到这个境界。以前的经验和知识积累，追求完美和不辞辛苦终于结出了硕果。有了高超的职业技能，就有了不菲的收入，物质生活提高了一个档次。斯皮里东的职业技能与他自己体型没什么直接关系，但许多了解斯皮里东的人都发现他与一般厨师不一样，他的体型很匀称。

1914年开始了第一次世界大战。年轻男性都要被征兵到前线，也包括从农村来的人。圣彼得堡斯皮里东的几个朋友：亚历山大·普京、米哈伊尔·丘尔萨诺夫和米哈伊尔·库拉金也入伍了。

他们村还有三个年轻人在彼得格勒（由圣彼得堡而改名）工作：廖加奇金和丘尔萨诺夫兄弟俩——康斯坦丁和德米特里。廖加奇金和康斯坦丁一起开办了一个染坊，德米特里在同一个地方搞起小木器加工和木雕。德米特里·丘尔萨诺夫娶了玛尔法·丘尔萨诺娃。玛尔法无法到丈夫身边，生活在农村。当玛尔法得知丈夫被征兵上前线时，当即就来到彼得堡，和丈夫一起去找斯皮里东和奥莉加。大家都对未来，对德米特里和许多年轻人难测的命运而担惊受怕，叮嘱他们在战场上多加小心，让他们记住妻儿老小，兄弟姐妹们还在家里等着他们。

姊妹俩从心里想如何能帮助走向死亡危险的德米特里。俄

第一部分 家 谱 第三章 爷爷和奶奶

双胞胎姊妹与德米特里合影祝福
丘尔萨诺夫临上前线与奥莉加（左）和妻子玛尔法（右）合影留念。
1914年，摄于圣彼得堡

罗斯有一个古老的迷信说法，双胞胎姊妹之间如果能猜到同一个夙愿，这个夙愿就一定能实现。奥莉加和玛尔法之间确实有这种默契感，就像许多很亲近的人之间，母子、情人之间那种灵犀。她俩本来就像是一体分身。她们都去照相馆与德米特里合影，祈愿德米特里打仗顺利，战场上毫发无损，健康地活着回来。

开战以后彼得格勒的生活没什么明显变化。商店开门，饭店接客，社会生活一切照常。斯皮里东·伊万诺维奇家里儿子米沙和沃洛佳在成长。应该再要个女孩……1915年9月25日奥莉加·伊万诺夫娜生了女儿阿涅奇卡。衣食无忧的斯皮里东·普京一家迎来了1917年。37岁的斯皮里东·伊万诺维奇和31岁奥莉加·伊万诺夫娜养育着3个孩子：9岁的米沙、6岁的沃洛佳和2岁的阿涅奇卡（安娜的小称）。奥莉加·伊万诺夫娜又怀孕了。不久就生下了第4个孩子。男孩叫阿廖沙。

1917年发生的事件改变了人们的生活轨迹，让多少代精英前赴后继，子承父业，用自己的知识、技能积累和建造起来的生活付之东流。成群结队的武装人员砸抢商店和仓库，打碎橱窗。一切从前认为不可能的事都成了现实，能抢的都被抢光。实业停止，粮食开始紧缺，人们失去了生活来源，法律失去尊严，革命高于一切。饭店停业了。斯皮里东·伊万诺维奇丢掉了工作，失去了生活来源。起初他指望打砸抢会停止，生活还会走上正轨。

1917年二月革命者占领了冬宫、海军总部，彼得保罗要塞。彼得格勒的一位居民在日记中写道："外面噼噼啪啪的声音使我处于恐惧和焦躁之中……看到'阿斯托里亚'饭店的门窗被砸碎，人群冲向改革的教堂抢砸……到处都是这样的场景：人们带着内心的恐惧感无所事事，无法无天，纵情地寻欢作乐，偶尔还有酒鬼和放荡的人群在街上游荡。"

彼得格勒[①]200万人的生活状况越来越糟糕，饥荒开始了。临时政府实行严格控制物价政策，然而粮食供应还是不见好转。政权彻底失去了民心，剩下的只是绝望。人们纷纷携家带口逃离城市回到乡村。那些年里多数彼得堡人都是来自农村。斯皮里东·伊万诺维奇一大家子也该离开了。

回到村里后收拾家物，走亲访友，了解当地的情况，操办

---

① 第一次世界大战爆发后，圣彼得堡改名为彼得格勒，1924—1991年改名为列宁格勒，1991年复称圣彼得堡。

第一部分　家　谱　第三章　爷爷和奶奶

起自己独立于父母的生活。斯皮里东的职业技能在农村派不上用场。他放下厨刀案板，操起了镐头、铁锹、斧子。这时斯皮里东和奥莉加切身感受到在自己的土地上，自己家里才可以生活。带着4个孩子又能去哪里过日子呢？父亲肯定会接受他们，可大家都挤在一个屋檐下怎么能行呢？

从彼得格勒传来坏消息：凡是有地方去的人都逃离了首都。前线又传来消息，军队退败，士兵带着武器四散逃跑，各奔他乡。然而希望还没有彻底泯灭。人民期待着有人会出来恢复最起码的秩序。出现了布尔什维克。1918年春布尔什维克在全国实施粮食管控制度。政令规定每人每年粮食需求定额是：12普特（1普特等于16.38公斤）细粮、1普特粗米。农家超过这个标准的剩余属于超标粮，需要交出来分给别人。政令规定余粮不上交则会武装收缴。

新政权在前方签订了和平条约，积极在农村筹集粮食供给城市，工厂和森林实行国有化，承诺分给农民土地。斯皮里东·伊万诺维奇从圣彼得堡回到家乡，在上帝面前要对妻子和4个孩子负责。

一天，有人通知斯皮里东·伊万诺维奇：立即按照通知的地址去莫斯科。可以想象到，当时是一种什么样的恐惧降到斯皮里东一家人的头上。为什么要传唤他？斯皮里东·伊万诺维奇一路上都在苦思冥想。与特维尔被枪决的叔叔有亲戚关系会酿成什么后果？到莫斯科会把他怎么样？

按地址找到了传唤他去的地方，精神极度紧张，以至于在办出入证时斯皮里东连自己姓氏的第一个字母发音都不准确：布京、库京、普京、乌京。也可能是在前线受过伤的门卫有点声，出入证上的姓就办成了斯皮里东·伊万诺维奇·布京。他就是用这个姓氏走进去迎接自己命运的。所以当听到让他做厨师干老本行时，他感到非常惊讶。原来哪个政权都喜欢吃香的喝辣的，荒年饿不着厨子。"阿斯托里亚"饭店的新领导知道了斯皮里东·伊万诺维奇的口碑很好。苏维埃政府从圣彼得堡迁到莫斯科后，也需要好厨师。斯皮里东·伊万诺维奇成了人选之一。很快他就上班了，这是当时最好的选择。

作息制度有些特殊性，但斯皮里东很平静而且自然地同意了。经历过饭店里超严格管理之后，不泄密的要求对他而言太简单了。领导的要求不算刻薄，算不上特殊。对高级厨师而言，最为难的是：饥饿时期到哪里去找好食材。人们都生活在想造反、要推翻苏维埃政权的条件下。粮食要靠国外援助，各种瘟疫在蔓延。卫生员随时都可能干预斯皮里东·伊万诺维奇的工作，食材本来就很少，可采购限制还很多。

根据国内局势被迫实行新经济政策：允许开办企业，根据供需关系放开物价。1921年3月第十届俄共大会（布尔什维克）通过了从余粮征集制过渡到粮食税收制的决议。粮食纳税法令是在春播之前公布的。农业政策渐渐稳定下来。

1921年是旱灾年。但接下来的几年里俄罗斯富饶的土地，百姓的知识和经验确保了新经济政策的成功。人们已经不再挨饿，批发和零售业也繁荣起来，货币流通领域中坚挺的苏维埃银卢布取代了贬值的20及40卢布面值的纸币和其他货币证券，开始了积累阶段。

有钱就不愁买不到食品。斯皮里东·伊万诺维奇负责带着助手们到莫斯科集市上采购好食材，饭店专门拨出一笔钱让

第一部分　家　谱　第三章　爷爷和奶奶

他支配。一次出去采购时，发生了很有趣的偶遇。后来斯皮里东·伊万诺维奇在村里向亲朋好友讲述了那次偶遇。

他在一个集市上卖鱼的摊位旁转来转去。通常商贩们都是从莫斯科下游远近不同的地方上鱼，比如奥卡河、伏尔加河、阿斯特拉罕。斯皮里东·伊万诺维奇看了许多摊位上的鱼，想找一个长期供货的鱼商贩。他不慌不忙地询问着，寻找着直接供货商，而不是经过好多道手的二道贩子。也有人反问他，给谁买鱼，他当然没告诉对方。聊聊共同感兴趣的话题总是有益处。恰好就与来自伏尔加河的一个亲戚有了这次偶遇。

18和19世纪俄国在内政方面曾积极推进向伏尔加河沿岸移民的政策。从好多个省往这些地区派送农民。当时伏尔加河两岸，即现在的伏尔加格勒、萨拉托夫、萨马拉州一带，一些德国垦荒者定居下来。

祖辈们记得，普京祖上曾有一个分支离开特维尔省到伏尔加河沿岸寻求发展。离乡后就失去了联系，没有信件往来，也没人去寻找过，因为那个年代这是一个很遥远的地方，但特维尔的普京家族记得，"有自己人生活在伏尔加河畔……"斯皮里东·伊万诺维奇恰好是新经济政策时期在集市上遇到了同族的后人，确认了亲戚关系，建立了商贸合作。伏尔加河畔的普京是个守信用的供货商。斯皮里东·伊诺万维奇告诉他对什么鱼需求稳定，之后就只从他那里进货。关系走近了，斯皮里东·伊万诺维奇得知，这个远房亲戚是个大家族。当他告诉斯皮里东·伊万诺维奇自己鱼产品生意和开办的砖窑以及今后的发展规划后，斯皮里东·伊万诺维奇深信这个亲戚是很有商业头脑的人。

斯皮里东·伊万诺维奇经常回村看望家人，家是他生活中的港湾。1920年又有了第5个孩子——萨沙。家乡是可靠的后方。尽管有喜欢的工作和不错的收入，但他对未来还是缺乏信心。内心总感觉不对，感到不安，人们好像都在混日子。在这种条件下责任感很强的斯皮里东·伊万诺维奇不敢把家眷带到自己工作的首都。可能饭店的领导事先也告诉过他不能带家眷。斯皮里东·伊万诺维奇从来也没在村里说自己在什么地方工作。

奥莉加·伊万诺夫娜像自家人一样进出父母家和隔壁妹妹玛尔法·丘尔萨诺娃家，忙乎各种家务事。丘尔萨诺夫家举办婚礼。弟弟德米特里·康斯坦丁娶了当地有名的伐木专家巴维尔·科诺诺夫的女儿，玛丽亚·科诺诺娃。巴维尔的远房亲戚也是在彼得格勒饭店里工作的特维尔农民。

村里的生活渐渐好起来，农民手里有了积蓄。随着林区国有化伐木彻底放开，许多农家开始在老房基地上盖新房。在新经济政策期间多数农民的生活得到了改善。至今在俄罗斯中部乡间处处可见的大多数房子都是当时我们祖辈们盖起来的。

1926年家里出生了第6个孩子——女儿柳德米拉。斯皮里东·伊万诺维奇已经46岁，奥莉加·伊万诺芙娜40岁。女儿出生后女主人请求让家里养第二头奶牛，村委会同意了。20世纪20年代周边的乡村里人口多得使土地紧缺，村村落落之间的土地都划分好并用栅栏圈起来。家家户户都有自己的耕地。没给牲畜留地，牧人只能把牲口赶到树林里放牧。按照当地的自然条件，波米诺沃村委会规定，每家只能养一头牛，但多子女家庭作为特例允许养两头。村里60多户人家中可以养两头牛的多

第一部分　家　谱　第三章　爷爷和奶奶

子女家庭只有5户，其中就有奥莉加·伊万诺夫娜·普京娜家。谁家都无权违反村委会的规定。

奥莉加·伊万诺夫娜从小就学会了各种农活，是个好主妇，把家经营得井井有条。丈夫不在身边，两个大一点的儿子米哈伊尔和弗拉基米尔是她的好助手。她带着孩子们持家：下田、上菜园、喂牲口、做饭，照料孩子。院子里有一匹马、两头牛、有猪、有鸡，挺不容易的。好在善良的天性、活泼开朗的性格、好人缘和亲戚的帮助一直支撑着她。在村里的娱乐活动中奥莉加·伊万诺夫娜喜欢唱幽默的地方小调，所以在村里以顽皮著称。

税收逐年增多。媒体中出现了新词语：工业化、集体化。斯皮里东·伊万诺维奇了解到国家领导人的言论，明白了今后国家发展中会采取什么政策。一次到伏尔加河畔亲戚普京那里买鱼时，斯皮里东·伊万诺维奇建议他尽快卖掉砖窑，别耽搁，别讨价还价。普京采纳了他的建议，卖掉了砖窑。后来普京家的人非常感谢斯皮里东·伊万诺维奇及时通报他们这些信息。

20世纪20年代后几年农民们已经预感到好日子快到头了，税收几乎与收入相差无几。人们对诚实劳动和守法经营产生了怀疑。辛辛苦苦干活已经发不了财。农民没得到承诺分给的土地。唯一的希望只剩下自留地。在这种情况下农民被迫自己去抢地。村民们彼此之间商量好重新插栅栏，圈菜园子，结果面积比从前大两三倍。

多少代人以来宅旁园地的面积都在0.06到0.10公顷之间，可现在农民们都圈起了0.20到0.30公顷。村里先移动栅栏的都是街上单号院子的男人们，因为单号家庭房后边没障碍。后来双号家庭的人也扩大了自己的面积，奥莉加·伊万诺夫娜家的门牌也是双号，他们有扩大的障碍——房子靠河岸。多少代流传下来的传统是河岸上不能耕种。人们自古就懂得河水的重要性，不能因为种东西破坏河岸，对河边的植被也要好好保护。双号家庭仿效对面的邻居也移动了栅栏，他们占用了原来运草、运柴、运杂物的车道，河边只剩下一条狭窄的人行小路。

斯皮里东·伊万诺维奇要堂弟亚历山大·尼古拉耶维奇认真了解集体化并积极参与集体化运动。1928年公布了实行集体化政府令。村里建立了基金，有两户姓普京的家庭入了股，其中就有亚历山大·尼古拉耶维奇。亚历山大·尼古拉耶维奇·普京被村委会选为波米诺沃村第一任集体农庄主席。

奥莉加·伊万诺夫娜作为全职家庭主妇常常参加会议，发表自己的意见，执行通过的决定。她参加建立集体经济和个体经济社会化的农民村委会会议并在会议记录上签了字。村里人都不积极参与私有财产社会化活动。奥莉加·普京娜的经济财产交接书签署于1932年12月29日。接纳委员会成员中同村人有：阿·弗·贝赫洛夫、马·谢·库拉金、德·库·丘尔萨诺夫、伊·彼·杰肖尔金。丘尔萨诺夫是奥莉加的妹夫，住在隔壁8号，就是1914年被征兵后奥莉加和玛尔法为他祈祷的德米特里。交接书中包括9种资产，其中8种作了估价：

1、院子16×12平方米，铺有板条，状况很好，125卢布

2、一匹母马，8岁，浅黄色，50卢布

3、大车，前面是金属的，后面是木制，50卢布

4、中号粪箱，5卢布

5、勃良斯克（产）犁，7卢布

6、木耙，2卢布50戈比

7、马套，2个20卢布

8、好质量的雪橇，5卢布

9、口袋10个，编号41—50号

奥莉加·普京娜家纳入农庄的财产估价总额为264卢布50戈比。交接书中登记了母牛"佐尔卡"，但不属于缴纳的财产。

斯皮里东·伊万诺维奇很清楚执行的政策会带来什么后果，对农民的生活有什么影响。把家留在村里，这意味着注定要过贫穷的日子。但马上携妻儿离开农村又不可能，所以作出了现实的决定。1930年大一点的儿子们都已长大成人：米哈伊尔22岁，弗拉基米尔19岁，阿列克谢13岁。斯皮里东·伊万诺维奇先是从家乡带走了3个大儿子。15岁的阿尼亚、10岁的萨沙和4岁的柳霞留在了奥莉加·伊万诺夫娜身边。

村里的经济生活发生了急剧变化。乡级村落图尔吉诺沃按照新的行政划为图尔吉诺沃区中心。对各村的生产，生活指令都由区中心执行委员会下达。农民们生产出来的东西都要交给区政府支配。百姓们变穷了，没人盖新房，对承诺的农业机械化还不知道什么时候才能实现。据说在很远的地方正筹建拖拉机和汽车制造厂。俄罗斯成百上千个像波米诺沃这样的小乡村什么时候才能看到拖拉机和汽车，他们买得起买不起，谁也不知道。按照区中心的指令完成了收缴工作。不顾当地官员的阻止，即使被拒绝提供出行证明，农民们还是纷纷想办法筹集资金把自己的孩子送到城里。原来土地的主人开始了大规模的移居，两手空空，身后一个背包，带上几件内衣和一两天的干粮，涌进城市去打短工。

村里人，特别是女人们都在议论所发生的事情。奥莉加·普京娜和丘尔萨诺夫家的玛尔法、玛丽亚商量，一定要让奥莉加带着女儿们和萨沙离开农村。这时候已经有几个人离开了家乡。有的是自己想去寻找好的生活，有的不是自己，是区政府让他们出去。背井离乡不再是什么新鲜事，人们早就习以为常。然而这毕竟是生活中很重要的一步，需要仔细斟酌，考虑清楚。奥莉加最终下决心去找丈夫。斯皮里东·伊万诺维奇很少回家，这使她内心很不安。作为女人，不论是周围的情况，还是她内心的感受，都告诉她一定要走。只需要找到一个合理的理由。

日常生活中女人的直觉能改变许多事情。为了诚心帮助女友和亲姐姐，玛尔法和玛丽亚商量好，以斯皮里东·伊万诺维奇的名义偷偷给奥莉加写了一封信。玛尔法知道姐姐家什么东西放在什么地方，便拿来斯皮里东给奥莉加的书信当模本，与玛丽亚一起写了一封内容很温馨的信。信中除了一般的内容之外，还郑重写道："卖掉牲畜带着孩子们到我这儿来过日子。"她俩与邮递员很熟，就让他按她们说的去做。

不久奥莉加·伊万诺夫娜收到了邮递员送来的信。女友们都在身边。收到的信息，特别是斯皮里东·伊万诺维奇发来的邀请，让大家兴奋不已。她们当即就商量临行前该做些什么：先是卖掉奶牛、其他牲畜、收拾上路的东西等等。奥莉加·伊万诺夫娜丝毫也没怀疑来信的内容。"阴谋家们"确信自己的恶作剧肯定会成功，因为她们很了解斯皮里东·伊万诺维奇的性格。住房条件再差他也会欢迎奥莉加和孩子们。奥莉加很快

第一部分　家　谱　第三章　爷爷和奶奶

就收拾好行装，锁上门，带着孩子们去了莫斯科。

就这样斯皮里东·伊万诺维奇和奥莉加·伊万诺夫娜一家团聚了。自然，一开始生活还是有些窘迫，过一段时间就走出了困境，一家人的生活走上了正轨。

20世纪30年代末儿子弗拉基米尔结婚，女儿安娜出嫁，各自都有了独立的生活。

1938年村里传来妹妹玛尔法去世的噩耗。奥莉加·伊万诺夫娜极度悲伤。玛尔法去世让乡亲们对这个家和他们的亲人深表同情。

斯皮里东·伊万诺维奇的4个儿子都参加了卫国战争。战争这个死神三次闯进了他家。1941年长子米哈伊尔在前线牺牲了。次子阿列克谢1943年在库尔斯克战役中牺牲，女婿——安娜的丈夫彼得·舍洛莫夫也牺牲了。沃洛佳和亚历山大在前线作战，弗拉基米尔伤痕累累复员回到了列宁格勒。亚历山大荣获勋章，留在了部队，战后被调到莫斯科郊外服役。

战后那些年斯皮里东·伊万诺维奇一直在莫斯科市党委会下属的"伊利切夫斯基"疗养院工作，定居在伊利英斯克村。50年代末退休。之后奥莉加·伊万诺夫娜也开始整理退休用的必要文件，办退休手续。在整理文件过程中发现，一些文件中奥莉加·伊万诺夫娜的姓与斯皮里东·伊万诺维奇的姓不一样：一个是普京，另一个是布京，这样无法办退休手续。当地部门的工作人员和领导都感到奇怪，可文件不对，谁也没办法违章操作。叶卡捷琳娜·阿列克谢耶夫娜·福尔采娃[①]帮了大忙。

---

①　叶卡捷琳娜·阿列克谢耶夫娜·福尔采娃（1910–1974年），1954—1957年为莫斯科市委第一书记。1960至1974年任苏联文化部长。

中央委员会的领导们常来疗养院度假,福尔采娃也在其中。奥莉加·伊万诺夫娜得知,叶卡捷琳娜·阿列克谢耶夫娜祖籍是高沃洛奇克,算是她特维尔的老乡。还有人说,她对妇女问题尤为关注。奥莉加壮着胆子找机会,终于等到了叶卡捷琳娜·阿列克谢耶夫娜·福尔采娃,讲述了自己办退休遇到的问题。叶卡捷琳娜·阿列克谢耶夫娜认真听了奥莉加的讲述后,答应帮助澄清问题。不久奥莉加的退休手续就办理好了。特维尔州档案里保留了按照叶卡捷琳娜·阿列克谢耶夫娜·福尔采娃的要求把文件调往莫斯科的记录。

斯皮里东·伊万诺维奇晚年喜欢读书,做些家务。在家里不喜欢做饭,也从来不做,都是奥莉加·伊万诺夫娜下厨。他特别喜欢喝沏泡得很香的茶,从不喝二道茶。儿子弗拉基米尔和亚历山大常常带着妻子和孩子,还有女儿柳德米拉和安娜来伊利英斯克看望他们。斯皮里东·伊万诺维奇·普京始终与村里保持着联系,经常与堂弟和圣彼得堡的朋友亚历山大·尼古拉耶维奇通信。1941至1948年期间斯皮里东的妹妹阿克西妮娅住在家乡的房子里。阿克西妮娅去世后,按照以前的约定亚历山大·尼古拉耶维奇看管着斯皮里东·伊万诺维奇的宅院。他据理力争,多次阻止了区政府收缴斯皮里东·伊万诺维奇·普京空闲宅院、重新登记的企图,可最后再也没人理睬他的解释,1951年宅院还是被出售了。斯皮里东的宅院来了新人,后来又换别人,换了好多次。斯皮里东的房子不喜欢别的主人。搬进来的人都是过客,不管谁住进来,一两年都会从村里搬走。20世纪50至80年代换过十几个房主,可他们谁也没感觉到自己是真正的主人。没人翻修过,屋顶漏水,地基下沉,宅院

第一部分　家　谱　　第三章　爷爷和奶奶

已经破旧不堪。进入21世纪以来，宅院拥有者已经把它用作夏天的别墅。

斯皮里东·伊万诺维奇最后一次回老家是20世纪60年代初。他是去与儿时的记忆告别，在玛丽亚·巴夫洛夫娜·丘尔萨诺娃家的储藏室过夜。很早他就起床走出去散步，围着村子绕圈：田野、森林、灌木丛、河岸、墓地。到亚历山大·尼古拉耶维奇家做客，聊天，回忆祖辈们的一些往事。

斯皮里东·伊万诺维奇于1957年逝世，享年85岁。奥莉加·伊万诺夫娜1976年去世，享年90岁。他们被安葬在莫斯科州克拉斯诺戈尔斯克区伊林斯克公墓。

到了21世纪斯皮里东·伊万诺维奇的宅院被划入"扎维多沃"国家园林区。宅院得到了修缮，周边也规划得井井有条。发现了家族的老物件，一幅描写玛尔法·伊万诺夫娜坟墓的画，坟墓的背景是一个小教堂。现在从路旁就能看见斯皮里东·伊万诺维奇·普京的房子，还是那个老样子：不大，但整洁、实用的农家院落，这样的院落在俄罗斯大地上有千百万座，家是自己的金窝。有一段时间这座宅院里还陈列过乡村民俗博物馆的展品。

斯皮里东·伊万诺维奇和奥莉加·伊万诺夫娜饱尝了人间烟火，知道自己的位置，养育子女，孝敬父母，帮助亲人，他们是虔诚的东正教教徒。

祖辈们开玩笑说，斯皮里东对普京家族有特殊的贡献。他的孩子最多。家族的守护者玛丽亚·季莫菲耶夫娜总是把他当做所有人的榜样。斯皮里东那代人中家族继承者很多，但谁也没养过那么多孩子。

斯皮里东·伊万诺维奇和奥莉加·伊万诺夫娜的儿孙们

家谱按父系记载,所以上述记录都是按照父——祖父——曾祖父等等排列,既按垂直族谱排列,也记录分支。这样的话,祖辈中有爷爷和他的兄弟姐妹,对父辈而言都是叔伯或者婶子大娘,对孙子辈而言他们的孩子就是第三代的堂兄弟姐妹。由此可追溯到曾祖父、高祖父等前辈。按传统,族谱记载到第六代人,就是人们常说的"第六跪"(六服),下来就是"超远房亲戚"(相当于中国出五服的亲戚)。斯皮里东·伊万诺维奇和奥莉加·伊万诺夫娜家里6个孩子,都是弗拉基米尔·斯皮里东诺维奇的兄弟姐妹,是弗拉基米尔·弗拉基米罗维奇的堂叔和堂婶。

米哈伊尔·斯皮里东诺维奇(大儿子)

1907年11月18日斯皮里东·伊万诺维奇和奥莉加·伊万诺夫娜家出生了个男孩并在图尔吉诺沃村波克罗夫教堂接受洗礼。给儿子起名叫米哈伊尔。米哈伊尔在图尔吉诺沃村的学校上学。和他一起上学的还有叶卡捷琳娜·科诺诺娃。孩子们在村里玩儿，相互串门儿。米哈伊尔和叶卡捷琳娜从小就建立了友谊。大人们说，但愿他俩能成为一对。20世纪20年代末父亲把米哈伊尔从村里带走，这一对孩子从此就分开了。

米哈伊尔毕业后按照所学的专业来到莫斯科州的博布里基市工作。这里有苏联初期最大的建设工地之一——"氮"化工联合体。成千上万的年轻人聚集到这个小城市。1932年米哈伊尔娶了一个叫塔季扬娜的姑娘。1933年米哈伊尔·斯皮里东诺维奇和塔季扬娜·德米特里耶夫娜生了儿子叶夫根尼。

1933年博布里基市改名为斯大林诺戈尔斯克，1961年又改名为图拉州新莫斯科夫斯克。战争前不久米哈伊尔的弟弟阿列克谢来到他身边。

1941年米哈伊尔·斯皮里东诺维奇和阿列克谢·斯皮里东诺维奇在斯大林诺戈尔斯克一起生活和工作。兄弟俩都被征兵到前线，米哈伊尔当年就牺牲了，年仅33岁，儿子成了孤儿。

叶夫根尼·米哈伊洛维奇

叶夫根尼·米哈伊洛维奇生于1933年博布里基市。从1941年就成了孤儿，在爷爷斯皮里东·伊万诺维奇和奶奶奥莉加·伊万诺夫娜身边长大。

叶夫根尼获得医学文凭之后在伊万诺沃市当医生。娶了一位名字很特别的姑娘吉雅为妻。叶夫根尼·米哈伊洛维奇和吉雅·亚历山德罗夫娜生了3个孩子。

现在夫妇俩已经退休。3个孩子的情况如下：

塔季扬娜·叶夫根尼耶夫娜

塔季扬娜·叶夫根尼耶夫娜于1957年生于伊万诺沃市。

米哈伊尔·叶夫根尼耶维奇

米哈伊尔·叶夫根尼耶维奇于1967年生于伊万诺沃市。1990年在伊万诺沃市医学院毕业后留在当地做了医生。后来转到莫斯科，在卫生部工作。

安娜·叶夫根尼耶夫娜

安娜·叶夫根尼耶夫娜于1972年生于伊万诺沃市。

弗拉基米尔·斯皮里东诺维奇

见第二章。

阿列克谢·斯皮里东诺维奇

斯皮里东的第三个儿子阿列克谢生于1913年。童年是在波米诺沃村度过的。20世纪20年代末父亲带阿列克谢离开家乡。20世纪30年代末他离开父亲到斯大林诺戈尔斯克投奔哥哥米哈伊尔。

阿列克谢从斯大林诺戈尔斯克入伍上了前线，在库尔斯克战役中受伤。由于负伤过重于1943年死在部队医院里，被埋葬在库尔斯克州卡斯托尔诺耶村。阿列克谢·斯皮里东诺维奇·普京死的时候年仅30岁，还没来得及成家。

第一部分　家　谱　　第三章　爷爷和奶奶

安娜·斯皮里东诺夫娜

据母系分支记载，斯皮里东和奥莉加家里在1915年生了一个女孩并在图尔吉诺沃村教堂做了洗礼。女孩就叫安娜。安娜先后在波米诺沃村和图尔吉诺沃村上学。

安娜嫁给了扎列奇耶村的彼得·伊万诺维奇·舍洛莫夫。20世纪30年代末夫妇俩离开家乡来到彼得堡，1938年彼得·伊万诺维奇和安娜·斯皮里东诺夫娜生了儿子根纳季。

1941年安娜的丈夫上了前线，从此就再没有得到彼得·伊万诺维奇·舍洛莫夫的消息。安娜·斯皮里东诺夫娜成了寡妇，自己带着儿子。那是她生活中最困难的几年。她是长途列车上的乘务员。哥哥弗拉基米尔和亚历山大尽了最大努力帮助她和她的儿子根纳季。

安娜·斯皮里东诺夫娜·舍洛莫娃于20世纪90年代去世。

亚历山大·斯皮里东诺维奇

1920年小儿子亚历山大出生于波米诺沃村，在村里度过了童年和少年，上了学。后来随着妈妈奥莉加·伊万诺夫娜到了父亲身边。

1939年进入普列汉诺夫财经学院学习。大一就入伍到蒙古服役（在苏联，包括现在的俄罗斯，大学期间学生应中断学业去服役，之后继续上学）。战前他服役的部队被调到莫斯科州的布罗尼采市郊。有一次亚历山大去部队旁边的村里买牛奶，在一口井旁边问打水的姑娘哪里可以买到牛奶。就这样认识了阿尼亚·朱可娃。亚历山大喜欢上这个姑娘，约会了好几次。不久就开始了战争，机械部队开赴前线。亚历山大·斯皮里东诺维奇经过了整个卫国战争，战争结束前参加了解放捷克斯洛伐克、奥地利的战役，在维也纳迎来了胜利。战争结束时亚历山大已是中尉军衔，立功受奖。战后没复员，决心把一生献给部队。

亚历山大回到战前服役的布罗尼采市，去找在那个小村子井边偶遇的1926年出生的阿尼亚·阿列克谢耶夫娜·朱可娃。1946年娶了阿尼亚。第二年他们就生了女儿柳德米拉，小名叫柳霞。

亚历山大·斯皮里东诺维奇毕业于拉·莫·卡甘诺维奇军事交通学院。在弗拉基米尔州的科夫罗夫市服役。后来调到梁赞军车专业学校任教官。

1953年生了第二个孩子，男孩。起名叫伊戈尔。1955年生了女儿，起名叫奥莉加。

亚历山大·斯皮里东诺维奇是个富有战斗经验，熟知机械技术细节，训练有素的军官，在学校老师和学生们中间享有威望，颇受信任。1964—1965年被派到伊拉克任苏联驻伊拉克使馆武官，回来后继续当教师。

卸职后还一直与学校同事们保持着联系。他很爱自己的妻子和孩子们。亚历山大·斯皮里东诺维奇的夫人阿尼亚·阿列克谢耶夫娜把一生都献给了家庭，是维系那个多子多孙大家庭与亲朋好友关系的纽带。亚历山大和阿尼亚夫妇于2008和2012年相继去世，被安葬在梁赞的斯科尔比亚谢恩斯克公墓。

第一部分　家　谱　第三章　爷爷和奶奶

柳德米拉·亚历山德罗夫娜·普京娜，结婚后姓索科洛娃

亚历山大·斯皮里东诺维奇和阿尼亚·阿列克谢耶夫娜的大女儿柳德米拉生于1947年，在梁赞读了中学和医学院。毕业后当医生，嫁给了一位军医。柳德米拉和亚历山大家里生了两个女儿——叶连娜和薇拉。一家人生活在圣彼得堡。

梁赞军事汽车专业学校教师亚历山大·普京与学员们合影
摄于20世纪60年代初

亚历山大·普京少校
摄于20世纪60年代初

亚历山大·普京副团长与夫人一起散步
米哈伊尔·普京摄于1965年

伊戈尔·亚历山德罗维奇

亚历山大和阿尼亚的第二个儿子伊戈尔出生于1953年，在梁赞读完中学，后毕业于梁赞军事汽车专业学校。曾在苏联很多地方服役：中亚、远东、伏尔加河畔。在"后方与运输学院"萨拉托夫州沃尔斯克分院任过教官。

退役后先后在梁赞和萨马拉生活与工作。现在与夫人安热拉住在莫斯科。伊戈尔·亚历山德罗维奇有3个孩子：罗曼、埃韦利娜和雅罗斯拉夫。

罗曼·伊戈列维奇

伊戈尔·亚历山德罗维奇的长子罗曼生于1977年，毕业于"后方与运输学院"沃尔斯克分院。现在莫斯科工作，已婚。罗曼和玛丽亚家2003年又生一子，也叫伊戈尔。

奥莉加·亚历山德罗夫娜·普京娜，结婚后姓列索娃

亚历山大·斯皮里东诺维奇和安娜·阿历山德罗夫娜的小女儿奥莉加生于1955年。在梁赞读完中学。出嫁，生儿育女：女儿柳巴娃和儿子鲁斯兰。她生活在诺沃罗西斯克市。

柳德米拉·斯皮里东诺夫娜·普京娜

斯皮里东·伊万诺维奇和奥莉加·伊万诺夫娜的小女儿柳德米拉1926年出生于波米诺沃村。童年在村里度过，上了学。同班曾有两个姓普京的女同学，是堂姊妹：一个是奥莉加的女儿柳霞，另一个是瓦西里·安德列耶维奇的女儿玛卢霞。柳霞

第一部分　家　谱　第三章　爷爷和奶奶

随着母亲奥莉加离开家乡去莫斯科郊区父亲那里，后来出嫁，姓克鲁格洛娃。柳霞生了一儿一女。最近这些年柳德米拉·斯皮里东诺夫娜一直在莫斯科郊外小城茹可夫斯基工作。现已退休，生活在拉兹多尔村。

伊万·舍洛莫夫和伊丽莎白·舍洛莫娃

舍洛莫夫家由于与斯皮里东和奥莉加家的种种关系被列入普京族谱。

伊万·舍洛莫夫生在图尔吉诺沃村河对面的扎列奇耶村。农活做得很好，所以邻里们以及知道他的人都很敬重他。

舍洛莫夫娶了当地姑娘伊丽莎白·托马绍娃。伊丽莎白活泼，喜欢交往，跟谁都有说不完的话。她成了伊万家的好主妇。

伊万和伊丽莎白生了4个孩子：阿列克谢、伊万、彼得和玛丽亚。图尔吉诺沃与扎列奇耶村相距4公里。两个村的人在不同的田地里耕作，见面不多。一般他们都是逢赶集的日子在摊位旁聊一聊相互间合作的事。在乡里讨论共同关心的问题，有共同的熟人。普京家族与舍洛莫夫家族彼此认识，相互尊重。当他们的孩子相识后，双方就没反对孩子们约会。

20世纪30年代末普京家族与舍洛莫夫家族就有了牢固的双层关系。斯皮里东的儿子弗拉基米尔娶了伊万的女儿玛丽亚，伊万的儿子彼得娶了斯皮里东的女儿安娜。

1941年11—12月期间图尔吉诺沃村成为沦陷区。这期间舍洛莫夫家发生了悲剧，法西斯分子枪毙了伊丽莎白。悲剧发生在1941年11月13日。那年她60岁。关于她的死流传着两种相互矛盾的说法，两种说法好像都没有提及威胁侵略者。

　　第一种说法：伊丽莎白在扎列奇耶村拿着一个装着熟土豆的铁锅和装着食品的一个小包裹走在街上。法西斯分子迎面走来，要求她做什么，不想放她过去。伊丽莎白没明白他们的要求，说了什么激怒他们的话。随后就是一梭子子弹射向她。是偶然发生的悲剧，这种悲剧在沦陷区发生过许多。可能法西斯分子怀疑她是在给游击队送饭，他们非常害怕游击队，所以想检查她锅里和小包裹里的东西。现在已经搞不清到底是什么原因了。重要的是，战争中谁手里有枪，谁就有理。悲剧发生在青天白日之下，她只是路过，在没有任何理由的情况下就被开枪打死了。

　　第二种说法：在图尔吉诺沃区中心法西斯分子准备枪毙区土地管理科科长波利托夫。当地妇女们知道他是个有经验的专家，是个令人尊敬的人、一个当地老住户的一家之主。听说要枪毙他，妇女们很气愤，就请求法西斯分子不要枪毙他。法西斯分子一直在搜捕苏联共产党人。有人向法西斯分子告密，说波利托夫是共产党员。妇女们保护的是一个家庭的主人，而不是什么共产党员。伊丽莎白为波利托夫求情时表现得最激愤。直言快语害了伊丽莎白。法西斯分子把她从人群中拉出来和波利托夫一起枪毙了。只剩下父亲一个人。

　　应该明白，战争的目的不是占领苏联，而是在不到两代人的时间内把这片领土日耳曼化，消灭这个国家。1941年7月16日希特勒在德意志纳粹领导会议上详细地阐述了他们的目的:"在乌拉尔以西建立军事强国再也不用列入议事日程……只有乌拉尔以西不再有别国军队的情况下,帝国才可以高枕无忧……除了德国人,任何人的手里都不允许有武器……要达到这一目的的最好办法,就是枪毙每一个胆敢斜视我们一眼的人。"

战争在摧毁着一切。与平时当众枪毙人不同的是,沦陷期间枪毙和暴力每天都在发生。

伊丽莎白·舍洛莫娃坟墓旁还埋葬着另一个村里人安德烈耶夫。占领者命令一批人为他们挖战壕和掩体。战壕挖好后法西斯分子让挖战壕的人赶紧离去。大多数人都按照命令立刻爬出战壕。不知为什么安德烈耶夫耽搁了一会儿,最后一个往上爬。只因为慢了一点,法西斯分子当即就在战壕里枪毙了他。

伊万和伊丽莎白的孩子们

伊万·舍洛莫夫和伊丽莎白·舍洛莫娃家有4个孩子,即弗拉基米尔·弗拉基米罗维奇的3个舅舅和姨妈。

阿列克谢·伊万诺维奇·舍洛莫夫

舍洛莫夫家的长子阿列克谢生于1903年。中学毕业后来到列宁格勒工作,直到战争爆发。1941年应召上前线,之后再无音信。

伊万·伊万诺维奇·舍洛莫夫

舍洛莫夫家的第二个儿子伊万生于1904年。读完乡村中学后到彼得格勒海军学校学习。娶了一个姓别利亚科娃的姑娘。曾在高加索边防军服役,因撰写《航海指南》和《出色保卫里海边防》受到嘉奖。20世纪30年代末被调到远东,在苏联内务部海岸边防军服役。后来又调到莫斯科中央机关,边防军总局。战争初期身为三等上尉的舍洛莫夫被调到波罗的海舰队乌斯季卢加港"溪流"基地。从1942年起担任列宁格勒分区舰队基地水域保护指挥部总指挥官,二等上尉。战后在北方舰队服役,一等上尉,曾荣获列宁勋章、红星勋章和红旗勋章、卫国战争一级勋章。服役晚期先后在巴尔瑙尔的巴库后方海军学校、加里宁格勒和里加的专业学校授课。1955年退役(根据尤·勒热夫采夫的材料)。

他定居在列宁格勒,夏天总回老家扎列奇耶村。1973年去世,遵其遗嘱被安葬在当地涅佩伊诺夫斯克公墓。

彼得·伊万诺维奇·舍洛莫夫

舍洛莫夫家的小儿子彼得生于1906年。少年时经常去周边的乡村玩,包括波米诺沃村。在那里他结识了安娜·普京娜,后来娶了她。

第一部分　家　谱　　第三章　爷爷和奶奶

一等大尉伊·伊·舍洛莫夫
拍摄于1950年

伊·伊·舍洛莫夫坟上的墓碑
特维尔州，2002年
本书作者摄

玛丽亚·伊万诺夫娜·舍洛莫娃

舍洛莫夫家唯一的女儿玛丽亚是最小的孩子，出生于1911年（见第二章）。

第四章　第四代

　　20世纪之前普京几代人中繁衍出了多少后代，已经很难查清。上帝才知道他们生了多少孩子。当时生活条件下保证能活下来的人已经很幸运，凡是生病、体弱的孩子都被自然淘汰。众所周知，19世纪文学作品中有个标志性的例子。一个秋收繁忙季节两个老爷乘着四轮车下乡，看到许多不干活的妇女。其中一个老爷惊奇地问，为什么这些女人不帮他们辛苦的丈夫干活？得到的答案使他俩感到很惊讶：她们都是刚刚生完孩子的妈妈或临产的孕妇。接下来的问题是：家家都这样添丁，为什么田间的劳动力还是不够？答案有两个。其一：传统的接生婆技术很差；其二：幼儿缺少家长的看护，所以常出现不可测的情况。综上所述，虽然年年出生很多，但是长大成人的却很少。

　　那时父母对生育时婴儿死亡、对幼儿因病死亡看得不是那么重。任何时候孩子的死对父母都是痛苦，这是自然法规。然而，一百多年前幼儿死亡只是家里一时的痛苦，算不上是特大的悲剧。父母们常说："上帝给了，上帝又拿走了。"按习俗，父母不能提及死去的孩子，更不能数数死了几个！活在当下，指望未来。第二年他们就又生一个，期盼着是个健壮、经得起病魔考验的孩子，长大后成为干活的好帮手和父母晚年的依靠。在理解家族和族人的回忆或是研究族谱时必须明白，大多数情况下家谱中提到的都是活下来，长大成人的孩子。农村家庭妇女每年都生孩子，但这些孩子的命运有很多不测。17至

第一部分　家　谱　第四章　第四代

19世纪一个家庭不能只生1个、2个、3个孩子。只有长大成人，自己也做了父母的人才能算数，才能被写入族谱。

在开始研究族谱时以下情况是重要的发现之一：以前只知道在20世纪20年代有一对夫妇生过2个孩子，有保留下来的童年照片为证。2个孩子长大成人后，常带着他们自己的孩子们去看望父母。与堂兄弟姐妹及堂表兄弟姐妹保持着交往。关于这些有回忆录、记载下来的各种事件以及一些细小情节都可以佐证。然而，宗谱学者们在按照既定的工作程序工作期间发现，这个家庭曾生过12个孩子。10个死去的孩子从未被提及。

还有一个例子是，根本没查档案，主人自己就承认说：家里生过7个孩子，只活下来1个。

上述两个出生率急剧减少和死亡率增加的情况发生在革命后的20世纪20年代。

伊万·彼得罗维奇分支

曾祖父伊万·彼得罗维奇

1845年彼得·普罗霍罗维奇和马特廖娜·雅科夫列夫娜夫妇家出生了一个男孩，叫伊万。瓦尼亚和父母住在曾祖父传下来的土地上，自己家里。现在这块地已经属于38号的主人。

1870年24岁的伊万结婚，娶了当地的农村姑娘普拉斯科维亚·帕拉斯克娃，父名是马特维耶夫娜。帕拉斯克娃是19岁出嫁的。

1871年生了儿子伊万。父母当年分别为26岁和21岁。

1874年又出生了一个女孩，叫阿克西妮娅。

1880年夫妇俩又生了一个儿子，起名叫斯皮里东。父母已经35岁和30岁。

1881年又生了一个女儿，起名叫普拉斯科维娅。

伊万·彼得罗维奇是村里这个家族后几代中第一个离开父母建房去住的人。新建的住房与父母没关系。这是19世纪70年代的事。新住房在原来街道的左侧，他们在这里盖了房，开始自己的生活。

在农村，长大的孩子分家单过时，长辈都会帮助他们。资金不足的年轻人会先盖小一点、只带一两个窗户的房子，以后再翻盖。有经验的木匠很多。伊万·彼得罗维奇盖了一个不大的房子，带院子，窗户向北，这是他独立生活的基础。夫妇俩带着孩子们在这座小屋子里住了30年。

一家人以务农为生，一直住在家乡，偶尔有事出村。当地主要的农作物是燕麦和亚麻，主要采购者来自圣彼得堡和莫斯科。伊万·彼得罗维奇是个严格遵守规矩的人。全家信奉上帝，读经书，定期去教堂做礼拜，遵守东正教的礼仪，尊重民间传统。

随着时间的推移，家庭渐渐变大了。大儿子结婚后带着媳妇跟父母一起过。已成年待嫁的女儿也和父母生活在一起，小儿子斯皮里东经常从特维尔，后来从圣彼得堡回家看望。伊万·彼得罗维奇和大儿子一起稳定地经营，收入很好，足够维

第一部分　家　谱　第四章　第四代

持家里的生活。已经到了盖新房的时候。

按照规定盖房时要尽可能少用原木。森林虽属私人所有，但砍伐要有充足的理由才能得到允许。建房总要涉及到原木使用问题。砍伐原木的总量需要考虑有多少还能使用的旧原木。盖新房使用旧原木的做法由来已久，例如：用主墙隔成两间的房子中居住部分用新原木，其他部分用旧房剩下的旧原木。主房和附属部分是一个整体，只是从外面能看到原木的端头，让人感觉房子分成主次两部分。富裕一些的家里还会用木板装饰一下。为了让房子显得漂亮，木板装饰后，房子正面隔断墙原木的端头根本就看不见。

20世纪90年代初伊万·彼得罗维奇家搬进了一座宽敞的大房子。这座房子就是现在的19号院。左侧的三个大窗户是居住部分和大厅。右侧的窗户是附属部分，就是所谓的储藏间。主人也可以把它用作卧室、工作间、储物间。储藏间有楼梯通向阁楼。这座大房子里住着两家：伊万·彼得罗维奇夫妇和大儿子伊万·伊万诺维奇夫妇。家里的事主要由40来岁的儿子负责。

小儿子儿斯皮里东决定盖新房，父亲伊万·彼得罗维奇积极支持。他那把年纪已经不能抡斧头拉锯，所以他承担起组织监管，查验施工和材料质量工作。他掌控儿子交给他的钱，采购材料，支付工钱。可以说，他起了一个订货人的作用。

1917年混乱期间有人悄悄告诉伊万·彼得罗维奇，他的堂兄、小酒馆主人伊万·瓦西里耶维奇·普京在特维尔被枪毙了。二十多年前他曾把儿子斯皮里东交给瓦西里耶维奇做徒弟。后来有人说伊万是自杀的，但这绝不可能。长辈们都说，普京家族就没出过自杀的人。

伊万·彼得罗维奇担心，在革命年代，与被枪毙的瓦西里耶夫很亲近的儿孙一定会受影响。孙子刚开始在乡银行里工作。按照革命的理解他们就算是资产阶级，劳动人民剥削者的亲属。没有财产的人才被认为是劳动人民，农民除外（按照阶级理论划分，革命期间农民是无产者来自小资产阶级的临时同盟，即潜在的敌人）。伊万·彼得罗维奇与可以信任的人商量后，选择了摆脱这种困境的出路。为了不引人注意，他在自己孩子们的护照上按照他们的外号填上姓沃龙佐夫。伊万·彼得罗维奇没给自己办护照，当时他已经70多岁。再说，办护照也需要花钱。小儿子斯皮里东住在圣彼得堡，不会回到乡下，所以他保留了祖上留下来的姓——普京。

伊万·彼得罗维奇·普京80岁时因感冒病逝，正赶上20世纪20年代初闹西班牙流行性感冒瘟疫期间。那一天他生命的支柱——儿子也逝世了。

伊万·彼得罗维奇的孩子们

伊万·伊万诺维奇·沃龙佐夫（原姓普京）（大儿子）

伊万生于1871年，一直在父母身边，住在乡下。

伊万是个顽强上进的孩子。脾气直爆，说话口气强硬，办事果断有魄力。头发黝黑、直硬，像乌鸦的羽毛，所以他的外号叫沃罗涅茨（乌鸦一词的谐音）。

按照传统，父亲应该分给大儿子伊万·伊万诺维奇部分财产让其独立生活，把小儿子斯皮里东留在身边。由于家里的具体情况，这个传统被改变。20岁时孩子们被送去学习。普京和诺沃日洛夫两家在伊万·瓦西里耶维奇和安娜·雅科夫列夫娜的婚礼上商定,把20岁的斯皮里东送到特维尔去学习,所以1893年小儿子就离开了老家。

伊万·伊万诺维奇是19世纪90年代中期与玛丽亚·阿列克谢耶夫娜·诺沃日洛娃结婚的。这是普京与诺沃日洛夫家族之间的第二对夫妻。两个家族真是亲上加亲,普京家族的两个儿子娶了诺沃日洛夫家族的两个女儿。

1899年生了儿子德米特里,随后又生了女儿安娜。

伊万·伊万诺维奇和玛丽亚·阿列克谢耶夫娜带着孩子们在娘家生活。

1917年从城里传来令人震惊的消息:沙皇退位了、成立了新政府、局势混乱、枪声四起、士兵逃跑。乡村里也捣毁了沙皇和解放者亚历山大二世的半身雕塑像。人们狂欢着经过村里的中心广场和教堂,把雕像拉到桥上,抛进了河里。

父亲讲了伊万·瓦西里耶维奇在特维尔被枪毙后,家里就商量给伊万·伊万诺维奇和儿子德米特里·伊万诺维奇办护照的事。这时家里出现了一种对俄罗斯农民而言非常尴尬的情况。当男人们决定在护照上填写姓沃龙佐夫时,妻子玛丽亚·阿列克谢耶夫娜插话说:"这叫什么事呀!就是说,我出嫁了两次?我诺沃日洛娃先是嫁到普京家,然后与他离婚又嫁给了沃龙佐夫?我不是这种人。"男人们无言以对,因为她问得很在理。

玛丽亚·阿列克谢耶夫娜坚持自己的意见,绝不同意改姓领取护照。所以决定只有伊万·伊万诺维奇和儿子德米特里·伊万诺维奇领护照,玛丽亚·阿列克谢耶夫娜不办理护照。

政权易主之后的混乱时期没有严格的注册制度。公民也不一定持有护照或身份证。只有在这样的制度下才得以更改姓氏。伊万·伊万诺维奇和儿子德米特里很容易就拿到了姓沃龙佐夫的护照。很快全村人都知道了这件事。

从乡里经常有类似的信息传来，当地百姓还有改姓氏的。19世纪末以前有土地的农民们想到城里打工时就嘲讽自己，在证件上填写一些很不好听的姓氏，所以就出现了姓赫柳士金（小猪）等姓。当局势改变了，人们又会改回自己原来的姓氏。

同乡人中都利用这种小聪明，俗话说，反正也没人对此太较真。人们都知道，他们姓普京。平日大家都称呼老少两个伊万的外号，老乌鸦和小乌鸦。日常生活中村里一般都叫外号，称呼姓氏的不多。

大多数人都没有必要领取护照，在农村没什么用。都是打算以后到城里做事的人才办护照。如果以后问起伊万·伊万诺维奇的姓氏来，他会开玩笑说："现在不是大家都平等了吗，我也想姓沃龙佐夫伯爵的姓。"这种玩笑大家都会接受。和亲戚们的关系丝毫没改变。值得注意的是，改姓沃龙佐夫后，普京父子在与亲戚们交往中就要特别小心谨慎，在别人面前他们好像总有些歉意。就这样，普京家族出现了两个沃龙佐夫。

阿克西尼娅·伊万诺娃·普京娜，出嫁后姓别图霍娃（大女儿）

1874年伊万·彼得罗维奇和帕拉斯克娃·马特维耶娃家里生了个女孩叫阿克西尼娅。阿克西妮娅的童年和少年是在父母

第一部分　家　谱　第四章　第四代

身边度过的。

阿克西妮娅·伊万诺夫娜出嫁给基里尔·佩图霍夫，随丈夫的姓。婚后随丈夫到了距离波米诺沃村8公里远的大谢利希村。家里有两个女儿——佩拉盖娅和安娜。20世纪20年代基里尔·佩图霍夫和阿克西妮娅·别图霍娃盖了新房。基里尔的性格与阿克西妮娅的堂弟亚历山大·尼古拉耶维奇·普京的性格很相近，他俩成了一生的好友。女儿们渐渐长成大姑娘，很吸引小伙子们的眼球。

佩拉盖娅·基里洛夫娜·佩图霍娃嫁给了阿斯塔费耶沃村的茨维托夫。

安娜·基里洛夫娜·佩图霍娃去诺沃扎维多夫斯基村学习，后来就留在那里当了语言文学老师。居住在扎维多沃车站。

1941年法西斯分子在撤退时纵火烧了佩图霍夫家的新房。阿克西妮娅·伊万诺夫娜67岁高龄时落得无家可归。她知道哥哥斯皮里东·伊万诺维奇的房子在波米诺沃村空着。这是她最后一个能落脚的地方。钥匙在堂弟亚历山大·尼古拉耶维奇·普京那里保存。她讲述了自己的遭遇，亚历山大·尼古拉耶维奇自然就把她领进了斯皮里东·伊万诺维奇家，把钥匙交给了她。就这样阿克西妮娅·伊万诺夫娜回到了老家。

斯皮里东·伊万诺维奇同意了亚历山大·尼古拉耶维奇的决定。

阿克西妮娅·伊万诺夫娜·佩图霍娃于1948年在斯皮里东·伊万诺维奇家里辞世，终年74岁。

斯皮里东·伊万诺维奇（二儿子）

见第三章。

普拉斯科维娅·伊万诺夫娜（二女儿）

1881年，伊万·彼得罗维奇和帕拉斯克娃·马特维耶夫娜家里出生了女儿，起名叫巴拉斯克娃，但没有关于她的信息。

伊万·伊万诺维奇·沃龙佐夫（普京）的孩子

德米特里·伊万诺维奇·沃龙佐夫，原姓普京（大儿子）

1899年，伊万·伊万诺维奇和玛丽亚·阿列克谢耶夫娜家里儿子出生了，起名叫德米特里。

小德米特里天生就很结实而且机灵，尤其是在算术方面更见长。父母很早就注意到了儿子的特长。农民的孩子们总是求知欲很强，喜欢学习。然而他们的条件和天资各有不同。父母千方百计想让孩子成为有职业技能、职业素养的人，而不是一辈子跟在马尾巴后面跑的人。父母把儿子的特长告诉了娘家的亲戚伊万·丘尔萨诺夫。他在彼得堡一家银行当会计，每逢夏天都会带着家眷回到村里。按农民的标准，伊万·丘尔萨诺夫一家过着富足的生活。他们是乘两架三套车从特维尔回村休假。他家的女儿都能熟练地说好几种外语。伊万·丘尔萨诺夫听伊万·伊万诺维奇夫妇讲了之后，跟德米特里聊了一下，考了他几道算术题，确信他真的在这方面挺有天赋，所以就推荐他到银行的乡分行去培训。培训之后德米特里就成了银行的正

第一部分　家　谱　第四章　第四代

式工作人员。

最初几年德米特里只从事一项业务。关于这项业务后来他只向最亲近的人讲述过。他必须无条件地执行分行领导的指令，无权拒绝，他很可能被迫参加过类似征用农民土地和财产的活动。

布尔什维克掌握政权之后命令乡里征收财产，包括富人坟墓里的财物。新政府按照上级的指示决定征收图尔吉诺沃村涅普柳耶夫公爵家族墓穴里的财宝。成立了征收委员会，分行的代表也是委员会成员。银行的领导也不愿意参与这种见不得人的勾当，所以就指派德米特里·伊万诺维奇·沃龙佐夫作为代表进入委员会。银行让德米特里负责文秘工作，起草征收财产的交接书。

煤油事件也是一个例证。商品紧缺时期不知从什么地方运来了煤油。这是家家都需要的东西。当地各村的百姓都拿着桶或其他容器赶到乡里取煤油。区领导竟然在墓地上向村民分发起煤油，真是越过了所有的道德底线！俄罗斯历史上有过很糟糕的情况，可这样无耻的行径还真是史无前例。

省里领导宣布自己管辖的地区为彻底的无神论区。乡里的钟被扔掉，钟楼被毁，教堂顶上的圆头被拆掉，多少代人流传下来的精神遗产被破坏。

领导不但强迫人们与过去有钱的亲戚断绝关系，让大家远离与现政权持不同观点的人。持不同观点的人比比皆是，所有工作人员都要时刻关注政局，不要受反动势力的影响。凡是在国有单位任职的人都必须紧跟时代的潮流。生活的必要条件之一就是回避尴尬的问题："您不是过去小酒馆老板伊万·伊万诺维奇的弟弟吧？""上周悄悄抱怨乡领导的人不是您的姐姐吧？"那时鼓励告密，偷听。过去的亲朋好友之间出现了隔阂、敌视、不信任。街坊四邻之间彼此怀疑。人们想方设法更名改姓。有的改变祖辈姓氏的重音，让人觉得与以前的……，还有人找借口突然开始姓妻子的姓，也有人换一个毫不相干的姓。个别人给孩子起新的、革命的名字：十月、列宁、梅尔斯（马恩列斯的缩写）等等。他们认为这就是最支持政权，最忠于政治路线的表现。普京家族里没有过这种革命的名字。

德米特里·沃龙佐夫每天到乡里的银行上班，是最早知道新政策的人之一。很难想象在那个让人费解的时代德米特里心里是什么滋味。

20世纪20年代初德米特里·伊万诺维奇娶了娜杰日达。娜杰日达是个善良、受到过良好家庭熏陶的姑娘，对丈夫和所有人都很尊重。然而家里就是没有孩子。德米特里·伊万诺维奇责怨妻子。这种责怨很难让妻子忍受，导致彼此间关系恶化，甚至爆出丑闻。最终德米特里和娜杰日达分手了。德米特里留在父母家，而娜杰日达忍受不了德米特里在村里公开说她不能生育，就去了特维尔。从此就再也没有她的消息。

过了一段时间德米特里第二次结婚了。妻子是来自图尔吉诺沃村的姑娘娜杰日达·阿尔先季耶夫娜·阿布拉莫娃。她的父母死于西班牙流行性感冒，她和妹妹成了孤儿。德米特里很走运，与他共同生活过的女人性格都很好。第二个妻子跟第一个一样，挺有修养、善良、热情，一心扑在家上。然而，又是没有孩子。没理由责怨第二个妻子不能生育，只能认命。命运好像是在与他开玩笑，给他能挣钱的工作、受尊重、有财富、有很好的媳妇，可就是不给他孩子。1924年德米特里成了堂妹玛丽亚·季莫费耶夫娜·普京娜的女儿马卢霞的教父。

20世纪20年代末德米特里·伊万诺维奇积极参与过组织集体农庄工作。银行乡分行的工作让德米特里·伊万诺维奇·沃龙佐夫总能及时得到各种信息，其中包括关于集体化的政策。当时他已经不是农民，没有土地，因为他在国有单位工作，领工资。院子里有菜地、花园、有自己的副业。私有财产中还有父亲去世后留下的农业设施和农具。德米特里实际上并不需要这些东西，所以作价247.5卢布交给了集体农庄。

沃龙佐夫家接待所有的孩子，包括亲戚和毫不相干的人的孩子，热情接待他们，给他们糖果，夸奖他们。他们担负起精心照料外甥列夫和尤里的责任。列夫和尤里是德米特里·伊万诺维奇妹妹安娜·普京娜（出嫁后姓杰肖尔金）的孩子。干女

德·伊·沃龙佐夫（原姓普京）
摄于1941—1945年卫国战争期间

儿马卢霞长大了，放学回家的路上常来作客。德米特里·伊万诺维奇和娜杰日达·阿尔先季耶夫娜就帮助她做算术题。

20世纪30年代末德米特里被调离图尔吉诺沃分行到州中心加里宁市工作。

1941年应征入伍上了前线。从战争的第一天到最后一天一直在前线，在柏林迎来战争结束。

战后沃龙佐夫到列宁格勒储蓄银行的沃洛达尔斯基分行当行长。他与诺沃日洛夫、伊万诺夫和库罗奇金三家关系走得很近，经常一起聚会。他与雅科夫·列昂诺夫也建立了友好关系。雅科夫是从农村来到加里宁州的涅利多沃市。沃龙佐夫家

五一节在列宁格勒
诺沃日洛夫、伊万诺夫、波波夫、沃龙佐夫、库罗奇金五家人
伊·谢·波波夫摄于1962年5月1日

住在杰茨科谢利斯基大街,夏天休假总回老家,喜欢当地的美景。德米特里·伊万诺维奇喜欢钓鱼。每逢暑假,侄子的孩子们总来德米特里和娜杰日达这里度假。

沃龙佐夫在雅·列昂诺夫家作客
摄于加里宁州涅利多沃市,20世纪50年代

晚年时在与别人交往中改姓的事一直使德米特里·沃龙佐夫感到尴尬。聚会时他总强调自己姓普京，而不姓沃龙佐夫。他不喜欢别人提改姓的话题。会不会是因为改姓让他这条血脉终断了？

德米特里·伊万诺维奇·沃龙佐夫，原姓普京，于1980年去世，享年81岁。遵其遗嘱被安葬在波米诺沃村公墓。

由于令人遗憾的误会，德米特里·伊万诺维奇希望被安葬在伊万·彼得罗维奇·普京家族墓地的遗愿没能实现。永远也不能忘记俄罗斯的民间童话，因为里面蕴藏着很多智慧。有这样一个童话，讲述的是一个愚钝的主妇和一只狡猾的狐狸。心软的女主人起初只是让狐狸进到门槛的擦脚垫上，然后让它到炉子旁边，再后来让它上了松软的沙发，最后把它请上床进了被窝。狐狸睡醒后说："我现在是家里的主人，你滚吧，傻瓜。"不应该让人玩弄慈悲心。伊万·彼得罗维奇·普京的房子那时候已经转到了别人手里。

安娜·伊万诺夫娜·沃龙佐娃，出嫁后姓杰肖尔金（小女儿）

伊万·伊万诺维奇和玛丽亚·阿列克谢耶夫娜家里出生了小女儿，起名叫安娜。

20世纪20年代初安娜·伊万诺夫娜·沃龙佐娃嫁给了同村人亚历山大·杰肖尔金，婚后改用丈夫的姓。他们生了两个孩子：1925年生了列夫，1928年生了尤里。两个孩子都在乡村学校上学，常常到沃龙佐夫家去玩。杰肖尔金家去了列宁格勒。丈夫上了前线，安娜做了俘虏，解放后回到列宁格勒，分到一间小房子。这期间孩子们一直住在舅舅沃龙佐夫那里。

第一部分　家　谱　第四章　第四代

列夫·亚历山德罗维奇·杰肖尔金
摄于20世纪50年代

列夫·亚历山德罗维奇·杰肖尔金考入莫斯科动力学院。毕业后根据专业做能源工作，在加里宁州涅利多沃乡造纸厂当总工程师。家里生了两个孩子：1955年生了大儿子弗拉基米尔，1960年生了小女儿伊琳娜。每逢暑假父母就带他们到乡下沃龙佐夫那里。

尤里·亚历山德罗维奇·杰肖尔金毕业于技术学校，娶波米诺沃村老师塔季扬娜·斯捷潘诺娃为妻。后来夫妇俩去了佩诺镇，在那里生了女儿马林娜。

尼古拉·彼得罗维奇分支

彼得·普罗霍洛维奇和马特廖娜·雅科夫列夫娜家在1849年生了个男孩，起名叫尼古拉。当年夫妇俩都是25岁，带着儿子生活在曾祖父传下来的土地上。现在这块领地在波米诺沃村38号院。

科利亚（尼古拉小名）小时候过着普通农家孩子的生活：帮助父母干活，在田野、森林、自家土地边上的小河畔玩耍游乐。青年时就应征入伍。比同龄人服役归乡稍晚一些。服役过的人在乡村里很受尊敬，即便年轻，也不例外。所有归乡的士兵都识文断字，能写会算。1870—1880年期间有文化的农民不多，所以他们特别受人尊敬。

俄国军队规定要提高所有应征入伍者的文化生活水平。各军种都有自己的学校和医院。当兵除了保家卫国，也是为了过上更优越的物质生活，部队根据有未婚的、也有已成家的不同年龄士兵，规定退役后能得到一块土地。退役的士兵前景都不错，他们很吸引农家姑娘的眼球——姑娘们都想嫁给像样的未婚夫。看看老画家们的作品：姑娘们用怎样赞赏的目光注视着士兵们！

军队教会士兵自我管理：士官通过士官会议，士兵通过士兵委员会学会自我管理。军队里鼓励官兵积极参与社会活动，

第一部分　家　谱　第四章　第四代

既遵守老传统，也倡导新时尚。

尼古拉·彼得罗维奇退役后不久就结婚了。妻子奥莉加·帕尔芬尼耶夫娜·卡赞科娃来自乌斯季诺沃村，生于1850年。

那些年国家鼓励生育并支持年青家庭为自己创造更好的生活条件。按照法律规定，村社分拨给退役士兵尼古拉·彼得罗维奇家一块盖房用的土地，现在这块地就在波米沃诺村37号院旁边，街道另一侧，父母家斜对面。

尼古拉·彼得罗维奇没能马上盖房，因为钱还不够。无论什么工作，有时远超出农活范围的工作他都接受。曾有一段时间分给他的土地差点被收回，因为不允许土地荒着不种庄稼又不盖房。秋收后，到了冬天农民开始到城里去打工挣钱，春天才回到田里。外出挣钱季节都是亲朋好友，左邻右舍商量好，一起赶着大车，拉着行李出去。不能保证每次出行都会有收获，有的人能挣到钱，有的人空手而归。

尼古拉·彼得罗维奇和奥莉加·帕尔芬耶夫娜结婚头几年生了几个孩子。至今还保留着出生证，第一胎生的是女孩，起名叫叶连娜。第二胎是个男孩，叫亚历山大。然而，这两个孩子都夭折了。按照村社规定，无子女的夫妻只能分到一块地，因为一块地就可以保证夫妇俩的需求。一块地上收获的粮食勉强够两个成年人食用，没有拿到集市上去卖的余粮。暂时没孩子让年轻夫妇生活很贫苦。

到了1881年村社按人口分配耕地。人头税只按男性征收，包括小孩和婴儿。按照每户男性的数量分田。这种体制是鼓励多生男孩。生男孩马上就追加一块土地。多男孩的家庭就有可能拿出一大部分余粮到集市上去卖。这样的家庭里生活会有保障。

1881年是个少有的歉收年，许多人都挨饿。这迫使村社改为按吃饭的人口分配土地，耕地面积根据家庭实际人口确定，不分性别。实行这种规定是鼓励多子女家庭。多子女家庭会有更多的余粮拿到集市上去卖，自然，这些家庭就有钱。

按照新的土地分配规定，尼古拉·彼得罗维奇家分到了两块地。可是家里还是没富起来。因为按吃饭人口分土地，女性也有份，耕地的总面积不变，份数多出一倍，那么每份的面积就小了，所以按照新的办法分地尼古拉·彼得罗维奇和奥莉加·帕尔芬耶夫娜得到的还是那么一小块地，还是没有余粮拿到集市上去卖。

随着儿子们的出生，他们才稍微富裕了一些。1884年11月10日生了儿子，11日做了洗礼。按习俗给他起了夭折孩子的名字亚历山大。生他那年父母分别是35和34岁。1886年又出生一个儿子，叫阿列克谢。父母已经37和36岁。

第一次拿到卖粮的钱之后，年轻的家庭一边积攒在外承包工程挣的钱，一边寻找一切可能挣钱的机会，开始筹备盖新房。建起了一座两个窗户朝街的小房子。在这个小房子里尼古拉和奥莉加带着儿子亚历山大和阿列克谢开始了独立的生活。尽管尼古拉还很穷，可他的独立性、吃苦耐劳、识文断字等好素质赢得了村里人的尊敬。他继承和发扬了祖辈们的优秀品质：组织性强、活跃、有包容性、善于让个人利益服从于共同利益。

远离家乡的军旅生涯使尼古拉·彼得罗维奇的生活眼界比同乡人开阔了许多。他知道，外边的生活可能要比自己村里有意思，有前途。经验告诉他，不管在村里怎么努力，都很难有好的收入。需要有胆量和决心放弃已经习惯的生活圈，迎着生活中的变化迈出一步。尼古拉·彼得罗维奇在自己身上找到了迈出这一步的勇气。还有一些事也促使他迈出了这一步。

第一，他的一个战友彼·伊·科兹洛夫在彼得堡一家裁缝店工作。退役后尼古拉曾与他一起工作，当时尼古拉还是单身。但城市生活不稳定，一切都依赖于每天的收入，这使尼古拉想起乡村种好粮食，卖了就能收到钱那种稳定的生活。更主要的是想娶一个好的乡村姑娘，和自家人在一起觉得更可靠。所以那时候尼古拉决定回乡。朋友明白了他的现状、愿望和目的，就同意他走了。彼此的好感和友情一直保持着。这种关系让他留有希望，一旦需要，还能到首都干点什么。在家里干农活那些年尼古拉·彼得罗维奇常问熟人关于彼得堡的工作，认真听他们讲城市的发展变化、生意、新建筑、对劳动力的需求。尼古拉·彼得罗维奇很熟悉首都，没有恐惧感。他是个好交往、有想法的人，他的文化使他相信自己的力量。

第二，尼古拉·彼得罗维奇在村里没能找到自己和家庭的前途。国家以入股的方式征收百姓家里的财产使农民只得寻找额外收入维持生计。只有用日复一日的繁重劳动才可勉强维持生计。然而1891年的饥荒让他明白，眼前的一切都很脆弱，随时都有可能化为乌有。继续在村里工作只可维持生计，不可对未来抱有希望。他已经想象到，渐渐长大的儿子们等待的会是更糟糕的未来。他能交给儿子们什么？近四十岁的人了，半辈子已过。尼古拉·彼得罗维奇该如何取舍？自尊心终于促使他下了决心。

第三，奥莉加·帕尔芬耶夫娜的性格很像丈夫 —— 精力充沛，喜欢交际。她父母的村庄乌斯季诺沃就在俄国一条古老的交通要道旁边，货物总是源源不断地沿着这条路运往莫斯科和彼得堡。这条路与绍什河交叉处有一个著名的古村落米库林诺。从小就见识多使她能想象到遥远的地方，想象到首都彼得堡和莫斯科。家里人常常讲述去彼得堡和莫斯科的亲戚，所以他理解丈夫，觉得丈夫关于乡村生活的判断是对的。于是夫妇俩决定到彼得堡尝试寻找自己的未来。

陀思妥耶夫斯基的俄罗斯。
月亮被钟楼遮挡了四分之一。
酒馆儿喧嚣，车水马龙，
中心街道上、名胜古迹旁、斯莫尔尼宫附近，
耸立起一座座五层的高楼。

安娜·阿赫玛托娃

尼古拉·彼得罗维奇一到首都就去了市中心的戈罗霍瓦亚街（1918—1927年叫政委街，1927—1992年叫捷尔任斯基街，1992年恢复了历史名称）。戈罗霍瓦亚街是彼得堡的中心街道之一，从海军总部一直穿过大小海军街。很久以前在戈罗霍瓦亚街上就有缝纫作坊。德·伊·梅尔什科夫斯基曾写道："……戈罗霍瓦亚街上外籍俄罗斯人缝制的燕尾服"（《亚历山大一世》）。按照清楚的编号，尼古拉·彼得罗维奇很快就找到了属于商人彼·伊·布什图耶夫的58号。彼得·伊万诺维奇·科兹洛夫的服装加工店就在58号的一层。前来这里订制衣

服的都是富人，可以出高价订制漂亮的服饰。加工店里的裁缝都是经过考核的女服缝纫师傅和他们的助手。当时裁缝是男人的职业，女人只是做服装的装饰件：手织的花边、珍珠绣、平绣、十字绣等各种刺绣。对女人而言这很方便，不需要有规定的时间和地点，在家里闲着的时候就可以绣。加工店向她们订购。科兹洛夫用订单保证工人们有收入，按照实际装饰件支付家庭妇女们报酬。

彼得·伊万诺维奇很高兴地接待了战友，向他讲述工作情况，让他看做好的衣服、加工店的设施、缝纫机、模型、布料，把他介绍给裁剪师。买衣服的人逐年增多，事业在发展，需要更多的裁缝。两位战友一起回忆了部队的往事，畅谈现在的生活。尼古拉·彼得罗维奇述说了对家乡贫苦生活的不满，告诉科兹洛夫，自己是来彼得堡挣钱的。科兹洛夫邀他留在服装加工店工作，如果加工店再发展，让尼古拉的儿子们也来这里工作。科兹洛夫理解尼古拉关于春耕秋收时节需要回乡帮忙的请求，因为那时候这是普遍现象。在俄国雇主和被雇佣者之间法律倾向于被雇佣者，让雇主承担社会责任。俄国企业家对社会应尽的义务超过一般劳动者。旧俄时期雇佣者对主人称"亲爹"，是有一定道理的，而不是讽刺。

在欧洲的企业中，雇主或者管理者的社会责任很少或者根本就没有。这是雇工愤怒和暴动的根源。史实证明，奋起抗议的雇工首先是来自外资企业或是外国人管理的企业。欧洲的雇主不了解俄罗斯工作的特殊性，所以，在事业发展过程中，在利润方面层层保险，以便能随时撤离而不受损失。

尼古拉·彼得罗维奇来彼得堡之后每年都到乡下参加春

播秋收。奥莉加·帕尔芬耶夫娜操持家务，管理家畜、菜园和一些非体力的农活。孩子们按照年龄大小给妈妈帮忙。尼古拉·彼得罗维奇成了典型的外出打工人员。妻子到彼得堡来探望过他几次。

尼古拉·彼得罗维奇根据季节每次从彼得堡回乡干活都像是一种奇特的表演。一个穿着时尚华丽大衣、带着礼帽的首都人气宇轩昂地走在乡村街道上。同村人都清楚地记得，一年前他身上穿的和他们一样，一身传统的农村衣裳。现在尼古拉·彼得罗维奇·普京已经让人认不出来。

> 大都市的感召下，
> 我从伏尔加河上游的田间走来，
> 现在已经认不出我自己，
> 再不是特维尔乡村的汉子。
> 胶鞋、粗毛衣和裹脚布，
> 铧犁和辽阔的田野，
> 都换成了烟云和闹市的灯光。
> 忘掉了家乡的茅草房，
> 忘掉了被遗弃的老篱笆墙，
> 爱上了闹市的雪花和将来虚幻的影子。
> 在新工厂的隆隆喧嚣中，
> 在百姓心灵的古老民歌里，
> 在心爱的安静的圣水盘中，
> 我低吟着接受了洗礼。

马特维伊·杜勃罗夫　1922年

第一部分　家　谱　第四章　第四代

回村第二天尼古拉·彼得罗维奇还会像以前那样穿上工作服和大家一起去地里干活。尼古拉·彼得罗维奇不离群索居，和村里人一样过着普通人的生活。乡亲们看到尼古拉·彼得罗维奇·普京在彼得堡工作的成功，都请他帮助孩子们找工作，把自己的孩子推荐给好雇主。

1896年当大儿子亚历山大到了12岁，父亲就把他带到彼得堡作学徒。尼古拉·彼得罗维奇很受人尊敬，口碑很好，所以才能把儿子带去作学徒。他的状况已经很稳定。有了自己的用户、熟人、朋友，而且大家都愿意听他的意见，向他咨询，接受他的推荐。尤其是在老乡的圈子里。好像是特维尔全省的人都在彼得堡戈罗霍瓦亚街和其他有名的街上工作。

儿子是个很优秀的学生，细心的工作人员，在加工店里是父亲和其他师傅们的得力助手。通常这个年龄的男孩子应该学一门手艺，以备十年八载后能够自己挣钱养家。粗算起来，尼古拉·彼得罗维奇已经对来自老家5个农民孩子的命运起到了很大影响。由于他的帮助，这几个孩子才来到彼得堡工作。前2个是亚历山大和阿列克谢。还有3个是侄子斯皮里东·普京和朋友的儿子米哈伊尔·丘尔萨诺夫和米哈伊尔·库拉金。这时候侄子斯皮里东已经在特维尔工作了4年，后来帮助安排到彼得堡的3个人都是诺沃日洛夫家的孩子，诺沃日洛夫自己在首都本来也有事情。

烹饪技术在首都是紧缺专业之一。食客越来越多，收入多了，就可以扩展自己的事业，渐渐就需要职业厨师和服务员。尼古拉安排斯皮里东做了厨师，让他进一步提高自己的厨艺。

两个米哈伊尔做了服务员。后来有人说，米哈伊尔·丘尔萨诺夫当了饭店服务员领班。

从同村出来的所有男孩子都是1880年生，都是同龄人。他们成了好朋友，一起在首都休息，散步，帮父母做事。诺沃日洛夫家、伊·瓦·普京和尼·别·普京让孩子们看到了与乡下不同的生活，使他们的生活质量提升了一个档次。

1914年爆发的战争以空前的规模席卷全国大部分地区。战争可怕地屠杀着优秀的年轻人，所以它被称为世界大战。米哈伊尔·丘尔萨诺夫应征入伍上了前线，一直战斗在前沿阵地。一次冲锋时他被脚下一颗炮弹炸伤，伤势非常严重，似乎只能截肢。医疗队当即把米哈伊尔送到医院。遇到了让他感激终生的外科医生，不但保住了腿，而且还能行走。重伤使米哈伊尔无法归队。外科医生尽了一切努力让这个年轻人能够重新迈步。他的一条腿膝盖处不能弯曲，另一条腿向外扭曲，需要一侧撑着假肢，另一侧拄着拐杖重新学走路。米哈伊尔·丘尔萨诺夫就是这样从世界大战的战场上回来的。俄国政府授予他英雄勋章，发给他生活保障金。

服务员米哈伊尔·库拉金健康地从前线回来。之后几年在家乡新房子旁边又增建了草棚、粮仓和做农活的小院子。在村里他第一个买了簸谷机。结了婚。1930年把孩子们送到莫斯科学习和工作。

尼古拉·彼得罗维奇在村里感觉非常好，可是来到彼得堡之后就开始咳嗽，感到身体虚弱。在首都时一直是这样。原因可能是彼得堡的气候和加工店里的环境，总是有布料上掉下的粉尘。显然，50岁后他必须离开彼得堡。这时候儿子已经熟练

第一部分　家　谱　第四章　第四代

地掌握了制衣技术，父亲可以放心地把部分订单转交给他。

在高档服装加工店工作，与有钱的用户交往，师傅们彼此间的职业要求使尼古拉·彼得罗维奇养成了讲究穿戴、存放和护理衣服的文化素质。上衣他一定要用衣架挂，从不挂在钩子上。礼帽要放在纸盒里保存。清理礼帽上的灰尘一定要用专业刷子。不允许任何人拿礼帽当其他东西用。

20世纪90年代初的收入已经可以让尼古拉·彼得罗维奇筹建新房。老天让尼古拉和奥莉加夫妇俩摆脱贫困，过上了富裕生活。由于身体状况不佳，盖房前尼古拉·彼得罗维奇被迫离开服装加工店，把所有客户都转交给大儿子并且把小儿子阿列克谢派到哥哥身边学徒。1903年有一次回乡时，作为一家之主的尼古拉穿上西装，戴上礼帽去乡里解决盖房问题。

盖房子时从邻村布雷科沃雇了一个有名的工程承包人格里戈里·伊万诺维奇·罗日科夫。不久前罗日科夫给自己盖了一座像样的房子。格里戈里在布雷科沃村的房子一直保留至今。尼古拉·彼得罗维奇·普京的房子盖得宽敞明亮，4个大窗户都朝街。

尼古拉尽可能地帮助建筑工人们。但他的身体状况越来越不好，咳嗽、浑身无力让他无法全身心投入。快竣工时他真的倒下了，而且再也没能起来，这是1904年。他没能看到自己的劳动成果，没住上新房。果敢的奥莉加·帕尔芬耶娜自己接管盖房的事，她就是这种性格的人。罗日科夫终于把房子盖好了。

盖房期间普京和罗日科夫两家相处得很好。除了雇佣关系外，彼此都有好感。尼古拉·彼得罗维奇的大儿子亚历山大看上了格里戈里·伊万诺维奇心爱的小女儿纳塔利娅。关系发展很快，彼此相爱，不久就开始谈婚论嫁。亚历山大已满20周岁。小伙子有一个好的专业，已经自己挣钱。对所有农家姑娘而言，亚历山大都是个可靠的未婚夫。格里戈里·伊万诺维奇对所盖的房子和装修特别尽心。

　　他把自己对女儿的疼爱都倾注在尼古拉·彼得罗维奇的房子上。村里像37号这样好的房子不多。比如，安德烈·普京家的窗户装饰框非常普通——就是三菱直线木板框窗。斯皮里东家就复杂些，窗户上带三根精心打磨的立柱。最漂亮、最新奇的窗户是普京家族伊万、季莫费、尼古拉三家的——带着雕刻的各种花样、立柱、嵌贴装饰件。其中只有尼古拉·彼得罗维奇家安上了带装饰的窗帘杆。窗帘杆制作和安装都要花费工时。所有装饰配件都不是直角的，都带花样。窗帘杆上每隔20公分就有一个雕刻的图案，这在家庭装修中很少见。大家一致认为房子非常引人注目。尼古拉用自己的知识和能力，用挣来的钱盖起了一座像样的住宅，大家都为他高兴。那时候很少有人嫉妒，都尊重主的旨意。普京和罗日科夫两家友好关系保持了几十年。在尼古拉·彼得罗维奇的葬礼上全村人都对他过早去世表示惋惜。丈夫猝死让奥莉加极为悲痛。尼古拉·彼得罗维奇·普京只活了55岁，他盖起了房子，养大了儿子们。

第一部分　家　谱　第四章　第四代

尼古拉·彼得罗维奇的孩子们

大儿子亚历山大·尼古拉耶维奇

1884年，尼古拉·彼得罗维奇和奥莉加·帕尔芬耶夫娜家生了儿子，起名亚历山大。第二天父母就去给儿子做了洗礼。亚历山大的童年在父母身边度过。

自从父亲开始在彼得堡工作，亚历山大在家里就成了妈妈的助手。弟弟阿列克谢比他小2岁。

从1896年开始12岁的亚历山大就跟着父亲去上班，在彼得·伊万诺维奇·科兹洛夫的服装加工店里学缝纫。4年后快16岁的时候父亲给他买了一套西装、一顶礼帽和一双皮鞋。父亲和科兹洛夫很欣赏亚历山大穿着西装革履的样子，就让他照相留念。是堂兄斯皮里东和他一起去的照相馆。

1902年亚历山大出徒当上副工长。父亲回乡后他接管了父亲的工作成了师傅。亚历山大像家族里的其他人一样，工作勤恳，为人实在。就这样他开始凭本事自己挣钱，有机会就学一些与行业相关的东西。他喜欢写字，而且学会了写一手漂亮的书法。

回村里时亚历山大看上了建筑承包商的女儿娜塔莎·罗日科娃。过了一段时间他们就决定结婚。普京家人看上了纳塔利娅漂亮的体态、健康、会干活、会持家的优点，而罗日科夫家看到亚历山大是个成熟的年轻人、有能力养家的男人。亚历山大·尼古拉耶维奇·普京与纳塔利娅·格里戈里耶夫娜·罗日科娃的婚礼仪式是1905年2月7日在乡村教堂举行的。

在俄国教堂里举办婚礼的婚姻具有民间和法律双重效力。

东正教教徒的婚礼仪式一定要有证婚人。文件中证婚人被称作教父。民间把他们叫作伴郎或者傧相。只有很了解他们的人才能证婚，为他们作见证。他们参与交换戒指和结婚仪式，在新郎新娘围着读经台转圈时把婚礼冠举在他们头上。道义上他们有责任指导这个新家庭，所以通常都请年长、有家庭生活经验的人证婚。

亚历山大无法带年轻的妻子去彼得堡。他自己暂时还住在别人家的一间小屋子里，与弟弟阿列克谢住在一起。所以纳塔利娅离开自己的父母，去波米诺沃村与婆婆奥莉加·帕尔芬耶夫娜住在一起。

1906年亚历山大·尼古拉耶维奇的生活中发生了一件大事。他得到了女服工艺师的职业文凭。

文凭如下：兹证明，特维尔省特维尔县图尔吉诺沃乡波米诺沃村农民亚历山大·尼古拉耶维奇·普京在这里生活了7年9个月，即从1898年2月1日至1906年10月1日。他少年入学，4年6个月期间表现出色，对事业始终兢兢业业。我交给他的工作都准确无误地完成。出徒后约3年6个月做师傅，像以前一样，是个诚实、勤恳、模范的师傅。

在文凭上签字的是工艺大师彼得·伊万诺维奇·科兹洛夫，居住在戈罗霍瓦亚大街第58号。科兹洛夫的签字于1906年10月20日由彼得堡莫斯科区第三警署分支警官认证。缴纳彼得堡市管理局的印花税5个银戈比，相关票据已盖章。

文凭证明他的职业级别，使他能够更自由地选择工作地点和方式，比如应聘到其他地方工作，自己开业或者参股。

亚历山大·尼古拉耶维奇和纳塔利娅·格里戈里耶夫娜

第一部分　家　谱　第四章　第四代

结婚后头几年因为没有孩子很不愉快，新娘不能生育。这一点从外表谁也看不出来。纳塔利娅是个体形匀称，满面红光，吸引男人眼球的女人。家务活也料理得非常好，虽然丈夫不在身边，可她一个人很好地支撑着家，一切都游刃有余，是个多面手。在她的性格里有一种知识分子的气质，尤为引人瞩目。田间她不但可以干女人的活儿，而且男人的活儿也能干。在劳动方面对纳塔利娅真是无可挑剔。

婆媳关系不和。纳塔利娅·格里戈里耶夫娜可能想与婆婆之间保持距离，可霸道的奥莉加·帕尔芬耶夫娜对此并不买账。最初几年，没孩子、诱人的外表、两个女人围着一个锅台转，这一切加在一起使两个女人彼此不满情绪加剧。

到了1912年，婚后第7年纳塔利娅·格里戈里耶夫娜生了个盼望已久的儿子，起名叫谢尔盖。

缝纫业的需求在增长。随着消费者的购买能力提高，需求增长了一倍。虽然对服装加工店缝制的高档个性消费品的需求稳定不变，但商店里中档产品的需求量快速增长，所以需要按照一定款式和号码批量生产价格适中的服装。彼得堡缝纫界的专家中甚至建议开办工业化工厂，批量缝制价格适中的标准服装，以便降低损耗和产品价格，增加销售量，保证缝纫厂有丰厚的利润。明白这一点的人把闲散资金投入新形式的缝纫企业。规模不大的缝纫小作坊成了高档服装加工店与大缝纫厂之间的一种生产形式，它们按照工厂的运作方式搞小批量生产。

1913年1月14日亚历山大·尼古拉耶维奇调动了工作。据圣彼得堡缝纫厂缝纫车间管理会的合同及结账本中的登记记载："副领班亚历山大·尼古拉耶维奇·普京受雇于女服工艺师谢·弗·科列伊金，完成其小作坊里正在进行的工作，薪酬为每月42卢布，包食宿，具体地点另行告知"。这是非常好的、没人会拒绝的条件。可惜，批量生产服装的时间很短……

世界大战一开始亚历山大·尼古拉耶维奇就应征入伍。当时他30周岁。他的许多亲友也应征了。他在前线作战，是列兵，部队撤退，遭受损失。亚历山大·尼古拉耶维奇被俘。

德国政府把俘虏押到农庄去劳役。一批十多人的俘虏被派到德国北方与丹麦边境离弗伦斯堡市不远的小地方。大多数被俘的士兵都习惯做农活，因为他们本来就是农村人。亚历山大·尼古拉耶维奇对德国农业机械设备，种植方法和劳动组织都很痴迷。彼得堡工作生活的经验告诉他，懂一些外语挺重要。彼得堡有很多德国移民，德国人是他服装加工店的长期客户，所以亚历山大·尼古拉耶维奇学会了一些交流中必要的语言。好奇的天性和很好的记忆力使他在几个月内基本学会了与德国人交谈。总的来说，这个地方的主人们对在他们那儿干活的俄国俘虏很尊重，从没侮辱他们。干的都是普通农活，强体力劳动，有时也有很脏的活，所有农村都是这样。德国人在俄国俘虏身上看到了与他们当地农民一样的特点，爱土地，关注天气、各种农作物的收成和出售的价格。战争的话题会使大家都不开心，所以都竭力回避。一起聊的都是普通话题——家庭、生活条件。主人们注意到战前在彼得堡工作的年轻人亚历山大。他有知识，有文化，会说德语，所以对他比较信任，甚至让他组织和监督工作，把农具室的钥匙交给他，允许他出入主人家。称呼他"亚历山大先生"，把家里的相册给他看。

如果不是俄国发生革命，在德国这种世外桃源式的乡村生

第一部分　家　谱　第四章　第四代

活还会持续下去。"把和平还给人民，土地还给农民，工厂还给工人，政权属于苏维埃"的口号传遍了全世界。这样的号召激起了所有人，因为它们涉及到多数普通人。他们的孩子在战场上打仗，他们自己在别人的土地上劳作，为别人创造财富，为他人的利益把自己孩子的生命献出去。来自俄罗斯的消息引起共同关注，点燃了数以百万人结束战争、过上好生活的希望。

俘虏们群情激昂地议论着这些消息。最牵动人心的是关于土地的政令。一个最主要的问题揪着大家的心——自己村里将如何分配土地？要想知道问题的答案，就必须回到俄国。可战争还没有结束，不逃跑绝不可能回去。亚历山大和其他人考虑着各种逃跑的方案。有不少担心和恐惧。战时的风险很大。

农庄主们知道俄国发生的事，看到了自己工人们的情绪。他们懂得农民的本性，农民的生活，他们的性格。农庄主们明白，什么也阻止不了俘虏逃回家乡。战俘们也清楚，如果发现他们不在农庄，会是什么后果。还是应该与农庄主谈判。与农庄主谈判的人中就有亚历山大·普京。

很难想象他是带着怎样的恐惧走向德国主人，与他们谈自己逃跑的事。一群在农庄田里干活的战俘和一群自由流荡的敌对国的战俘——这是完全不同的两种人。农庄主们有义务通告当地政府，战俘们正在预谋逃跑。亚历山大·尼古拉耶维奇首当其冲地要逃跑。

逃亡者转移时不能被任何人发现。在人口密集的德国这很不容易做到。逃跑的方向很明确，往北一点就是德国与中立国丹麦的边界线。丹麦没有参加世界大战。逃亡者首先要做到不被人发现，抵达边境，然后悄悄地过境。说起来简单，实际做起来风险极大。

在谈判中，俘虏代表请求农庄主尽可能迟一些通知当地警察俘虏们已经逃跑的事。亚历山大先生展示了自己的外交才能，与主人们达成了共识。主人们祝愿他们顺利回到家乡，还从家庭相册中拿出几张照片送给他们留念。

俘虏们分成几批离开了农庄。他们夜行日宿。亚历山大·普京这批有6—8人，半路上有两人不知在什么地方走散了。后来也没有过他们的消息，他们的命运吉凶未卜。其他人越境到了丹麦。逃亡的目的似乎就要达到，只剩下搭上去俄国的轮船，到了自己的祖国，就是石头也会出来帮忙。

然而，逃亡者忽略了丹麦政府严格坚持中立政策这个环节。丹麦人给交战双方都建了一个残疾战俘驻扎营。加利德驻扎营位于哥本哈根郊外树林里，是为协约国的残疾战俘所建。日德兰半岛的驻扎营是为德国人及其盟友而建。

在路上的第一个丹麦小镇，逃跑者就被抓住了。弄清身份后被送进协约国的残疾战俘驻扎营。驻扎营里除了残疾人外也收容了不少健康的士兵。所有战俘都按其所属国被收容在相应的驻扎营里，发给他们特殊服装。亚历山大·尼古拉耶维奇·普京住在3号驻扎营F区，10号房间。

这里严禁俘虏工作。在驻扎营里可以做些社会工作，可以在周边散步，读书。驻扎营管理处可以给俘虏们拍照，所以他们都争先恐后拍照，有可能的时候还在附近小村镇顿别尔和埃斯比约市给自己拍照留念。他们把照片送给朋友们留念。亚历山大·尼古拉耶维奇在这个驻扎营里生活了2年。

1920年，按照国家之间达成的协定大多数俄国战俘经海路

第一部分　家　谱　第四章　第四代

回到苏维埃俄罗斯。回归路上的最后一个落脚点是维堡，可谓历尽艰辛。1920年2月12日亚历山大·尼古拉耶维奇与朋友们最后一次合影，相互交换了联系地址。大家在彼得格勒分手后，乘上各自回家的火车就消失在俄罗斯大地上。后来他们的命运如何？没人知道。亚历山大·尼古拉耶维奇用笔留下了对他们的记忆。那时候他写得一手好字。到了20世纪30年代用化纤笔又能拿他的一手好字做什么呢……（蘸点墨水，写一两个字母，然后再蘸……）。

在维堡获得命令，所有从丹麦回来的人去彼得格勒之前必须换装。漂亮的西装、衬衫、领带、皮鞋，统统扔掉。取而代之的是别人穿过的破衣烂衫，身上还带着一行羞辱的字："天涯海角你们都这样。"革命后的祖国不情愿地接纳了他们。朋友们就这样衣衫褴褛踏上了彼得格勒的土地。亚历山大·尼古拉耶维奇没想到，1914年后的那座大城市1920年变成了这个样子。现在宫殿和政府机构都变成五花八门的办公室。首都一些行政部门搬迁到莫斯科。出入豪华大厦的都是些莫名其妙的人。普通大楼里不少住宅都空空如也，很多人离开了城市。劫难后的街道上人们用怀疑目光看着这些红光满面的外来人。在彼得格勒街上走一会儿，朋友们就明白了在维堡换装的必要性。假如身着西服革履，他们可能连车站都走不到，也不排除会寸步难行。饥寒笼罩着彼得格勒，街上刮着风。处处都是弹痕，破碎的橱窗和标牌，趁火打劫的痕迹、敞开的大门、街上和院子里处处是垃圾。6年前近200万人口的繁华圣彼得堡像是被遗弃一般，变成了一贫如洗的彼得格勒，很多人都出走了。

亚历山大·尼古拉耶维奇走在熟悉的街道上，按照熟悉的

丹麦3号驻扎营F区

第二排右二是亚历山大·普京，1918—1919年于丹麦

亚历山大·普京手里拿着报纸，丹麦卡里德驻扎营

1918—1919年

第一部分　家　谱　第四章　第四代

维堡，回到祖国
第一排左四是亚历山大·普京，背面是他的笔体

签字：米哈伊尔·加伏里洛夫·阿尼奇金，特维尔省特维尔县尼左夫卡村。伊万·加伏里洛夫·梁博科夫，特维尔省别热茨基县，西多尔科沃车站，巴里奇哈村。巴维尔·亚历山德罗夫·罗沙科夫，叶拉布卡瓦茨基省，马雷什卡娅街，涅克拉索夫院。阿列克谢·亚历山德罗夫·谢尔古宁，托木斯克省，彼斯基县阿尔泰乡，伊利因斯克山村。马尔金·格里戈里耶夫·西吉金，赫尔松斯卡亚省，阿纳尼耶夫斯基县，巴克罗夫卡乡，巴克洛夫斯基邮局。费德尔·尼古拉耶夫·卡尔波夫，基什廖耶沃，弗拉基米尔省，弗拉基米尔县。费德尔·伊万诺夫·博罗金，萨拉托夫省，赫瓦雷斯基县，叶利沙斯基乡，亚历山德罗沃村。尼古拉·尼基金·卡缅斯基，顿河州，罗斯托夫区，亚历山德罗邮局，伊丽莎白乡。在卡里德驻扎营逗留期间的伙伴。丹麦，1920年2月12日。20世纪60年代亚历山大·普京之女补抄：亚历山大·尼古拉耶维奇·普京，特维尔省，特维尔县波米诺沃村。拍摄于维堡。

地址去寻找亲戚，可是一个也没找到，都离开了。他到缝纫店找原来的同事，多数人也走了，只见到几个无奈留下的人。

人民财经委员会印制了大量的苏维埃货币：1918年印刷了337亿卢布；1919年印刷了1644亿卢布；1920年印刷了9436亿卢布；流通中有面值10亿卢布的纸币。出现了工厂、消费者协会以及其他组织发行的私钱，诸如单据、欠条以及其他担保凭证，甚至用市内铁路车票结算。

同事让亚历山大·尼古拉耶维奇看了作坊里剩下的东西。他从盖满尘土的"金格尔"牌脚踏缝纫机中选了一台新一点儿的，在送给亚历山大·尼古拉耶维奇时说："拿走吧，它能帮助你糊口，这里已经不需要了。"

这个女装裁缝师用绳子捆绑好缝纫机，背到肩上，去了莫斯科车站，从此告别了俄罗斯首都。亚历山大·普京再也没有回到这个城市。在回特维尔的火车上他的钱被偷了。到了晚年当人们问起1920年春天彼得格勒的事时，他总是沉默、哀叹或是敷衍几句。

原来矗立在乡中心广场上的亚历山大二世半身塑像已经没有了。亚历山大走进教堂，做了祷告。在原来喧嚣集市的地方站着几个人。没有人需要现金，那时的钱已经不值钱。大家在彼此交换紧缺商品：三俄磅煤油可换一俄磅（等于409.5克）食用油，一盒火柴换三立升牛奶，一件呢子大衣换一车柴。亚历山大碰到了一些老熟人，许多事情他还不明白。

1920年所有企业的经营状况急剧恶化，大小工厂、小作坊、个体手工艺行业都停产了。老百姓收入来源断绝了。人们被迫离开城镇到农村以土地为生。彼得格勒4/5的人离开了老首都。

第一部分　家　谱　第四章　第四代

农村里大家的生活都不富裕。乡政府按照余粮征集制收走大部分食品。余粮征收队都是荷枪实弹。村民请求留一些粮食给从城里回来的亲戚，但要求从未得到满足，只允许留下最基本需求的粮食。征收队严格按照中央执行委员会《关于授权人民政委在与乡村资产阶级斗争中的征粮特权》的命令办事。乡村资产阶级指的就是农民。每当亲人回老家，他们就只能是吃闲饭的人，成了吃亲族。刚刚回来的战俘也是同样的处境。

亚历山大·尼古拉耶维奇就是这样回到了自己4位亲人身边——妻子纳塔利娅、儿子谢廖沙、弟弟阿列克谢和妈妈。农村不需要缝纫工作，没人做新衣服。衣服破旧了，自己缝缝补补就可以了。都指望田间有好收成，指望菜园里的瓜果长得好，院子里的牲畜健壮。贫困和饥饿，生活处于生死边缘。春天又播种了。

1921年3月21日中央执行委员会颁布了《关于用自然征税取代上交实物》的政令。国内的经济政策骤然发生了变化。夏天政府已经允许公民兴办雇工不超过20人的企业。新经济政策期间国内允许组织生产活动，恢复正常的货币流通，让百姓吃饱，让他们自己挣钱。尼古拉·布哈林号召："发财致富吧！"新经济政策期间政府称商人们为"我们的红色富农"。

农村没能一下子富起来，只是让人们在正常条件下过上了正常的生活。现在只要去看看俄罗斯中部的老乡村，就能亲眼见证那时的情况。大多数农民的房屋都是20世纪20年代新经济政策时期建造的。这一很短的时期使有积极性的农民挣到了钱，并用这些钱为自己盖了房子。在实行国有化之前，森林资源所有者对伐木控制很严格。林区耕地国有化使农民比较容易得到建筑木材。政府明白，如果不让农民得到最起码的自然建筑资源，自己就会被推翻。实行集体化之前这一很短暂时期让农民喘了一口气。

农业经济增长了。革命后，不少打工的农民离开了首都。乡村文化水平的提高在很大程度上取决于从首都返乡的农民。外出打工的农民失去了靠专业技能挣钱的机会，纷纷回到自己的农田里，靠果园、野果、自留地、菜园过日子。亚历山大·尼古拉耶维奇积极参与村里的事情，早出晚归，承接各种零活。生活渐渐好起来。可是弟弟阿列克谢却离开家乡去彼得格勒寻找幸福。

1923年37岁的纳塔利娅·格里戈里耶夫娜生了女儿利季娅。这时大儿子谢尔盖已经11岁。

图尔吉诺沃中央广场教堂栅栏旁边恢复了集贸市场。农民拿来鸡、小猪、鹅、兔子到集市上卖，工匠们提供自己的服务，陶器匠运来盛牛奶的瓷罐瓦盆、碟子、装酸菜和腌黄瓜的木桶、水井里打水的吊桶、单把手的舀子、晒水盆、洗菜盆、克瓦斯桶，马具匠拿来马勒、后鞘、套具、马鞍，铁匠们拿来锁、铁马掌。图尔吉诺沃村的面包师拿来各种香喷喷的面包。从特维尔运来一桶桶咸鱼、挤牛奶用的金属桶。

亚历山大·尼古拉耶维奇一直关注着新经济政策。国内经济生活刚刚恢复就出现了向工业化发展的势头。当时国际社会正对苏联进行封锁。这种情况下，只有依靠自己的力量才能发展。当时人民都对此感到骄傲。集思广益，甚至脑子里产生了制作木质石油管道、用泥煤搞发电站等想法。

按照俄罗斯联邦电气化计划，需要兴建30座发电站，总发电量达到175万千瓦。对那个年代而言这是非常大胆的设想，是突破性的计划。这种情况下自然少不了政治口号："蒸汽时代是资本主义时代，电气化属于社会主义时代。"开始建设乡村电站。国家确定了预算，鼎力相助。莫斯科郊外一个不大的乡村卡什诺在全苏联都出了名，村里建成了第一座泥煤发电站。第一座水电站建在亚罗波列茨村旁的拉玛河上，在洛托申和沃洛科拉姆斯克之间。

图尔吉诺沃乡的百姓也努力为实现电气化做贡献。那些年提出了一个项目，在硕沙河上建大坝和水电站，解决当地用电需求。项目得到了批准，签署了预算方案，落实了建设单位。开始往村里运送建坝的水泥。运来了工具、辅助材料、设备、涡轮机。这个工程对图尔吉诺沃乡有重大意义。确定了建大坝的工艺流程，即先用木桩隔开河床，岸边留一个地段存水，然后竖起第二排木桩保证能在河底施工。施工的地方河床深度不超过3米。项目进展得如火如荼。许多男人都来参加建设。然而，不知什么原因停工了。涡轮机和建筑材料都运走了。后来有人说，是对蓄水量评估过大。实际上水位没那么高，不能保证涡轮机运转。好久之后从村头的桥上还能看见未建成的图尔吉诺沃水电站上竖立着的木桩。

20世纪20年代最后几年税收增加，农民的收入降低，开始建议私人企业家成立合作社，媒体上也开始刊登关于集体经济的文章。亚历山大·尼古拉耶维奇从不同渠道打听：向在彼得格勒的弟弟阿列克谢·尼古拉耶维奇，向侄子德米特里·尼古拉耶维奇·沃龙佐夫打听乡领导有什么决定，银行的业务怎么样？他向在莫斯科的堂兄斯皮里东·伊万诺维奇，向许多朋友了解情况。准确的信息能决定很多事情的成功。谁掌握了信息，谁就能在关键时刻做出正确的决定，不落在后边。有时办些重要的事情需要远行，在外过夜。他知道，国家领导人正在酝酿重大的、有前景的决定，可能会改变人生。

在亚历山大·尼古拉耶维奇又一次出行期间，由于母亲奥莉加·帕尔芬耶夫娜怀疑儿媳妇出轨，发生了一次激烈的争吵。纳塔利娅·格里戈里耶夫娜愤怒之下用自己的孩子发毒誓证明自己清白。儿子谢尔盖已经16岁，女儿利季娅5岁。儿子长大了，学习很好，体格强壮。利达是个活泼欢快，披着浅色卷花头发的小姑娘。纳塔利娅·格里戈里耶夫娜正怀着第三个孩子。

1928年11月谢尔盖到诺沃斯波利耶村找朋友去滑冰，找伙伴们玩。回家时已经着凉，躺到被窝里。医生说他得了脑膜炎。第三天谢尔盖就死了。谢尔盖的死是家里和所有亲人的悲剧。父母婚后等了7年才生了他，把他养大，已经成为家里的好助手，可突然就失去了他。几乎全村的人都参加了谢尔盖的葬礼。学校的老师带着谢尔盖的朋友们也来了。

葬礼后大人们都来到家里悼念。利达和堂妹马鲁霞躲到卧室里玩，她们不明白家里发生的这么大的悲剧。她俩玩得很开心。利达笑呀，闹呀，甚至跳起来。第二天她突然喊肚子疼。把她放到床上，请来了医生。医生检查后说孩子得的是阑尾炎。第三天利达就死了。死神两度光顾普京家。这太可怕啦，全村人都很震惊。

一周之内一个幸福的家庭失去两个孩子。对他们而言，生活失去了意义。休克状态下纳塔利娅·格里戈里耶夫娜早产生下个男孩，起名叫米哈伊尔。不足月的婴儿长得很慢，许多人都觉得他活不下来。纳塔利娅·格里戈里耶夫娜陷入自闭，再也不关注村里的生活。只是孩子迫使她在家里做点什么。奥莉加·帕尔芬耶夫娜也处在极度悲痛中。两个女人之间的争斗停止了，共同的悲痛把她们连在了一起。

经济生活中开始发生巨变。已经宣布实行集体化政策，全面改革农村经济。农民们对这种号召很谨慎，因为农民几代人积攒起来的自家财产将被共有，这些财产是乡村人最基本、几乎是唯一的生活来源。

集体化开始时亚历山大·尼古拉耶维奇44岁。那些年正在组建集体农庄。对农庄主席人选不要求必须是苏联共产党（布尔什维克）党员。只要在同村人中享有威望就可以。勤恳、诚实、热情、开放的亚历山大·尼古拉耶维奇·普京成为农庄主席候选人之一。他有丰富的生活经验，村里找不到比他更好的人选。他了解政府的政策，知道不让自己村里人受委屈。集体化的目的之一就是靠组织农民用机械化劳动提高乡村的劳动效率。村里只有亚历山大·普京详细了解德国农庄机械化劳动的情况。他被选为第一任集体农庄主席。

1930年2月10日波米诺沃村召开了村民大会。所有成年人都到会，共计521人。进入主席团成员的都是村里有威望的人：康·库拉金、德·伊·普京和德·伊·沃龙佐夫。亚历山大·普京被任命为主席，德米特里·沃龙佐夫为书记。

会后就着手组织集体农庄。按照工作程序讨论起什么名称，最终决定集体农庄注册名称为"红色的涅瓦"[①]。需要公有

[①] 涅瓦河是流经圣彼得堡的一条大河，是白海—波罗的海和伏尔加河—波罗的海两水系的重要航道。

化的财产有农用设施（院子、仓房、粮仓、田里的草棚子），农具（犁、耙）、马和马套、马车、雪橇、运柴车等等。家畜牛、羊、猪、家禽都不公有化。

第一任"红色的涅瓦"集体农庄主席开始了组织工作阶段，这时非常艰苦，这一阶段的工作要确保以最小的损失从个体生产过渡到集体生产。

亚历山大·尼古拉耶维奇个人生活中的悲痛还没有过去。两个孩子的死对纳塔利娅·格里戈里耶夫娜打击太大，以至于她在1932年46岁就去世了，身后留给丈夫一个4岁的儿子米哈伊尔。

在忌日，堂妹阿克西尼娅·尼古拉耶夫娜建议亚历山大·尼古拉耶维奇认识一下小谢利希村40岁的寡妇纳塔利娅·马特维耶夫娜·波将金娜，婚前姓马特维耶夫娜。1914年她丈夫应征上前线，在一次作战中负伤被俘。通知说，由于伤势过重，列兵波将金死在俘虏营。这样纳塔利娅成了寡妇，没儿没女。按照国家规定，领取寡妇抚恤金。革命后抚恤金就停止了。

妻子去世后的几个月里亚历山大·尼古拉耶维奇忙于主持集体农庄的工作和处理家务事，包括照顾儿子。农庄主席领导着建筑和田间农活，四处奔走，回家常常很晚。亚历山大·尼古拉耶维奇有时会顺路到纳塔利娅·马特维耶夫娜那里作客。

集体农庄成立初期很艰苦，亚历山大·尼古拉耶维奇要完成区里的各项指示，斟酌各种情况，最大限度地完成确定的任务，在不受极端建议影响的同时，要采纳年长的管理人员的

第一部分　家　谱　第四章　第四代

经验。在国家正常发展的时期父辈们对孩子们说："傻小子，好好学习吧，30年后，如果老天有眼，让你当上领导。那时候你再指手画脚，而现在，嘘。"在革命时期当局对孩子们说："你们是地球的主人，人类的色彩，有经验，有智慧，已经成熟的老一代都是'落后分子'。"谁也想不到，那种情况过了70年，在1990—2000年期间又精准地轮回了一次。历史是我们最好的老师？

相识几个月后，亚历山大·尼古拉耶维奇就邀请纳塔利娅·马特维耶夫娜到自己家来住。纳塔利娅接受了他的邀请。亚历山大·尼古拉耶维奇的母亲奥莉加·帕尔芬耶夫娜说："我无法在这儿住。"她离家到乌斯季诺沃村弟弟那里去住了。1935年奥莉加·帕尔芬耶夫娜去世。

家里来了新的女主人。亚历山大·尼古拉耶维奇的儿子已经4岁。1933年纳塔利娅·马特维耶夫娜生了个女儿，给她取名加林娜。岳父马特维·帕夫洛维·马特维耶夫出身于农民和猎人家庭，在尼古拉耶夫火车站工作。女儿到普京家的时候还差几个月他就该退休了。他常常提着铁路上的筒形铁箱子去作客。退休后就住到了亚历山大·尼古拉耶维奇那里。他在炉子旁睡觉，照顾小外孙女加林娜。战争开始前不久去世。

亚历山大·普京在艰难困苦的岁月里也懂得尊重人，不阿谀奉承，不盲目执行区政府的指示，帮助过许多人，从没伤害过他人。不论谁怎么责怪他，家里的圣像他一直保留着。理由很简单："太阳没出来就出门，天黑才回来家，我看不到圣像，可妻子祷告是她自己的事，我不能干预她。"他不声不响地过东正教的节日，经常引用他非常尊敬的教父约纳·喀琅施塔得的话。墙上家人照片旁边就挂着著名的照片"弗·伊·列宁在读《真理报》"。

20世纪30年代后几年区领导把"红色的涅瓦"集体农庄主席亚历山大·尼古拉耶维奇·普京从村里调到了邻村勃雷科沃的"社会主义探照灯"集体农庄。给他的任务是改善经营活动，确保完成任务。战前亚历山大·尼古拉耶维奇入了苏联共产党（布）。他是在工作单位入的党，没留下关于入党的回忆。当时他作为农艺师被派到区土地科，后来担负最重要、最艰苦的工作，任图尔吉诺沃区"为了国家的商品粮"办公室主任。

区中心的百姓是1941年6月22日中午12点通过亚切斯拉夫·莫洛托夫的广播讲话才知道战争爆发。接下来在大会上宣布了全民动员。波米诺沃村的共产党员伊·弗·库廖夫从区中心来到村里在自己住宅旁边召开大会。他告诉村里人战争开始了，动员大家参战。

20世纪50年代区中心的居民选亚历山大·尼古拉耶维奇为图尔吉诺沃区法院人民陪审员。善于交际的特点使他能与不同性格的人共事。工作中人们时常会作出与事实不相符，使人不解的结论。这些结论只反映好的一面。令人困惑的是：天使一般的好人怎么能这样游刃有余地应付各种各样的人和事呢？他怎么能够做到既坚持原则，又不伤害任何人的利益呢？所有人都认为他是好人。为了达到既定的目标，亚历山大·尼古拉耶维奇努力适应周围的环境，适应各种具体情况和具体的人。大多数人认为他是个外交家。许多村的人都很尊重他，找他商量事情，找他帮忙，与他共事。亚历山大·尼古拉耶维奇倾听所有人和所有部门的意见而且总能找到需要的话，使来人感到满意，其中有些部门是需要常打交道的。人们都说他是个"公正的人"。

到了暮年他也一直是每天干体力活，管理菜园、花园，常去割草，有时还在很不方便的地方割草，比如河床内斜坡上、渠沟、灌木丛里，割草后晾晒，堆成草垛……他一直到80岁还养着一头牛。天气好时就拿着小板凳儿坐在杨树下，天气不好时就坐在窗前等着女邮递员骑自行车来送信。最后几年还订阅《真理报》、区报《集体农庄之路》和《新世界》杂志，听广播。读报时总是从社论开始。图书类读物他喜欢纪实文学，政论文章（现在叫"非虚构类作品"）、军事纪实、当时刚出版的谢尔盖·尤利耶维奇·维特[①]的回忆录等出版物。朋友们跟他一起坐着小板凳在杨树下聚会，城里来的孩子们还和他聊现代生活。

苏联发展工业的重点是放在各加盟共和国，俄罗斯联邦对工业的投入本着剩余的原则，即各加盟共和国预算保障后剩余的资金才用来发展俄罗斯工业。这是苏共执行第十二大提出的

20世纪50年代集体农庄人/劳动日的价值

（俄罗斯统计局资料）

苏联领土	一个劳动日： 实物支付（公斤 粮食）	一个劳动日： 货币支付（卢布）
斯摩棱斯克州	0.9	0.15
爱沙尼亚	1.85	1.50
塔吉克斯坦	2.5	10.00

---

① 俄罗斯帝国末期的财政部长，保守改革家。主持财政十多年，对俄国资本主义发展、铁路和银行发展都有重要影响。

任务"让俄罗斯人们处在低于其他民族的地位"（尼·伊·布哈林的发言）。在农业生产中对俄罗斯亏欠的剥削更多表现在中部地区劳动日的报酬远远低于周边地区，所以农民阶层的社会生活条件与革命前相比明显恶化，人们的生命力被耗尽，人民已经厌倦了对无法无天的反抗。

苏联共产党是由各加盟共和国的共产党组成，不包括俄罗斯联邦共产党，组成国家的俄罗斯民族却没有其政治利益的代表者。苏联科学院是由各加盟共和国科学院组成，其中也没有俄罗斯联邦科学院，似乎俄罗斯没有科学。

20世纪50年代亚历山大·尼古拉耶维奇养了4箱蜜蜂，他带着防蜂帽整天在花园里与蜜蜂打交道，按照养蜂专业书籍中的建议养蜂。当地养蜂的人常聚在一起探讨蜜蜂问题。

工作中偶尔有蜜蜂会钻进衣服里蜇人。工作不能停下，只得忍着，疼得不得了。亚历山大·尼古拉耶维奇尽可能避开蜜蜂，发狠地骂街，然后装作很滑稽的样子，用颠三倒四的话大声唠叨个没完，与他平时判若两人。简单讲，他就是想不明白一个问题："我照顾你们，为什么还蜇我？"问题既是针对钻进他衣服里的蜜蜂，也是针对整个蜂箱，经常是这样。这种幽默语言在别人那里是听不到的，平时亚历山大是说话很严谨的人。

邻居尼古拉·伊万诺维奇·格涅拉洛夫休假时的一大乐趣就是听亚历山大·普京与蜜蜂聊天。他用被单儿把自己裹起来不让蜜蜂蜇到，躺在草地上，隔着栅栏听。每一次听到亚历山大·尼古拉耶维奇被蜇后的声音，他就在草地上打着滚笑。然后当大家坐在小板凳上聚会聊天时，他就向大家讲述听到的一切，惹得大家哈哈笑，笑声会传遍半个村子。有些话甚至成了当地的趣闻。

亚历山大·尼古拉耶维奇非常注意前人的智慧，比如阿姆夫罗西·奥普金斯教父的遗训："要生活，不要忧伤，不要责备任何人，不要让他人遗憾，所有人都值得我尊重。"

至今苏联所有集体农庄成员还都记得1964年。苏共中央第一书记和苏联部长会议主席尼基塔·赫鲁晓夫在当年7月的苏维埃最高委员会会议上作了《关于完成苏共提高人民福利大纲措施》的报告。苏联正式承认集体农庄成员是社会平等的公民。他们不再是低人一等的人。为他们建立了养老金制度，每月12卢布（面包14戈比一个，市内牛奶28戈比一升，乡村鲜奶10戈比一升）。

妻子纳塔莉娅·马特维耶夫娜从不看报，不关心时政，听广播只是为了了解天气，听民乐和区广播站的通知。媒体上公布给农民养老金那天，她第一次拿起报纸，从上面剪下来苏联部长会议主席柯西金的肖像及其下面的一句话"他把我们变成了人"，然后钉在了自己床头上。

亚历山大·尼古拉耶维奇毕竟也有发火的时候，但一般都是身旁没有外人的情况下。他最不能忍受的就是化学铅笔，觉得这种铅笔简直就是对他个人的侮辱。所有用这种笔的人都要在自己的舌头和嘴唇上涂抹石笔的蓝颜色，搞得自己见不得人的样子。即使这样，还是不可能写出工整的字来。更无从谈起信件和书法的美。亚历山大·普京在学裁缝期间跟师傅学会了写一手规范、漂亮的字，他的笔体就像是书法。1920年从战俘营回来的时候留下了他写的字，可以从他在维堡摄的照片背面看到。

一次他从区中心回来时很气愤，原来是买不到钢笔的墨水，没货。可眼下需要写一封很重要的信。他开始用化学铅笔写信：舔一下写一下，诅咒几句，再舔一下再写。几次把铅笔摔到桌子上，站起身在屋里徘徊一会儿，又坐下写。他在屋里走的时候愤怒地说："这叫什么生活？为什么？不值几戈比的东西就是买不到，好的纸也没有。什么时候是个头啊？"

亚历山大·尼古拉耶维奇·普京于1976年辞世，享年92岁。在第一任集体农庄主席灵柩前致悼词的是最后一任主席格奥尔基·伊万诺维奇·奇斯佳科夫。夫人纳塔莉娅·马特维耶夫娜又生活了16年，于1992年去世，享年98岁。

小儿子阿列克谢·尼古拉耶维奇

1886年尼古拉·彼得罗维奇和奥莉加·帕尔芬耶夫娜家里生了儿子，起名叫阿列克谢。满12岁后父亲把他带到彼得堡学裁缝。

职业培训初期他的生活与哥哥的生活没什么区别。在同一个服装加工店工作，都和父亲住在一个房间里。父亲死后他和哥哥一样也获得了证书，开始独立经营。经常与布料打交道，所以对布料很在行。革命后的混乱时期他离开彼得格勒回到村里，在田间耕作。20世纪20年代恢复商贸和发展私有制之后，阿列克谢又回到彼得格勒干本行。也常回家帮助妈妈和哥哥春耕秋收。每次回来都裁一块布来送礼。

阿列克谢·尼古拉耶维奇很长时间都没成家，过着独居生活。1941年他满55岁。没有被征兵上前线。列宁格勒大围困期间他拒绝撤离，一直在城里，活了下来。

他一直关注亲戚们在乡下的生活和集体农庄的事。与哥哥见面时经常讨论种亚麻的前景。当地的土壤和气候条件很适合种亚麻。那时区中心已经建了亚麻加工厂。这里产的亚麻质量特别好，据说，图尔吉诺沃的亚麻可以用来织布，用来做加加林太空服内衬。收割亚麻是田间收入最高的工作，集体农庄成员都愿意做收亚麻的工作。

亚麻是国家农作物之一。从外观看白色亚麻衬衫使俄罗斯人区别于相邻的其他民族。几百年来俄罗斯亚麻被称作"北方丝绸"，是俄罗斯民族文化、习俗、传统、民族手工艺品的伴随者。

19世纪60年代末亚麻产量大约是1200万普特麻纤维。到了19世纪80年代中期大约是2000万普特，90年代大约是2600万普特。19世纪80年代末是亚麻生产大发展时期。当时的经济分析家写道："种亚麻已经具有赌博倾向。"后来苏联放弃了这一产品的国际市场。

战后阿列克谢·尼古拉耶维奇移居莫斯科。20世纪50—60年代独居在雅罗斯拉夫铁路旁真理镇一座小房子里。侄子米哈伊尔·普京有时去他那里做客。关于阿列克谢·尼古拉耶维奇孩子们的信息没保留下来。1970年84岁的阿列克谢·尼古拉耶维奇去世。当年哥哥亚历山大·尼古拉耶维奇已经86岁，无法去参加他的葬礼。

亚历山大·尼古拉耶维奇和纳塔利娅·格里戈里耶夫娜的孩子们

米哈伊尔·亚历山德罗维奇

谢尔盖和利达死后,亚历山大·尼古拉耶维奇和纳塔利娅·格里戈里耶夫娜又生了儿子米哈伊尔。米沙小时候总生病。村里都知道他出生前哥哥和姐姐去世的悲剧,所以大家都怜悯他,疼爱他,家家的门对他都是敞开的。尽管童年多坎坷,米沙成人后却是个善交际、好奇和欢快的人。

从上学的时候他就喜欢读书。战争期间他制作了一个小台灯夜里读书,坐在炉旁从晚上到早上去学校之前可以读完一本刚刚拿到手的书。

小学生们在战争年代积极帮助集体农庄做事情。米哈伊尔和大家一样完成各种各样的任务,包括赶着马拉耙平整土地。许多农庄庄员还记得,田间休息时他给大家读米哈伊尔·肖洛霍夫的《被开垦的处女地》,他边干活边开玩笑,赶着马用耙的铁框架拉着累了的妇女们在石子路上走。因为他积极和善于交际,大家推选他进了区共青团委。

学生时代米哈伊尔曾梦想进国际关系学院学习。其实父亲打算让他到列宁格勒的理工学院学习,那里有不少亲戚朋友。1944年米哈伊尔读完七年制小学,获得毕业证书。他开始追求在战争中牺牲的康斯坦丁·丘尔萨诺夫和玛丽亚·帕夫洛夫娜的女儿卓娅。米哈伊尔和当时的许多人一样赶时尚写日记,记录每天的见闻、大事件、感受、对人的评论。

图尔吉诺沃区共青团委员会
中间：团委书记雷·康·别洛济罗娃，
前排右侧：米哈伊尔·普京，1946—1947 年

米哈伊尔·普京考进了列宁格勒航空仪器制造学校。航空建设是发展最迅速的领域之一，自然最有前景。技校里有宿舍。技校的学生需要掌握复杂的技术课程，有些课程就是著名教科书的作者亲自讲。

学习期间他第一次意识到病痛的可怕，病魔使他后来的生活和家庭变得非常复杂，可怕地纠缠他一生，直到去世。年仅23岁的大学生住进了列宁格勒医学院第一附属医院。预料到他会有一个痛苦过程，利季娅·马特维耶夫娜·格奥尔吉耶夫斯卡娅教授对病人尤为关注，一直亲自参加会诊。他们之间的交往从工作关系、医生和病人的关系，变成了好感、友谊和通信交往（她住在博利绍伊大街，92栋，5号住宅）。

学业结束后米哈伊尔·普京被分配到梁赞市航空工业部下属的168号保密单位，单位公开身份是木材加工厂。这个梁赞市最大的企业生产 Г–01 型伞兵滑翔机、Р–5型 У–2型（По–2型）飞机机舱、航空滑板、航空螺杆。该厂1943—1948年的总设计师、1948—1949年的厂长是著名苏联滑翔机和飞机设计师弗拉基米尔·康斯坦丁诺维奇·格里博夫斯基（1899—1979年）。他也是莫斯科图什诺机场的奠基人。

战后的梁赞市是州中心，约有9万人口。城市的工业以木材加工厂（保密单位168号）和农业机械厂"梁赞农机"为主，还有一些不大的轻工业、建筑业、加工业和食品行业的工厂。牧人还赶着成群的牛穿过市中心一条主要街道去市郊博尔基村牧场放牧，市内家里取暖主要还是用炉子。

1948年斯大林在一次会议上注意到了梁赞州发展指标日益下降。为了改变现状，他撤了州委第一书记的职。他称梁赞是"莫斯科脚下的脏水坑"，并任命阿列克谢·尼古拉耶维奇·拉里奥诺夫为州委第一书记。拉里奥诺夫着手大力发展大型工业和农业，使梁赞州成为俄罗斯中部地区的重要行政州之一。梁赞市成长为工业发达中心之一并在10—15年内人口增长了两倍。梁赞市和州按当时的经济评估标准已经属于劳动力过剩地区。按照社会主义计划的原则和国民经济平衡发展的标准，在这样的地区内应该优先发展密集型劳动产业，以确保快速开发大量的必需品。这种地区的特点首先是有相对廉价的劳动力，用同样的材料和损耗生产出性价比更高的产品。航空和仪器制造业就属于这种类型的产业。所以梁赞能够优先发展具有全苏意义的无线电行业、电子工业、通讯等（批量生产、试验生产和科研院校研发）行业的企业。

1950—1953年朝鲜战争给苏联国防提出的众多任务之一，就是给喷气式飞机装配适应其作战任务的无线电技术设备。1951年开始研发和生产无线电技术产品：安装设备、建车间和管理部门、开发新的工艺技术。已经生产出为伊尔-28配备的盲式投弹瞄准器"ПСБН-М"、生产国家级的雷达应答器"自己–别人"。主要产品是为以下飞机装配军用和民用雷达站："鹰"（雅克-25、雅克-27）、"标志"（伊尔-18、伊尔-26、安-22、安-24）、"小鹰"（苏-11、苏-15、雅克-28П）。1953至1965年该厂的厂长是令人尊敬的著名领导人康斯坦丁·安德烈耶维奇·马舍夫斯基。20世纪50年代初为了改变行业结构，从全国工业和教育中心把许多年轻的专家（莫斯科、列宁格勒、高尔基）调到厂里。他们为梁赞开阔了眼界，增添了活力，在很大程度上确定了城市生活的十年愿景。

在大会上共青团员们选米哈伊尔·普京为工厂团委书记，这是全市最大的团组织。现在老同志们还记得，他不仅是共青团的领导，也是所有年轻人中的佼佼者。

米哈伊尔·亚历山德罗维奇住在可容下10个人的男生宿舍。宿舍的一个角落被一扇屏风隔开，住着一对夫妇。1952年未婚妻卓娅·丘尔萨诺娃来到他这里。丘尔萨诺娃毕业于加里宁州卡拉什尼科沃乡的财经学校，被分配到白俄罗斯莫洛杰奇诺市林业工商体实习。实习结束后，来到这里与亚历山德罗维奇举行了简单的婚礼。宿舍里又多了一扇屏风。1953年儿子出生了。为了纪念爷爷，起名叫亚历山大。

工厂领导给普京夫妇提供了两室的宿舍，在"五一街"

20世纪50年代初年轻的专家
米哈伊尔·普京、卓娅·普京娜摄于梁赞

的筒子楼里，有炉子取暖。1960年米哈伊尔·亚历山德罗维奇与厂、市和州里的其他工作人员一起获得无线电工业劳动发展奖。1961年夫妇俩搬到苏联国民经济大楼对面工厂住宅楼四层的两室一套的居室里。

从50年代末岳母玛丽亚·丘尔萨诺娃就来他们这里住。丈夫在前线死后，女儿长大离开，玛丽亚就一个人孤独地生活。乡村里严格限制百姓伐木取暖。就是冻死，政府也不采纳任何合理的建议。村子距离灌木丛仅200米，距离树林800米。哪怕是干枯和倒下的树木也够取暖用。革命前农民就是这样取暖。连在卫国战争中为国捐躯士兵的遗孀都不允许砍柴。这使常住居民变成了候鸟。许多当地农民出走，再也没回来。一些人投奔城里亲戚家，多数人投奔住在城里的子女：有的人低价卖掉房产，永不归乡；还有一些人是离家出去过冬。

管理层主要由年轻的专家组成，确保了工厂能够更新设备，带领集体开发新的工艺。企业从属于电子工业部第4总局，该局是苏联国防部航空供应主管部门。员工数量增加到1.2万人，企业变成了"无线电仪器"联合体。与该企业规模相同的还有其他著名企业，比如列宁格勒的"列宁人"、基辅的"共产党人"等等。这些企业确保能批量生产和供应航空无线电设备。米哈伊尔·亚历山德罗维奇负责产品质量，把产品供给军方订货单位。

　　工厂对城市建设也作出了很大贡献：建设了第一个"红旗"工人俱乐部和健身房，在"五一"大街上建造了五层的楼房、克里姆林宫沿河街和老的谢娜亚广场，在城市最南边组建了第一个园林合作社。30—40岁的年轻人都感到自己是生活和未来的创造者。时代成就了这代人，这代人又创造了20世纪60年代这个时代。

　　米哈伊尔·普京认为，决定人做事和为人口碑的因素之一就是责任心。"承诺了的就要兑现"，这是俄罗斯一个古老谚语。把是否有责任心作为评判一个人的重要标准之一。在过去，一个人的眼神游移不定就等同于失去尊严，进而被看作不严肃认真的人。然而，时代变了。责任不再是严谨做事的形象要素。人们开始逞强、说大话："我是话语的主人，想说就说，想收回就收回。"

　　米哈伊尔·普京主动与在苏联许多城市工作的老同学和过去的同事们通信，其中包括斯维尔德洛夫斯克（叶卡捷琳堡）、莫洛托夫（彼尔姆）、古比雪夫（萨马拉）、卡缅斯克–乌拉里斯基、鄂姆斯克、托木斯克、阿赫图宾斯克、伊万

梁赞州执行委员会授奖后纪念照

摄于1960年

第一排，从左到右

1.敦杜科夫——梁赞州国民经济委员会主席；2.胡德什 И.А.——工厂总工程师；3.В.И.乌什马捷耶夫——技工；4.Г.А.乌利别科娃—— 电气安装女工；5.К.А.玛谢夫斯基——工厂经理；6.А.Н.拉里奥诺夫——苏共梁赞州委第一书记；7.Н.В.阿努夫里耶娃——车间主任；8.米哈伊尔·亚历山德罗维奇·普京——办公室主任；9.Н.И.瓦赫拉莫夫——车间主任。

第二排，从左到右

2.——Н.Н.丘玛科娃——苏共区委书记；5.——科马洛夫；7.——И.别丘拉；8.——Ф.Ф.米涅耶夫；9.——戈罗霍夫；12.——С.Н.克柳切科夫，工厂委员会主席。

第三排，从左到右

2.——工厂党委副书记；4.——Б.库索夫斯基；5.——古谢夫；6.——Ю.В.梅尼尔科夫；7.——В.И.莫洛德佐夫；8.——А.Ф.卡梅尼尔，处长。

诺沃、加里宁、卡卢加、沃罗涅什、喀山、基辅、顿河-罗斯托夫、哈尔科夫、刻赤、维尔纽斯、里加和叶夫帕托里亚。节日前他会寄出30—40个明信片给朋友们，也会收到朋友寄来的明信片。后来他了解莫斯科就像了解自己的城市一样，他的朋友们住在阿尔巴特街、汽车厂大街、特鲁别茨大街、卡兰乔夫大街、五一大街、科特洛夫大街、老仪式大街、老卡什尔街、奥斯波夫斯基公路、伊里奇哨卡、茂盛林荫路、真理街、阿凡纳西街、鲁诺夫斯基街、规矩小街、莫斯科委员会小城等地。米哈伊尔还经常出差去莫斯科周边各小城镇的企业：茹科夫、法乌斯托沃、波特利普吉（科罗廖夫）、扎戈尔斯克（谢尔基耶夫博萨特）。保持与朋友们的友好交往使他有可能了解到新闻媒体中不报道的信息，使他总是处于信息的中心。在航空制造业曾探讨过各种各样的新思想。这是全国各行各业都热衷于利用核能装置的时代：核电站、"列宁"核动力破冰船、核潜艇。制造携带核动力装置的飞机是这条路线中合乎逻辑的一个方面。

米哈伊尔的威信来自于他为人公平公正，做事严谨和善于找到与对方的共同语言。他性格耿直，就像那些年人们常说的，原则性很强。做事目的明确、方式方法灵活、组织能力强这些特点常帮助他在复杂的情况下带领数千人的企业走出困境。大家都认为他是真正的彼得格勒人：有知识、有文化、有风度的人。的确，他是第三代彼得堡人。

在上千人的生产单位工作懂生产和善于管理极为重要，对这个问题的重视程度已经上升到国家层面。苏共中央第一书记赫鲁晓夫在1959年访问美国期间会见了农场主理·卡尔斯特。

在那里他认识了乌克兰裔的经营管理人员维·伊·捷列先科并邀请他到苏联传授工作经验。捷列先科1965年来苏联后出版了一本非常著名的小册子《组织管理：美国的经验》。此书在苏联引起了不小的轰动，刚一发行就脱销，很难买到。米哈伊尔·亚历山德罗维奇通过当时在《真理报》驻捷克斯洛伐克首都布拉格记者站工作的堂妹阿·萨布林娜搞到了一本。之后他的所有朋友都读了这本小册子，一致认同作者的理念，即可以用最低费用达到最显著的效果，但前提是需要具备认识问题的文化，这种文化永远是珍贵的东西。此书中阐述的方法基本上无需改变就可以用于整顿经营秩序，避免杂乱无序的行政干预。

　　读书和摄影是米哈伊尔·亚历山德罗维奇的爱好。他收藏了不少古典书籍、军事纪实和技术书刊。读书开启了他身上的交际天赋：他善于选择需要的语言。所有的人都能面对摄影师的镜头自然地笑吗？他拍摄的大部分照片都具有专业水准。

　　20世纪50年代后几年苏联国内生活开启了新时代。1957年的国际联欢节让苏联老百姓看到，与其他国家和其他民族之间也可以建立起友谊。出版新书籍、世界上第一颗人造卫星上天、人类第一个飞入太空的尤里·加加林。在两代人的时间内人们第一次感受到国家对自己的关心与关注：莫斯科和其他地区都开始建小面积的单元住宅，人们渐渐搬出了简易楼。聪明的工程师们开始制作半导体收音机。莫斯科、列宁格勒出现了为年轻人开的咖啡馆。米哈伊尔·普京和朋友们也想在梁赞开办类似的东西，但当地政府无论如何也不理解。

　　米哈伊尔·亚历山德罗维奇常去莫斯科出差。空闲时喜欢和朋友一起在街上散步，去看展览、看戏。常去苏联军队剧院。他堂妹舒拉·萨布林娜与妮娜·泽利金娜是好朋友，妮娜是弗拉基米尔·泽利金的姐姐，而弗拉基米尔当时正在追求舒拉。尼娜来到农村女友父母家，房子的窗口对着小河。她在发送有她弟弟参加的话剧的免费门票。特维尔的泽利金姐弟喜欢受人关注，有这样的机会从不错过。弗拉基米尔·泽利金出生在科兹洛夫市，后来在坦波夫省米丘林斯克市生活，来莫斯科工作之前在特维尔的学校里上学。全国都知道伊万·普尔耶夫导演的电影《养猪女和牧羊男》里的牧人穆萨伊巴。1956—1966年是令人难忘的十年。

　　苏联最高层已经开始议论要在俄罗斯中部加强乡村的发展和建设城市化的乡村。农民自给自足的企业，如榨油作坊、乡村烤面包房、磨面厂被关闭，不再登记注册农庄里的牲口。报纸上也悄悄地消失了关于处女地丰收的报道。又出现了粮票，面包店里贴出类似"黑面包每次最多卖两个，白面包卖一个"的告示。报纸上的漫画是白面包形状的猪在揭发肥胖的个体商从口袋里取面包喂猪。刮起一股炒作改良土壤的风。在战争期间当地乡村约2/3的男人都牺牲了。现在田间严重缺乏劳动力。疲惫的人们勉强工作，在祖辈留下的土地上看不到能像样生活的希望。开始出现一些被称为专家的奇怪的外来人。给他们提供优惠条件，可他们工作一两个季节，然后就到另一个地方找更好的条件去了。当地人叫他们"风滚草"。有传闻说，拥有世界陆地1/6领土的国家，其政府却开始到加拿大购买粮食。

　　1965年9月米哈伊尔·亚历山德罗维奇第二次住进尼·瓦·斯克利福索夫斯基研究所检查身体。住院时间很长，很枯燥。为了使生活添点色彩，他使劲读书，与病友交往，与莫斯科的朋友、亲戚交往，观赏医院对面"列宁格勒"宾馆的窗户和顶尖。黄昏中宾馆顶尖上闪着信号灯。出院前不久他听说瓦列里·布鲁梅尔的脚骨折，正在这家医院等候做手术。这条新闻震惊了整个医院，甚至全国。

用几句话可以概括苏联人如何对待布鲁梅尔。那些年他对国家的意义不亚于尤里·加加林。世界上第一个航天员用自己的飞行给国家带来荣耀，确定国家在太空的优先地位，而瓦·布鲁梅尔在几年内用自己的运动生涯给国家带来荣耀，他是苏联体育辉煌的创造者之一，他让社会意识到自己国家在世界上的意义。他是历史上第一位外国田径运动员在美国获得世界冠军头衔的人，他越过了2.18米的高度。他创造的2.28米世界跳高纪录保持了8年之久，这是1961—1963年期间世界最优秀的运动员。1965年10月5日送布鲁梅尔回家的"雅瓦"摩托车在转弯的时候没控制好……

米哈伊尔·普京于1966年9月6日突然去世，年仅38岁。英年早逝震惊了仪器制造厂和"红旗"厂几千人的集体。厂长康·阿·马舍夫斯基亲自参加了在"红旗"俱乐部举行的告别仪式和在家里的悼念活动，感谢米哈伊尔的父亲亚历山大·尼古拉耶维奇有这样一个优秀的儿子，一个可靠而受所有人尊敬的工作者。

亚历山大·米哈伊洛维奇·普京

1953年10月18日出生于梁赞市。毕业于梁赞无线电学院，专业是无线电技术（1976年）、经济和组织生产（1985年），修完了俄罗斯联邦政府下属的国民经济科学院市场条件下的领导人专业课程（1993年），在芬兰进修过。曾在梁赞仪器厂、"萨菲扬"有限公司、俄罗斯央行梁赞州总局工作，从事个体商业和注册业务。组织并领导全俄私有化和个体企业协会的地方分支机构。2001年去科米共和国乌辛斯克市石油钻井公司"联盟"工作，后来去了莫斯科。妻子柳德米拉·瓦西里耶夫娜·普京娜是药剂师、连锁药店主管。儿子米哈伊尔。

米哈伊尔·亚历山德罗维奇·普京

1984年生于梁赞。毕业于梁赞无线电技术和农业生产学院，两个技术专业，企业家。

加林娜·亚历山德罗夫娜·普京娜（拉布金娜）

生于1933年12月5日。童年在乡下父母身边度过。就读于波米诺沃初小和图尔吉诺沃中学。后来考入加里宁师范学院。

加林娜是个欢快、漂亮的姑娘，在乡村的娱乐活动中跳舞跳得最好，在那里结识了自己后来的未婚夫鲍里斯·彼得罗维奇·布拉金。未婚夫应征入伍，他们开始信件往来。

1958年苏共中央通过了提高苏联人民文化教育水平的决议。宣传搞得轰轰烈烈，号召年轻专家从俄罗斯中部去边远地区。国家统一分配体系确保能够完成预定的任务。师范学院的一批毕业生被分配到高加索地区民族最多的共和国——达吉斯坦，其中就有加林娜·亚历山德罗夫娜·普京娜和她的朋友们。

1958—1959学年初，年轻的老师们去了遥远的马哈奇卡拉。父母们知道这个地方叫彼得罗夫斯克港。达吉斯坦教育部把他们分配到各个区中心。加林娜·普京娜被分配到很远的阿赫瓦赫区。加林娜从区中心人民教育部门奔赴偏僻的小山村安奇赫。

20世纪50年代末安奇赫村出现了一批俄罗斯女教师,他们来自加里宁和其他师范学院。这些女教师中有:列·法·瓦西连柯、巴·马·扎里科娃、阿·法·科瓦廖娃、梅·法·梅德韦杰娃、列·伊·穆科佐科娃、加·阿·奥尔洛娃、尼·伊·普苏尔采娃、普京娜和尼·伊·塔罗韦罗娃。姑娘们住在一个单独的院子里过集体生活,很快就成了好朋友。这是个由受过教育、年轻、漂亮、爱交际的姑娘们组成的大集体,吸引着所有人的眼球,尤其是当地小伙子们的注意力。彼此相识之后小伙子们开始去宿舍作客,聊天,交换信息,畅想未来。学校里大约有20个老师,其中有马·盖达尔别科夫、马·卡里莫夫、德·马马特哈诺夫、法·米尔扎耶夫、戈·穆尔塔扎利耶夫等人。出现了一个普通年轻人之间友谊、开放的氛围。小伙子们勇敢,姑娘们妩媚。

老师的工作主要是教书和备课(教学内容)、组织一些课外活动,筹备和参与公益活动。对年轻女老师而言最复杂的是如何吸引当地女孩子到学校上学。小山村里传统地认为女孩子会认字,会算术就足够了。女孩子读完小学,父母就不再让她们到高年级学习。当地领导提出让女孩接受中等教育的任务。所有女孩都根据年龄分班登记入学。然而来上课的学生与登记簿上学生的数量相差甚远。学校教委会提出,保证学生来上课是最主要的任务。班主任负主要责任。学生旷课或者根本就不来上学,老师们必须亲自去家访。部分家长理解老师,与老师

第一部分　家　谱　第四章　第四代

加里宁热利亚波夫街师范学院门口的外语系女大学生：
马·克拉伊尼科娃、加林娜·普京娜、塔·库库什金娜
摄于954年4月

沟通。但也有一部分家长连门都不给你开。还有的带着敌意接待你，甚至威胁你，身后带着恶狗。在这种情况下年轻教师只能让校长派随行人员去家访。在老家早已习惯了俄罗斯热情待客传统的女教师们现在才意识到，高尚的扫盲工作在小山村里是很危险的。事先谁也没告诉过她们当地是这种民族特点，谁也没讲过当地的传统、习俗和宗教。

　　昨天还很幼稚、在东正教传统熏陶下长大、在学校里受过无神论教育的女学生们，由于缺乏经验在当地百姓中竭力推广起自己的世界观。国家大力宣传，教师必须承担起向边远地区推广文化的职责，所以她们才做出这些不正确的举动。这种宣传从根本上无视当地人民几百年的文化传统。在

达吉斯坦共和国阿赫瓦赫区安奇赫村全景
摄于1959年

很多情况下年轻的女教师们无意中就走进了不被当地居民理解和接受的死胡同。

刚刚来到小山村，姑娘们就发现无神论政策中的矛盾。苏联正式宣布自己是无神论国家。意识形态工作的任务之一就是与东正教作斗争。然而，在达吉斯坦，人们对伊斯兰教很敬畏，重习俗，严守自己祖先们的礼仪。达吉斯坦人很尊重宗教感情。这使年轻的女教师们感到很惊讶。她们知道，在俄罗斯中部地区各州，如果学生脖子上戴着小十字架去上课，老师就会被解雇。在会上说一句不积极反对宗教的话，就会被党的领导看作是应该批评的行为。

那些年伙食也很差，每天都是不同做法的土豆，肉和腌猪油都是过节才有的奢侈品。父母尽可能给女儿们邮寄些家里的食品。收到的东西自然都是摆上桌子大家共享。有一次一个老师收到家里寄来的包裹，里面有一块腌猪油。恰恰就是那一天，当地年轻人走进宿舍讨论学校活动。宿舍的女主人们做好饭，切给自己和客人一小块腌猪油，请客人们入座。晚餐开始了。有一个客人不吃。姑娘们赞美着腌猪油，怎么也不明白为什么小伙子不想吃一块香美的腌猪油。她们真诚地想让他品尝一下，以为他不知道腌猪油有多香。笑着，闹着，坐在他旁边的一位姑娘用腌猪油做了一块夹层面包，送到他嘴边，碰了一下他的嘴唇。小伙子一下子从椅子上跳起来，离开桌子，跑出房间。其他人还在欢聚。

第二天姑娘们被请到领导那里。领导向她们解释了穆斯林最基本的行为准则。他说，这个小伙子要祈祷饶恕他的罪恶。猪被穆斯林人视为不干净的牲畜。后来，这个小伙子很久没来做客。他给姑娘们留下了很好的印象。他在这种复杂的情况下表现出了很强的理性和微妙的分寸。他知道，没人教过她们该如何与穆斯林教徒相处，姑娘们没有错，没有责骂她们。这是应该原谅的过失。女教师们的生活有时真的很不容易。大多数当地百姓都努力帮助她们。达吉斯坦人至今都带着感激之情回忆这些姑娘，因为她们不远万里来教山区的孩子。

马哈奇卡拉市市长萨义德·阿米罗夫建议在市内建立一座俄罗斯女教师纪念碑。老师们把自己的知识、智慧和精力都献给了陌生的人——我们达吉斯坦的孩子们，甚至在不被理解、不被接受的情况下也从未放弃。在"阿克-格尔"公园里，纪念碑周围按照当时教师的人数种上了140棵白桦树，其中一棵就是加林娜·普京娜。

命运守护着加林娜·亚历山德罗夫娜。在科米服役后鲍里斯·拉布金来到小山村找自己的未婚妻。到宿舍时正好是工作时间，一个人也没有，都在上班。鲍里斯看到走廊地板上到处

俄罗斯女教师纪念碑，
达吉斯坦共和国马哈奇卡拉市

是踏出的脏脚印，就打算擦一下。找到水桶和抹布，就去打水。水流得很慢，几个当地妇女在排队。山村里男人不打水，这是女人的职责。男人也不擦地板。女人们看到身着军便服、手里提着水桶向她们走近的年轻男人时，惊诧不已。鲍里斯像在村里那样与她们打过招呼，就想站在队尾。但是，妇女们一下子散开，让他到前面去打水。最前边打水的女人挥着手让鲍里斯到前面，好像是让他不用排队。鲍里斯没有拒绝，打好水，表示感谢之后就去做自己的事了。

鲍里斯正式向加林娜求婚。加林娜接受了，学期结束后年轻的女教师离开小山村回到家乡。未婚夫已经当上农庄的拖拉机手。举办了婚礼。加林娜·亚历山德罗夫娜在图尔吉诺沃当老师，后来又到幼儿园工作。丈夫是各种农机的机械师，后来转到区通讯局工作，主要是铺设电话线和在加里宁区从事有线转播。

季莫费·彼得罗维奇分支

季莫费·彼得罗维奇

1859年彼得和马特廖娜家生了个男孩，起名叫季莫费。他大哥伊万已经满13岁，二哥尼古拉10岁，姐姐安娜4岁。父母已经35岁。

季莫费的童年是在家里度过的。父母想为他选择生活的道路。按照习俗，父母把小儿子留在身边，帮他娶妻，最后把家产传给他。留在父母身边，继承父母留下来的事业很光荣，当然，也要承担起责任。农民谈到继承人时，就像是谈特别值得信任的人一样。祖祖辈辈农民都是把继承权交给小儿子。

快成年的时候季莫费的外表很出众，身高中等偏上，黝黑色的皮肤，面部线条清晰，浓眉。和普京家族的许多男人一样，他体型匀称，体格结实，不喝酒，不吸烟。季莫费·彼得罗维奇娶了伊万采沃村与自己同岁的济诺维娅·伊万诺夫娜·伊万诺娃。1878年1月27日在乡教堂里举办了婚礼。夫妇俩都是19岁。妻子的克留奇科夫家族都住在扎列奇耶村。

据亲戚们回忆，济诺维娅·伊万诺夫娜生过16个孩子，其中很多都夭折了。档案记录中是生了6个孩子，其中3个孩子长大成人。本指望儿子叶戈鲁什卡会成为他们晚年的依靠，可他5

岁就死了，给父母心里留下深深的伤痛。

1906年季莫费·彼得罗维奇和济诺维娅·伊万诺夫娜把大女儿瓦尔瓦拉嫁给了相邻的科斯季科沃村基里洛夫家的小儿子阿法纳西。

20世纪90年代济诺维娅·伊万诺夫娜遇到了很不幸的事。在榨油厂工作时，一根很重的立柱砸到她手上，造成了粉碎性骨折。伤口感染，最终只得截肢。由于再也不能像以前那样干活，济诺维娅·伊万诺夫娜非常伤心，只得重新学干活。但暮年时她没有成为家里人的负担。她慢慢适应着干各种活，用一只手在家里、菜园里做许多需要做的事情。

田间、菜园、放牲口和操持家务等所有女人做的事，14岁的女儿玛莎都承担下来。特殊情况下瓦尔瓦拉也来给父母帮忙，但1915年瓦尔瓦拉不幸去世。

1917年的事件毁掉了季莫费·彼得罗维奇和济诺维娅·伊万诺夫娜过上幸福晚年的希望。和其他农民一样，在革命后的俄罗斯快60岁的夫妇俩遭受疾苦和贫困。

但是新政权的错误政策为农民提供了自由买卖、摆脱穷困的可能性。农民又过上了自然经济生活。季莫费·彼得罗维奇原本就是雇农，1861年得到自由之后学会了独立生活。他一直在莫斯科卖面包，已经习惯了经济上独立。新经济政策的头两年他就积攒下盖新房的钱。1922年建了一座有隔断的房子。右侧还用拆老房子的木料盖了一个储藏室。

然而他的力量和灵活性都远不如年轻的时候。房子快盖好时，他失足从高处摔了下来。摔得很重，行走很困难，总是躺着。几个月后季莫费·彼得罗维奇就离世了，享年62岁。

家里已经没有男人。所有农活都靠62岁的独臂济诺维娅·伊万诺夫娜、25岁的玛丽亚和11岁的外孙女杜霞。特别重的男活儿有时请杜霞的父亲阿法纳西来做。济诺维娅·伊万诺夫娜1940年80岁时过世。

瓦尔瓦拉·季莫费耶夫娜·普京娜

季莫费·彼得罗维奇和济诺维娅·伊万诺夫娜家里1888年出生了女儿瓦尔瓦拉。从小她就是妈妈做家务事的助手。长得也非常像妈妈。所有女人的活她都会做。父母按照东正教的信仰教育她，要她尊重传统，尊重人，恭顺，谦逊和有责任心。

有一次济诺维娅·伊万诺夫娜去乡中心买东西，随身带上两个女儿。走近卖手帕和披肩的摊位，妈妈让女儿们选披肩。小女儿玛莎马上就看中了并指给妈妈那条最漂亮、最贵的披肩。瓦里娅（瓦尔瓦拉的爱称）选了好久，总是想买物美价廉的披肩，不想给家里增加负担。

1906年瓦里娅嫁给了相邻科斯季科沃村的阿法纳西·基里洛夫。一对年轻人早就常常约会，彼此相爱。决定是他俩自己做出的，父母几乎没干预，只是表示同意。这是爱情的婚姻，应该带给他们幸福。

第二年瓦尔瓦拉·季莫费耶娃生了女儿叶夫多基娅。大姨玛丽亚·季莫费耶夫娜成为她的教母。年轻夫妇非常高兴，还想要一个孩子，但接下来7年都一直没再生。丈夫在基里洛夫家是最小的儿子。

在乡村家庭里，未婚妻在正式入嫁前就知道，如果未婚夫不是最小的儿子，那么公婆就会帮助他们独立生活。丈夫是一家之主，妻子就是女主人。这是很悠久的传统之一，多少代以来一直都这样。他们在父母家生活是暂时的。这期间新婚夫妇住在父母家，接受父母的教规，以便日后效仿父母，独立生活。

如果嫁给最小的儿子，那就完全不同。未婚妻没入门就要做好长期顺从公婆的准备。家里挣钱的事，不论是田间、村里、乡里，还是其他更远的地方，都是男人负责。俄罗斯中部地区各省每一个晴天都很珍贵，这是务农高风险地区。关于家里女人相处得如何，男人一般知道得很晚。家里由婆婆做主。

阿法纳西·皮马尼赫的妈妈是个粗鲁、性情古怪且残酷的家妇。她从第一天就不喜欢儿媳。也许她本打算让儿子娶另一个女人，可父亲同意了儿子的选择，所以她只能同意。她的不满需要发泄，所以对儿媳非常严厉，常常找茬儿侮辱她。

瓦尔瓦拉在娘家是长女，从小就是家里的助手，现在只能忍受婆婆的非难和严厉。瓦尔瓦拉受到的教育就是恭顺，她承受着来自婆婆的压力，从没想改变现状。她忍耐、哭泣，许多不公正的对待都不告诉丈夫。阿法纳西疼爱、怜悯瓦里娅，但没有努力改变妈妈对妻子的态度。是他没有这样的勇气，还是妈妈明确告诉他谁才是家里的主人，现在已经无从知晓。

瓦尔瓦拉的母亲截肢后，婆婆皮马尼哈对瓦尔瓦拉的态度更加粗暴。瓦里娅天性善良。妈妈截肢后她常常回父母家帮助家里做事，有时还留在家里。每次遇到这种情况婆婆都会暴跳如雷。

时隔7年，1915年8月瓦尔瓦拉生了第二个孩子。这次是个男孩，是基里洛夫家族未来的顶梁柱。但是，生儿的喜悦没能改变皮马尼哈的残忍。正是炎热的8月，产后第二天她就强迫瓦

第一部分 家　谱　第四章 第四代

里娅到地里收粮食，丝毫不顾产后体弱的申辩理由。从田间回来后瓦里娅感到身体发热，随后就发炎，血液感染。两周后年仅27岁的瓦里娅就去世了，留下个吃奶的孩子。

不久基里洛夫家未来的顶梁柱、新生儿也死了。阿法纳西处于绝望中，心里恨着妈妈。为此他到死也没原谅妈妈。季莫费·彼得罗维奇和济诺维娅·伊万诺夫娜公开讲是皮马尼哈害死了他们的女儿。人们都认同，并尽可能不再与基里洛夫家交往。悲剧发生后季莫费·彼得罗维奇和济诺维娅·伊万诺夫娜再不相信皮马尼哈。他们把外孙女杜霞·基里洛娃领走了。瓦尔瓦拉的死成了普京家与基里洛夫家交往的障碍，很多年彼此都没来往。

普京家只允许阿法纳西一人到自己家来。阿法纳西思念着心爱的瓦里娅，处于极度痛苦之中。他意识到，瓦里娅的死有自己一份责任，所以常常去看望季莫费·彼得罗维奇和济诺维娅·伊万诺夫娜，帮两位老人做点什么，看望自己的女儿。

后来他娶了戈洛温诺村一个叫阿纳斯塔西娅的姑娘为妻。众所周知，皮马尼哈是瓦里娅·普京娜之死的罪魁祸首。而娜斯佳性格刚毅，善于捍卫自己的利益。一进基里洛夫家门她就直言婆婆对瓦里娅之死起到了什么作用，并告诉婆婆在家中的位置就是厨房灶台。阿法纳西活的时间不长，1937年去世。

外孙女叶夫多基娅·基里洛娃成年后，季莫费·彼得罗维奇和济诺维娅·伊万诺夫娜征得其父阿法纳西同意，给她改姓普京。就这样，出生时的叶夫多基娅·阿法纳西耶夫娜·基里洛娃在身份证中变成了叶夫多基娅·阿法纳西耶夫娜·普京娜。

阿纳斯塔西娅很可怜丈夫前妻的女儿杜霞①，一直对她关心爱护。叶夫多基娅年轻时，梅列奇基诺村有个姓贝尔科夫的小伙子向她求婚。贝尔科夫家是当地很有名的家庭之一，不少姑娘想嫁到他们家。她们甚至做手脚，搞阴谋诡计……结果是别的姑娘嫁给了他，就是说，未婚夫被别人抢走了。这事对叶夫多基娅是一次致命的打击，她差点没殉情。她觉得周围所有人都反对她。

阿纳斯塔西娅明白，能帮助这个不幸姑娘的办法只有让她离开家乡，彻底改变她的生活方式。她帮助叶夫多基娅到莫斯科自己姐姐普拉斯科维娅那里。姐姐在著名的航空制造厂"Ф22"工作。普拉斯科维娅帮助叶夫多基娅来到这个企业。叶夫多基娅在这里工作了一生，现在企业叫米·瓦·赫鲁尼乔夫国家航天科研生产中心。叶夫多基娅住在普拉斯科维娅那里。一生没结婚。晚年在伊斯特林区马济洛沃村租了一个小屋住。叶夫多基娅·阿法纳西耶夫娜·普京娜（基里洛娃）于1973年9月去世，终年67岁，葬于莫斯科的霍万斯公墓。

玛丽亚·季莫费耶夫娜·普京娜

瓦西里·安德烈耶维奇·普京（巴尔苏科夫）

季莫费·彼得罗维奇和济诺维娅·伊万诺夫娜家里1896年出生了女儿玛丽亚。当年夫妇俩都是37岁，他们的大女儿瓦尔瓦拉已经7岁。玛丽亚外表很像爸爸和爷爷彼得。

---

① 叶夫多基娅的小名。

第一部分　家　谱　第四章　第四代

像其他孩子们一样，玛丽亚用两个冬天在学校里学会了流畅地阅读，数数和《教规》。大姐出嫁后，她干的活就由玛莎来做。玛莎学习很好，但家里活儿多，不允许她总去上学。

1907年村里发生了一件大事——开设了冬季学校。19世纪20年代冬季学校被称为一级小学，后来叫初小。小孩子们兴高采烈地去看盖学校，这是一幢漂亮、带许多大窗户的建筑。孩子们的父母、爷爷奶奶也都很高兴。他们明白，受教育是敞开孩子们通向美好前途的大门。阿·阿·尼科尔斯卡娅老师是从特维尔来的。农民们尽一切可能保证她生活得方便、舒适。附近村里满7岁的小孩都来上学。

在新学校里玛莎属于超龄学生，比其他孩子们大4岁，已经11岁。比她小的孩子们从一开始就天天去上学，从不旷课。老师教给他们的知识比教给玛莎多。玛莎心里感到委屈：小孩子们将来会比她懂得多。情感缺失使她自己常常寻找借口接近老师，帮老师做些什么，希望用这种方式进行学习和与老师交往。她努力用与老师的交往弥补知识的不足，不去上课也能向老师学到知识。她觉得老师是最有文化的人，能给人指出通往世界的路，老师是自己生命中的偶像。

最初玛莎很高兴直接与老师交往。日常生活上的帮助在她们的交往中不占主导地位。老师给玛莎解释的是许多生活中父母不能解释清楚的问题。杂志和书籍进入了玛莎的生活。老师开始不拘束地谈一些农村，甚至城市的严肃问题。亚历山德拉·亚历山德罗夫娜把玛莎介绍给其他老师以及从特维尔和其他地方来作客的女友们。他们聊各种话题：从村里普通的新闻到媒体中新的思想。渐渐地玛丽亚·普京娜进入了尼科尔斯卡娅交往的圈子，得到了和大家一样的礼遇。

玛莎常去邻村找姐姐。姊妹俩一起说些悄悄话。瓦里娅家里有许多不可思议的事，使人很不安。瓦里娅讲述婆婆的事对妹妹影响很大。姐姐生活中的不幸遭遇让玛莎迟迟不想出嫁。

玛莎的脸跟爸爸的一样，肤色黝黑，蓝眼睛。漂亮、迷人的玛莎很受男孩子们关注，但她有挑选未婚夫的条件。

向她求婚的第一个人是同村的阿列克谢·丘尔萨诺夫。玛丽亚和他相处了一段时间，但没什么强烈的感觉。阿列克谢在莫斯科给打工的父亲当助手。举行了求婚仪式，玛丽亚坐在那里像个贵妇人一样。

突然双方家长由于什么事情发生了争吵，之后季莫费·彼得罗维奇解除了已经答应的婚约。正在筹备的婚礼就这样不了了之。玛丽亚并不十分懊恼，本来她也还没有做好过家庭生活的准备。后来阿列克谢离开父母家，在村边学校旁盖了自己的房子。他喜欢玛丽亚，但没敢违背父母的意愿，非常遗憾没能举办婚礼。

过了一段时间，邻村乌雷贝舍沃的一个年轻人来玛丽亚家里求婚。与前边那个一样，他也随父亲在莫斯科打工。在首都工作保证了他家里有足够的收入。但他家没土地，而土地才是将来过好日子的基本保证。家里没土地的人被认为是穷未婚夫。济诺维娅·伊万诺夫娜形象地说："我们不需要全世界的无产者。"求婚遭到拒绝。

革命发生之后乡村人的商贸往来中断了。乡领导都是外来的陌生人。节庆和婚礼也都变得很简单。开始了商品交换的自然经济。为了供应城市居民食品，通过余粮征集制度征收了农民能够拿出来卖的所有粮食。

向玛丽亚求婚的第三个人是林区小村扎奥泽里耶的瓦西里·安德烈耶维奇·巴尔苏科夫。瓦西里生于1883年，曾在彼得堡斯托列托夫商人的店铺工作。年轻时就结婚生子。妻子带着孩子住在乡下。

1905年他被征兵参加日俄战争。满载新兵的列车还没到远东，战争就结束了。瓦西里是在和平时代服役的，期间被调来调去跑遍了俄罗斯。服役期间妻子和孩子都生病死了。服役后，他可以过家庭生活的那个家已经没有了，所以就留在部队里。1914年第一次世界大战开始后他就被调到前线部队。

瓦西里·安德烈耶维奇参加了1916年夏天著名的"布鲁西洛夫突破"战役。这场战役使俄罗斯军队占领了加里茨雅和布科维纳，进入奥地利。前线部队挺进如此之快，以至于军需部门来不及供给，厨具都没能带上。上级命令不许俄罗斯士兵吃占领区居民提供的食品。士兵们饿得啃冻白菜。列兵瓦西里·巴尔苏科夫经受住了这些考验。

从前线回来后瓦西里又参加了抗击侵略、保卫苏维埃俄罗斯的战役。作为有经验的士兵他被派到北方摩尔曼斯克区，与英美联军并肩作战。曾参加莱温松指挥的战役。

瓦西里·安德烈耶维奇·巴尔苏科夫服役15年，懂事后的多一半时间都在行军途中和战场上。他喜欢军旅生涯，1920年回到家乡时已经37岁，毫发无损，很健壮。他感谢上帝保佑自己历经艰难岁月之后仍很健康、理智地活着。瓦西里是个身体健壮、体形匀称、身材中等、留着大胡子的年轻人。想从建立家庭开始过和平生活。由于各种需求，他常从林区小村来波米诺沃村。

看到漂亮姑娘玛丽亚·普京娜之后，瓦西里·安德烈耶维奇决定向她求婚。求婚时邀请了亲戚们，其中包括亚历山大·尼古拉耶维奇·普京的妻子——纳塔利娅·格里戈里耶夫娜。听完求婚，他们商量了一下后，纳塔利娅·格里戈里耶夫娜说："玛尼卡，嫁给瓦西卡吧。他这么帅气，身材这么好。穷了点，没关系，将来孩子们都会很漂亮。"母亲济诺维娅·伊万诺夫娜补充道："玛尼卡，虽然他是个无产者，还是嫁给他吧！你一个人养活不了我们。"就这样1923年玛丽亚·季莫费耶夫娜·普京娜定了终身。未婚夫和未婚妻分别为40岁和27岁。

瓦西里·安德烈耶维奇·巴尔苏科夫求婚成功了。但有个特殊的条件，就是要他放弃自己巴尔苏科夫的姓，改姓未婚妻的姓——普京。玛丽亚·季莫费耶夫娜提出这个条件的理由是，瓦西里需要倒插门入住妻子家，接管她父亲的所有事物。瓦西里·安德烈耶维奇接受了玛丽亚·季莫费耶夫娜的条件。实际上是巴尔苏科夫嫁给了玛丽亚·季莫费耶夫娜。

倒插门改姓的情况不多。尽管很少，但还是有，家族的小圈子里还记得，有个名门也有过类似的情况。立宪民主党人之一、特维尔省第一届国家杜马议员伊·伊·彼得隆科维奇和公爵夫人帕宁娜家曾打算把自己独女嫁人。未婚夫是富人的儿子，老爸是国家上院议员阿·阿·波洛夫采夫。公爵夫人留下遗嘱，其女出嫁后丈夫要改用公爵帕宁的姓。姑娘帕宁娜是帕宁姓氏唯一、也是最后一个继承人。她爷爷帕宁公爵在亚历山大二世手下除了担任司法部部长外，还是其他领域一位著名的国务活动家。帕宁家族希望自己的姓氏在俄罗斯帝国历史中传承下来。国家议员的儿子放弃了自己波洛夫采夫的姓，接受了未婚妻帕宁家族的姓。

一年后家里生了个女孩玛丽亚，小名玛卢霞。后来又生了两个男孩，但是都夭折了。1927年又生了个男孩，为了纪念曾祖父起名叫彼得。父母很爱玛卢霞和佩佳，用最好的民族传统教育他们，传授给他们知识和生活经验。

玛丽亚·季莫费耶夫娜一边操持家务，一边积极参加村里的社会活动。与老师们的交往使她受益匪浅，增强了自信心。她从不气馁，从不嫉妒他人。还在1917年之前她就积极参加当地的合作社运动，这种运动是俄罗斯合作化的一部分。

俄罗斯大规模发展合作社的发起人之一是海军退役军官、地主、著名画家的弟弟尼·瓦·韦列夏金。1865年他在特维尔省开始注册奶酪生产合作社。农民有了不错的收入，事业开始发展。出现了消费者协会、贷款储蓄公司。1908年召开了第一届全俄合作社工作者大会。1911年注册了莫斯科人民银行，90%的股份属于合作社。1916年实际上属于合作社的莫斯科人民银行已成为世界上最大的银行，拥有12亿卢布的周转资金。在集体化的那些年里，国家在不拒绝发展合作社的同时，客观上把合作社挤到了农村经济生活主流之外。

瓦西里·安德烈耶维奇很喜欢马。有关马的一切他都放在首位。这是军旅生涯留下来的爱好，因为战争中士兵的生死有时就取决于马的状况。他是集体农庄中第一个养马人，打理着马圈、马具，请兽医，挑选好的牧场，给马登记。

瓦西里还有一份额外的社会工作——村自愿救火队队长。当时各村都有这样的组织。在专用的防火棚里贮藏着救火用的水管、抽水泵、马具、马车和防火警钟"瓦尔代的礼物"。他有两匹专用于救火的马,不干农庄里的活。夏天两匹马在防火棚旁边放牧,冬天养在马厩里。村里人记得发生过的两次火灾,每次都有瓦西里·安德烈耶维奇参与灭火。

夏天一次暴风雨中雷电点燃了阿尔谢尼·库拉金的院子。救火队队长迅速组织灭火。大火很快被扑灭,没有蔓延到房屋和邻居家的建筑。村民都很感谢瓦西里·安德烈耶维奇。

另一次是寒冷的冬天克鲁格利察湖边的一间仓储房起火。瓦西里·安德烈耶维奇像往常一样,以军人的反应快速集合起救火队来到现场,架起救火设备,抽水。此时有个突然跑来看热闹的人分散了大家的注意力。他们离开抽水机,去看发生了什么。当他们回来时,水管里的水已经结冰,流不出来。他们踩踏水管,给抽水机加热,但仓储房已经烧完了。瓦西里·安德烈耶维奇受到了警告处分。

瓦西里·安德烈耶维奇是个喜欢交际的人。喜欢弹三弦琴、唱歌,有时还写诗。他最喜欢的歌是:"喧嚣着,跳跃着,莫斯科的大火。"这是描写拿破仑进莫斯科时的大火。玛丽亚·季莫费耶娃也有一副优美、饱满的好嗓子,也喜欢歌唱。在乡村的节日里她常与女友安娜·格涅拉洛娃一起表演二重唱。她知道很多民间小调。她最喜欢的歌是"啊,花园,我的花园,绿色的花园,你快一点开花,早早地绽放。"玛丽亚·季莫费耶夫娜和瓦西里·安德烈耶维奇在精力充沛、活泼好动方面彼此很相像。玛丽亚是合作社的积极分子之一,作为图尔吉诺沃区十个代表之一参加了1936年第二届加里宁州消费者合作社代表大会的工作。

第一部分　家　谱　第四章　第四代

玛丽亚·季莫费耶夫娜天性是个真理和公正的捍卫者，意志坚强，做事目的明确。有的时候当面说实话会得罪人。大家尊敬她公平公正。不顾情面，不分场合的直率是大家总选她进各种委员会的原因，坚信她不会说谎。她是个从"不计后果"的女人。

她认为自己是普京家族传统的守护者，是父母和爷爷彼得家的继承人，守护在曾祖父和前人传承下来的土地上。她喜欢讲古时候的故事。亲戚们公认她有资格做家族的掌门人。她觉

图尔吉诺沃区代表团在第二届加里宁州消费者合作社代表大会上
第二排右侧 —— 玛丽亚·普京娜
摄于1936年

得伊万·伊万诺维奇和德米特里·伊万诺维奇改姓是对亲人和父母的背叛，是践踏了神圣的家族根基。她毫不掩饰地责骂他们，说他们为10个卢布就出卖自己的家族。没有人告诉她改姓的真正原因。

玛丽亚·季莫费耶夫娜总去莫斯科卖东西。卖普通的农村食品：干土豆、大油。进首都是有限制的，要到莫斯科州警察局去开证明。没证明就不能买从加里宁州到莫斯科的火车票。有一段时间她常常去加里宁州内务部开证明。后来开证明越来越难，最后几乎成了不可能。只要能解决问题，挣到钱，受压迫的农庄成员们就会冒着一切风险往城里跑。

有调节人口流动制度的法律文件。远行需要有乘火车的通行证。通行证就是黄褐色，A4纸1/4大小的纸片。通行证上印着：允许____公民乘车从____车站到____车站。出行目的：____护照号：____有效期：从____到____，内务部负责人签字，盖章。

玛丽亚·季莫费耶夫娜冒着风险，没有护照和通行证到莫斯科州，绕开岗哨和街上的警察，非法来到莫斯科流动着卖东西。任何一个警察遇到这个没护照的农妇都会扣留她，直到弄清真实身份才放走，拘留时间很长。她随身携带的唯一能证明身份的证件就是火车票——一张褐色带孔的小纸片。

不管能不能拿到证明，她都装满一背包食品去卖，带上给侄女的小礼品就上路。出行路途：步行到扎列奇耶，向右经过谢诺和到科伊季诺沃，过拉玛河朝克林方向走，在一个小村子里过夜。夏天和冬天她穿过树林里的小路时，曾经遇上狼。第二天走到克林，再往前就乘郊区小火车到莫斯科的列宁格勒车站。

第一部分　家　谱　第四章　第四代

　　到了克林，玛丽亚·季莫费耶夫娜就可买去莫斯科的火车票了。买郊区火车票不需要证件。再往前就复杂多了，首先是要避开车站的值班警察。他们老远就会认出农村人，检查证件。上火车后要注意车里的动静，进去了解车厢里都是什么人，多少人。如果进来一个检查员，就可以坐在原地不动。他问："有证件吗？"回答就是悄悄把一块腌猪油放到他口袋里。如果检查员身边有随从，就要跑开。车厢里好几个这样的男男女女。只要检查员和警察一起出现在车厢一端，车厢的另一端就会有一群人拥挤着奔向另一节车厢。下一站他们就下车，在站台上跑过有警察的车厢，跳上其他车厢。站台都很低，没见过从窗口跳出再跑的人。但是，列车员也不一样：有的帮助跑的人上车，有的不让上车，把他们指使到其他车厢。火车停留时间有限，得估算好才能来得及上车。到莫斯科时要夹杂在旅客中间，不能在站台上让警察发现。离开车站，在街上也要特别警觉，随时注意会不会出现穿蓝色呢大衣、戴着红圈大檐帽的人。这时候最近的胡同就是躲避的地方。在莫斯科她是在多罗戈米洛夫集市上卖东西。集市上比较简单，集市管理人员自己与警察打交道。卖完东西后常去堂兄斯皮里东·伊万诺维奇·普京那里与奥莉加·伊万诺夫娜聊天。

　　战争初期，在面临沦陷危险时瓦西里·安德烈耶维奇·普京被列入区突击营。精神饱满的士兵在自己58岁时又握起枪，但没来得及参加战斗。

　　在法西斯军队进村前，树林里留下了撤退的苏联炮兵部队。指挥官从地图上得知，这个地区是低洼地，丛林里沼泽很多，没有好向导他们不可能保留下这批军用机械。他来到村里找向导，以确保执行上级的命令：不让进攻的敌方发现，在最短的时间内通过树林，把军需物资完好无损地运到莫斯科州。街上他们遇到了农庄庄员叶戈尔·格涅拉罗夫。他推荐瓦西里·安德烈耶维奇·普京做向导，因为瓦西里生在林区乡村，比谁都了解树林。

久经沙场的瓦西里·安德烈耶维奇不用问，一下子就明白了。他换了装，拿上几天的干粮就跟指挥官去树林里的部队。他看了一下车队，选好一条他熟悉的前进路线，以便让部队行进在硬地上。车队行进中没有一门炮陷进泥沼里。部队的命令得到执行，指挥官感谢瓦西里·安德烈耶维奇，送给他两套军装和一个大面包。4天后他回到村里时，村子已经被法西斯占领。

沦陷时间不长。我们的部队越来越近，当地百姓从莫斯科方向传来的隆隆炮声中得知沦陷快要结束。当能够清晰地听到炮弹爆炸声时，瓦西里·安德烈耶维奇问住在他家的德国通讯兵，在不在他家过夜？一个德国兵把地图拿给瓦西里看，然后说："在离这里12公里的新左沃有俄国士兵，在18公里外的波克罗夫斯科耶，也有俄国士兵。"他们收集起自己的装备就向莫斯科相反的方向逃去。

在撤退时法西斯军队烧毁了不少房屋，其中就有红色戈尔基村塔伊罗夫家的房子。一切都烧毁了，一家人只好挨饿。玛丽亚·谢尔盖耶夫娜·塔伊罗娃带着一线希望来到波米诺沃村找玛丽亚·季莫费耶夫娜·普京娜，说："马妮亚，别让我们饿死，女儿已经卧床不起，给一点土豆吧。"玛丽亚·季莫费耶夫娜回答说："我给你土豆，再给你一些面粉。"她从自己仅有的储存中拿了一篮子土豆和一小袋面粉给了塔伊罗娃，救了塔伊罗夫一家，没让他们饿死。

村子解放后开始为前线和胜利工作。男人所剩无几。瓦西里·安德烈耶维奇贡献出自己的力量、知识和经验，凡是需要的地方，如集体农庄的田野上、森林伐木场、修路工地都有他的身影。最常做的就是伐木。他亲历过战争，知道前方战士的辛苦，他没白天没黑夜地工作，累得疲惫不堪。

依据政府令，苏军代表在1941—1942年期间可以没收农民私家牲畜供给进攻部队，同时发给农民相应的补贴。

在没收波米诺沃村的奶牛时采用的结算方法是，部队拿走村里一半的奶牛，另一半留给村民，即"两家一头奶牛"。当时的想法是，得到补偿的农民将与邻里商量分享补偿，两家共用一头奶牛。考虑到没收的奶牛是供给军队，即给被征兵的丈夫和儿子们，这样重新分配牲畜被认为是公正的。

普京家被没收了一头奶牛，得到800卢布的补偿。阿尔谢尼·库拉金家的奶牛留在家用。起初玛丽亚·季莫费耶夫娜提出给邻居400卢布，之后两家共用一头牛，但被拒绝。第二次她提出给邻居800卢布买那头奶牛生的小牛，但又被拒绝。

在不同于和平年代的非常时期，更需要快速行动，摆脱困境。梅列奇基诺村的拉布金家在房子被烧后，牵着奶牛来波米诺沃村亲戚家。家被烧的人保住了牛，而且没被军队征收。但主人没有牧草喂牛过冬，因为拉布金的牧草和房子都被烧了。玛丽亚·季莫费耶夫娜建议用她的牧草喂牛，生了小牛给她。布拉金家同意用自然交换方式以牧草换奶制品和以后的一头小牛。他们两家勉强度过1941—1942年那个寒冷的冬天。后来生了小牛。按照约定小牛给了玛丽亚·季莫费耶夫娜。就这样1942年普京家有了一头奶牛。

在20世纪40年代艰苦的岁月中,玛卢霞中学毕业了,后来父母就把她送到加里宁技校学习,把佩佳送到科兹洛沃半工半读学校。父母对孩子们说是让他们到城里生活:"在村里扶着犁饿死,还要交税。"孩子们的出行证明书需要当地管理部门发放,很难拿到。主要靠个人关系才能拿到。

战后几年只有区管理人员、教师、医生等人挣工资。这些人主要是从不同城市疏散来的专家。集体农庄里不发工资。为了挣一分钱,都需要让孩子们到图尔吉诺沃的集市上去卖东西。主要是以出售家里制作的食品、牛奶和森林野果挣点钱。当时集市位于中心广场的商店旁边。

瓦西里·安德烈耶维奇·普京(原姓巴尔苏科夫)充实地度过了自己劳动和军旅的一生,光荣地经受了生活的考验,于1951年辞世,享年68岁。

玛丽亚·季莫费耶夫娜在集体农庄劳动的同时还在学校里做清洁工挣钱,因为需要帮助女儿和外孙女,帮助儿子。她喜欢坐在旧藤椅上读书。丈夫去世后她一个人承担起家里家外所有的工作。她会编织,绣漂亮的网状花边。天不怕地不怕的玛丽亚·季莫费耶夫娜在很大年纪时仍精力充沛,好动和灵活,令邻居们赞叹不已。60岁她开始学骑自行车,而且学会了。

晚年她离开普京老家,来到科兹洛夫乡女儿家生活。1970年玛丽亚·季莫费耶夫娜去世,享年74岁。

玛丽亚·瓦西里耶夫娜·普京娜（伊万诺娃）

1924年8月1日，瓦西里·安德烈耶维奇和玛丽亚·季莫费菲耶夫娜生了女儿玛丽亚。父亲已经41岁，母亲28岁。

玛丽亚的童年是在家乡度过的。在村里读了初小，后来在乡里七年制学校读书。她学习很好。玛丽亚没机会受到系统教育，但与老师们交往很多的母亲让女儿养成了尊重老师、渴望学习和获得知识的好习惯。女孩读书很多，理想就是当老师。尽管体能有限，姥姥还是用自己顽强的生命力给她作出了磨炼意志和热爱劳动的榜样，教会了外孙女尊重传统，相信人民，敬畏祖先，知道自己的根。

放学后孩子们都帮助家长和亲人们做些家务和做集体农庄的事。叶连娜·库拉科娃是集体农庄养猪场的第一责任人。她的小孙女拉娅经常和同学玛卢霞·普京娜以及丽塔一起到养猪场帮忙。通常是帮助从井里打水，煮猪食。有时候农庄的水桶从压水杆上滑落到井里，为了不耽误时间，就从养猪场拿来另一个桶，以便不耽误喂猪。

渐渐地井里的水桶多了，就会影响打水。叶连娜·库拉科娃就请个男人捞这些水桶。女饲养员们合力把这个男人降到井下，他把井里的水桶一个个递上来，最后女饲养员们再把男人拽上来。女孩子们喜欢在旁边看。

有一次拉娅、玛卢霞和丽塔决定自己去捞掉下去的水桶，以便帮助农庄并得到叶连娜阿姨的感谢和表扬。是玛丽亚·普京娜出的这个主意。她坐到桶里，女友们小心翼翼地把她降到井下。之后拉娅和丽塔不知为什么没有扶着压水杆，结果负重失衡，压水杆杆头一下子就翘起来，玛卢霞坠到冰凉、齐胸深的井水里。养猪场的井很深。玛卢霞又害怕，又生气地向上看女友们，看到高处一小块蓝天和两张小脸……井上面问："有桶吗？"玛卢霞从井底捞了两个桶，等着上边放下压水杆。她迈进水桶里，女孩子们好半天才把她提上来。从此之后孩子们再也不敢做这种创举。井里还有很多个水桶。母亲无论如何也不明白，女儿怎么会在炎热的夏天着凉？

玛丽亚·普京娜考进加里宁工业技校学习，专业是"热力工艺师"。1947年毕业后被分配到克拉斯诺亚尔斯克的"拉科克拉斯卡"工厂。工厂里玛丽亚是轮班师傅，彰显了自己技术专家的特长，是个责任心强、积极活跃的姑娘，被选为工厂团支部书记。州团委发现玛丽亚的工作能力后，派这个23岁的积极分子去阿尔泰州阿金斯科叶乡组织青年工作。

有一次玛丽亚和女友休假回来，在莫斯科至克拉斯诺亚尔斯克的火车上，认识了毕业于辛菲罗波尔防空学校的军官瓦西里·米哈伊洛维奇·伊万诺夫。过了一段时间，偶遇变成了不一般的关系。年轻军官请求玛丽亚嫁给他并得到同意。嫁给军人一直都是不错的选择。玛丽亚·瓦西里耶夫娜放弃了工作，尽管在单位很受器重，还可能有不错的前途。她随丈夫去了远东乌苏里斯克市，在远东铁路乌苏里斯克局交通处上班。

1949年女儿塔季扬娜出生。然而家庭生活不和睦。战后有一些军官认为，战争中的胜利者在日常生活中可以为所欲为。在东正教相互尊重传统熏陶下长大的玛丽亚·瓦西里耶夫娜不理解，也不能接受丈夫酗酒。最后，实在忍受不了丈夫的放纵，她递交了离婚申请。离婚后她放弃了铁路上的工作，销毁了所有与丈夫的合影。1951年玛丽亚·瓦西里耶夫娜带着2岁的女儿回到妈妈身边。玛丽亚·季莫费耶夫娜帮助女儿找到了工作。

玛丽亚·瓦西里耶夫娜在村委会当税务监察员。那些年对她而言在工作和个人生活中都是最艰难困苦的岁月。20世纪50年代初是农民个体税负最重的时期。对当地百姓来说，国家税收制度直接反映在27岁的税务监察员玛丽亚·瓦西里耶夫娜身上。菜园每年都丈量。和丈量员一起总有一个税务监察员，计算每一小块土地。果园里的每一棵苹果树都折算成土地收税。庄员们都哭泣着用斧头砍掉祖辈们栽种的、长满果实的苹果树。农民们把这些切肤之痛都算在玛丽亚·瓦西里耶夫娜身上，激愤的人们把仇恨的目光投向她。

一些恶毒和嫉妒的女人在背地里，甚至在公开场合对玛丽亚·瓦西里耶夫娜说各种脏话，说她不幸的婚姻、女儿没爸爸。常言道，有没有影子的事都凑在一起。玛丽亚·瓦西里耶夫娜觉得自己是被家乡父老所唾弃的人，这段时间她流过多少眼泪……如果诚实地工作，税务监察就是一所沉重的生活大学，可玛丽亚·瓦西里耶夫娜又不会不诚实。

村里人只知道她姓普京。玛丽亚早已经把她所恨的军官从自己的生活中抹去，只剩下把护照上的姓抹去了。玛丽亚开始忙着改回出嫁前的姓，她手里有离婚证书。她向区和州相关部门递交了申请。问题最终在俄罗斯联邦最高委员会主席团得到了解决。

一次堂兄德米特里·伊万诺维奇·沃龙佐夫从列宁格勒回来休假，她向德米特里诉说了自己的苦衷。德米特里明白了她的不幸，仔细听了她的经历后说："这里没有你的生活。"他决定不让玛丽亚·瓦西里耶夫娜继续留在村里。她必须离开，至于离开后怎么样，答案只能留给时间。母亲答应暂时帮助照看留下的外孙女，让女儿先去找工作。堂兄答应通过列宁格勒的关系帮忙。

德·伊·沃龙佐夫帮助找工作和住处。玛丽亚·瓦西里耶夫娜到列宁格勒之后开始了新生活。1956年部长会议颁布了《苏联取消中学高年级、中专和大学收费》的命令。玛丽亚打算实现妈妈的理想——当一名教师。教师是社会上是最受尊重的职业之一，他们收入高，享有许多优惠，时间也相对自由。玛丽亚学会了德语并拿到任德语教师的文凭。在列宁格勒住房紧张，暂时不能把女儿接来。玛丽亚·瓦西里耶夫娜寻找安顿下来的方案，不再回到乡下。

她了解到，加里宁州科诺科夫区科兹洛沃村，距离扎维达沃火车站不远有所学校需要老师，而且提供住处。对于她当时的状况这是个很好的方案：喜爱的工作、可以把女儿接来、离妈妈不远、又远离原来的村子。玛丽亚·瓦西里耶夫娜离开列宁格勒来到科兹洛沃，开始在学校工作。她和女儿住在一起，没有再嫁。她终于在这个小乡村里得到了心灵上的安宁，找到了自己在人海中的位置。有了空闲时间，可以读很多书，收藏了很多书籍。订阅《少先队真理报》并向报社投稿——从德文翻译过来的文章。主要精力放在培养女儿塔季扬娜身上。她处在求知、热爱劳动、追求新事物的氛围中。在20世纪50年代末和60年代初社会氛围的鼓舞下她看到了美好的前景。莫斯科的朋友们帮助她买安德烈·沃兹涅先斯基和那个难忘年代里其他时髦诗人和作家的紧俏书籍。她把自己的能量、知识、经验都传授给学生们，成为最受学生们爱戴的老师之一。女儿在学校优异的学习成绩也让她高兴。

外孙子们出生之后，起初玛丽亚·瓦西里耶夫娜时常到秋明市女儿那里去，退休后就卖掉科兹洛夫的房子彻底搬迁到女儿那里。村里普京祖上的房子一直留着，很久都没舍得卖掉，亲戚们帮助照看着。年龄越来越大，从秋明去一趟加里宁州已经很难。玛丽亚·瓦西里耶夫娜想尽可能长久地守住祖上留下的房子，然而常年无人照看，没人住，不修缮，房子已经摇摇欲坠，只能作出不可避免的决定。1997年祖辈领地上彼得·普京的房子最后还是被卖掉。在250年的俄罗斯历史上这里一直生活着普京家族的人。在这小块俄罗斯土地上诞生了一位俄罗斯总统。

玛丽亚·瓦西里耶夫娜直到去世前仍然耳聪目明，2010年去世，享年86岁，葬于秋明市。

玛丽亚·瓦西里耶夫娜·伊万诺娃
——出嫁前的普京娜老师
20世纪60年代摄于加里宁州科兹洛沃村

年轻医生塔季扬娜·瓦西里
耶夫娜·普利尼科娃
20世纪70年代摄于秋明市

塔季扬娜·瓦西里耶夫娜·普京娜（伊万诺娃·普利尼科娃）

瓦西里·米哈伊洛维奇和玛丽亚·瓦西里耶夫娜于1949年生了女儿塔季扬娜。出生证里填写的姓是伊万诺夫。父母生活在乌苏里斯克，母亲25岁。

玛丽亚·瓦西里耶夫娜离婚后带着2岁的女儿到了母亲那里。塔尼娅在农村度过童年，上了几年小学。妈妈在列宁格勒工作和学习期间她住在姥姥玛丽亚·季莫费耶夫娜那里。20世纪60年代妈妈把女儿带到了科兹洛沃村。在新学校里按照新的出生证明她已经姓普京。寒暑假她就到农村姥姥家。塔尼娅非常爱听姥姥讲革命前的生活，讲普京家族、村子的起源和被遗忘了的民族传统。有一次姥姥让她把回忆的事情都记到本上保存下来，世世代代传承下去。

塔尼娅爱学习，成绩很好，极有天赋，也很努力。她的理想是做一名医生。中学毕业是获奖学生。然后去了梁赞医学院学习，当时米哈伊尔·普京和亚历山大·普京两家都住在梁赞。

塔季扬娜进了医疗系学习。开始住在套房，后来搬到宿舍。毕业后被分配到秋明州，开始在距离秋明市70公里远的亚卢托罗夫斯克市工作。

塔季扬娜嫁给了巴维尔·普利尼科夫，改随丈夫的姓。丈夫是军队医院的外科医生。塔季扬娜·普利尼科娃在医务室做医生。夫妇俩住在秋明。

医生家里生了两个男孩——米哈伊尔和德米特里。两个儿子都随父亲的姓，名字是母亲取的。在给儿子们起名时塔季扬娜·瓦西里耶夫娜没赶时髦，而是想纪念对她生活影响很大的亲人。为了表示对普京家族的敬畏，特别是敬重亲戚们，给大儿子起了舅舅米哈伊尔·亚历山德罗维奇·普京（尼古拉的分支）的名字，给小儿子起了舅舅德米特里·伊万诺维奇·沃龙佐夫（伊万的分支）的名字。在淳朴的乡村传统滋养下，普京后代留在了秋明市工作。

彼得·瓦西里耶维奇·普京

1927年玛丽亚·季莫费耶夫娜和瓦西里·安德烈耶维奇家里生了个儿子，为了纪念曾祖父彼得·普罗霍罗维奇，起名叫彼得。大女儿玛卢霞当时3岁。

彼得在村里上了初小和七年制学校。战争年代小学毕业后去了科兹洛夫镇的厂办学校半工半读，以优异的成绩毕业后被派到莫斯科动力学院工作。

学院里完成的不是批量订单，每个订单都是单独的，需要用特殊的方法去完成，要求知道很多材料、工艺和设备。这是技术工种的最高学府。小伙子很快就融入了这个集体，得到了尊重并开始与许多其他人一样工作。到了20世纪50年代中期他已经成为多行业的专家，懂机械、电子技术、材料、发动机、仪器等许多东西。大家都说他是多面手。

休假时他就回家帮妈妈做事，休息一下。他是个钓鱼能手。从不拒绝帮助村民修理东西，顺便到瘸腿的丘尔萨诺夫家帮助米哈伊洛娃出主意，做点事，聊聊天。有时什么设备修不好，农庄的机械师们就会说："等等，彼得·普京马上就回来，他会修好的。"在技术方面彼得是个绝对权威，动手能力强，而且从不闲着。他甚至在家乡也配备了钳工台，运来工具完成各种工作。

20世纪50年代中期苏共中央总书记赫鲁晓夫号召苏联青年去偏远地区开垦处女地。处女地上新建的集体农庄需要有实际操作经验的技术专家帮助使用和维修：农机、电力设备、通讯设备等各种机械。1957年彼得·瓦西里耶维奇到哈萨克斯坦参加开垦处女地。30岁的彼得在哈萨克斯坦科克切塔夫市郊外的"五月"国营农场工作。在处女地上除了担任跨专业技术专家外，在特殊或故障情况下彼得还具有丰富的组织经验和处理能力，常常被派到苏联各加盟共和国偏远的能源建设项目工地去出差。他总是很好地完成这些任务。一次出去度假，他发现俄罗斯中部电力供应处于无人关注的状态：距离莫斯科150公里的乡村每户用电不能多于两个15瓦的灯泡。人们一般都把灯泡设在厨房和养牲畜的院子里。他认为，国家历史上的中心地区处于这种困境，原因是缺乏俄罗斯联邦共产党的领导。当时所有苏联加盟共和国都有各自的共产党及其中央委员会这种政治领导机构，它们在苏联最高层代表自己加盟共和国人民的利益。只有俄罗斯联邦及其百姓在国家最高层没有代表其利益的政治力量。

彼得·瓦西里耶维奇娶了热情的女人瓦莲京娜为妻。他们彼此相爱，生活幸福。一家之主按当时情况挣钱很多，有条件建私人住宅。然而挣钱多，出差费用也多。彼得与妻子家的亲戚相处非常好。与搞建筑的小舅子尼古拉关系特别好。

20世纪60年代初苏联在社会主义阵营国家援建大型工厂，

就像当时官方文件所宣称，建设社会主义工业基础。后来这些企业真的都成为那些国家的工业基础。到了必须发展电力的时候，其中包括架设电线。彼得·普京多次以全能专家的身份被派到能源建设工地上提供国际主义援助。他把自己的知识和经验贡献给波兰、捷克斯洛伐克、罗马尼亚和保加利亚的工业化建设项目。

1964年瓦莲京娜生了儿子安德烈。安德烈在温暖的家庭环境和父母的疼爱中成长。

20世纪70年代初小舅子尼古拉发生了不幸的事。他从建设工地的四层楼坠下来。虽然没死，但伤势很重，被送到斯克利福索夫斯基急救研究所。他好几天处于生死边缘上，有时觉得已经不可能生还。亲人们一直守候在尼古拉床前，他的好友彼得·普京也在场。

在最危险的一刻，尼古拉似乎感到死神即将到来，决定把彼得·瓦西里耶维奇儿子的情况告诉姐夫，这是彼得不知道的事。濒临死亡之际他告诉好友彼得，自己的姐姐有一个可怕的秘密。他详细地讲述了姐姐的情人以及瓦莲京娜生的孩子不是自己丈夫的。就这样，彼得·瓦西里耶维奇知道了自己不是安德烈的父亲。

彼得·瓦西里耶维奇不能把这个消息总憋在肚子里，于是对妻子说了出来。两人的对话紧张、困难，变成了丑闻。彼得·瓦西里耶维奇知道了自己虽然身体健壮，但患有不育症，不能有自己的孩子。这对他是个沉重的打击。他明白，养育的不是亲儿子，可自己又注定没有儿子。秘密被揭开并没影响他与儿子的关系，他喜欢安德烈，不会做出伤害他的事。瓦莲京娜被迫承认了所发生的一切，说她这样做的动机是好的。

斯克利福索夫斯基急救研究所天才的外科医生们和其他医护人员把尼古拉从死亡线上拉了回来。他活了下来，康复后感觉不错。后来让大家都感到惊奇的是尼古拉和彼得一直保持着友好的关系。

彼得和瓦莲京娜夫妇讨论了形成的局面后决定保持现状。儿子在成长，他们尽心尽责地养育着安德烈。他们一起又生活了几年，然而家里出现的紧张状况仍无法平息。家庭幸福无保障，而且外部压力很大。表面上看不出来，给人的感觉他们是20世纪70年代初物质上有保障、很成功的莫斯科家庭。工作和家庭生活状况都没有改变。彼得·瓦西里耶维奇根据工作需要常常往返于国内的建筑工地和出国援建之间，很长时间不在家。在保加利亚首都索菲亚的青年和学生联欢节上，彼得·瓦西里耶维奇是广播委员会服务组的成员，负责通信工作。他爱上了这项工作，感觉这里需要自己，甚至在某些方面离不开自己。

与此同时，老情人旧情复燃，又开始频繁与瓦莲京娜联系，找机会幽会。彼得·瓦西里耶维奇又一次出差时，情夫与瓦莲京娜约好分别于同一个时间去同一个地方休假。这次浪漫之行是事先约好的。情人与自己妻子关系不好，家里有两个孩子。他对瓦莲京娜的感情是发自内心的。主要原因是妻子不能满足他，再就是人们常说的，"野花更香"。海边沙滩上他们交流着自己的感受，谈论着未来的出路。他决定与妻子分手。

很快他就正式离婚了。瓦莲京娜把他迎进她和丈夫的家。她把彼得·瓦西里耶维奇个人的东西收集起来，装到箱子里，放到楼道门槛旁边。出差回来后一开门,彼得·瓦西里耶维奇一下子就明白了。多年来一直没说出口的怀疑都被在家门槛旁放着的箱子证实。残酷的事实。一个成年人落得无家可归,净身出户,还要担负起赡养义务。这一悲剧重重地压垮了彼得·瓦西里耶维奇的身体,缩短了他的寿命。

彼得·普京像亲生父亲一样喜欢儿子,把安德烈当作亲生儿子。他支付赡养费,在各方面帮助他,定期与他见面。安德烈对彼得·瓦西里耶维奇也像对待亲生父亲。他没有接受母亲第二个丈夫的姓,仍然姓普京。

瓦莲京娜开始与新丈夫幸福地生活,无忧无虑。一段时间内新家庭没有任何阴影。突然新丈夫决定离开瓦莲京娜,回到原来妻子身边。他与瓦莲京娜没再生孩子,对她没有物质义务。他对亲生儿子没有任何感情,小伙子对他就像是外人。他

彼得·瓦西里耶维奇·普京
摄于20世纪80年代

很快按照自己的决定离开了瓦莲京娜。用他人的痛苦是建立不起自己幸福的。他回到了第一个妻子身边。我们不明白，是什么风从这类人的头脑里刮过。

彼得·瓦西里耶维奇在建筑工地上认识了一位女人。他俩相处了几年，相互理解，就住到了一起。夏天他们一起回老家。彼得·瓦西里耶维奇退休前是无线电委员会自动化基地的高级机械师。

彼得·普京于1992年去世，享年65岁。普京家族的人都天生长寿，只是家庭生活状况缩短了他的寿命。

第五章　第五代

高祖（四世祖）彼得·普罗霍罗维奇

1824年，普罗霍尔·伊万诺维奇和帕拉斯科娃·季诺维耶夫娜家生了一个小男孩，起名彼得。父母当时22岁。彼得和父母生活在位于祖先世代相传的一片土地上的房子里。他和亲近的人们在图尔吉诺沃村活动，包括去波克罗夫教堂忏悔。

1844年，彼得年满20岁，娶了同龄的马特廖娜·雅科夫列夫娜为妻。有关4个孩子的资料保留了下来：伊万生于1846年，尼古拉生于1848年，安娜生于1855年，季莫费生于1859年。

当彼得·普罗霍罗维奇和马特廖娜·雅科夫列夫娜年满37岁的时候（这时他们已有了4个孩子），俄罗斯历史上一个极其重要的事件发生了：在四月斋前最后一个星期日，在克里姆林宫圣母升天大教堂颁布了由亚历山大二世签署的《废除农奴制诏书》。农民从来不承认地主对土地的拥有权是合法的。在农奴制时期，他们对地主们说："我们是你们的，但土地是我们的。"剥夺人民的土地一向是滋生不满和起义的土壤。颁布诏书的同时，还颁发了17项法令。其中主要的法令是《关于从农奴制下从属地位中摆脱出来的农民总则》。农民获得了对不动产（房舍，生产设施）和动产（财产等等）的所有权，充分的公民权和须经选举的自治。责成地主向农民提供可耕份地，大小面积也作了规定。农民获得赎回份地的权利,赎回后便成为份地的所有者。

在俄罗斯生活发生变革的那些年,彼得·普罗霍罗维奇成为一个大东家。农民明白了,变革给他们带来了机会。但是,没有文化,实在影响他们实现随机而来的种种可能。于是,八仙过海,各显神通。一时,对教师的需求数量剧增,农民对教育的需要引发了一种社会现象,被冠以"到民间去"。次子尼古拉在军队服役期间学了文化,日后这为家里帮了大忙。

谈起彼得·普罗霍罗维奇,都说他是一个正儿八经的农民,是一个言而有信、客客气气的人。根据几代老人的回忆,他常常被描绘成天生一头黑发。在普京家族里,他是最被经常忆及的祖先之一。他奠定了家族三支的基础。彼得·普罗霍罗维奇给两个儿子伊万和尼古拉划分了独立的资产,并帮他们建筑了自己的房舍。每当回忆起祖父彼得,孙辈们言语和表情中总是满带特殊的敬意。

彼得·普罗霍罗维奇和马特廖娜·雅科夫列夫娜卒于19世纪80年代。他们下葬在图尔吉诺沃村一座乡村公墓里。19世纪30年代,这座公墓被夷为平地。

瓦西里·普罗霍罗维奇分支

瓦西里·普罗霍罗维奇

1827年，普罗霍尔·伊万诺维奇和帕拉斯克娃·季诺维也夫娜家里生了一个男孩。他们给儿子起名叫瓦西里。那年，他们刚满26岁。瓦西里度过了农家孩子平平常常的童年与少年。1848年，他19岁，娶了同岁的马尔法·安德烈耶夫娜为妻。有关4个孩子的资料保留了下来：安德烈生于1849年，费奥多尔生于1858年，童年夭折，阿克西尼娅生于1864年，伊万生于1865年。

瓦西里·普罗霍罗维奇的儿孙们

安德烈·瓦西里耶维奇及其一支

1849年，瓦西里·普罗霍罗维奇和马尔法·安德烈耶夫娜家生了一个男孩子，他们给他起名安德烈。那年，他们21岁。后来，安德烈·瓦西里耶维奇娶了一个生于1850年的姑娘为妻，这个姑娘名叫希奥尼娅，这样的名字现在罕见。

希奥尼娅是从希腊语翻译过来的，意为白雪。过去，在东正教家庭里，女孩叫这个名字很普遍。这是对阿加皮娅、伊琳娜和希奥尼娅三位古希腊萨罗尼卡殉教圣女之一表达一种敬意。在那个年代，这三个名字广为流传，与薇拉（俄语意为：信仰）、娜杰日达（俄语意为：希望）和柳博芙（俄语意为：爱情）三姐妹的名气不相上下。

安德烈·瓦西里耶维奇和希奥尼娅·帕夫洛夫娜一家务农。她们4个孩子的资料保留了下来：伊万生于1879年，阿纳斯塔西娅生于1880年，费奥多尔生于19世纪80年代，玛丽亚生于1892年，幼时夭折。

安德烈·瓦西里耶维奇和希奥尼娅·帕夫洛夫娜主要生活在乡村。随着外出打工之风日益盛行，他们对外出打工的条件越来越关注。大儿子和大女儿长大了，村子里的居民越来越多，而多余的耕地又没有。这些情况客观上促使他们考虑把已经成年的子女送到城里找工作。19世纪90年代，夫妇俩与前往彼得堡找工作的儿子伊万和女儿阿纳斯塔西娅依依惜别，对他俩千般嘱咐，万般祝福。送走了长子长女，夫妇俩和小儿子费奥多尔留在了乡村。

伊万·安德烈耶维奇

1879年，安德烈·瓦西里耶维奇和希奥尼娅·帕夫洛夫娜家生了一个小男孩，起名叫伊万。为父为母，才21岁。

19世纪90年代，父母把伊万送到彼得堡当学徒。伊万在一个木匠那里学会了细木工手艺。他掌握了必要的木工手法，达到了高超的技能水平。积累了足够的经验后，他开始转为专做贵重木材木工活，包括红木制品。能获得人们信任，尤其做贵重木材木工活的师傅寥若晨星。红木家具价格昂贵，定制红木家具的往往是非常有钱的人。伊万·安德烈耶维奇住在莫伊卡河沿岸街32号3单元。他带上自己和妹妹挣的钱，回到乡下，帮父母盖房子。不久，一幢新房拔地而起，一时成为村里最大的房舍之一。

20世纪20—30年代，伊万·安德烈耶维奇回乡时，一般呆的时间都不长。在列宁格勒，他凭自己的一技之长工作。卫国战争爆发时，他年满62岁。伊万·安德烈耶维奇·普京没有撤退，而是留在原地生活。如同所有列宁格勒居民一样，他没有想到，有那么一天，列宁格勒会遭到围困。然而，实际发生的情况更为糟糕：围困、饥饿和枪林弹雨。

1942年，伊万·安德烈耶维奇·普京逝世。有关他去世的情况不详。就像许多在那些悲惨的日子里死于饥饿和法西斯枪弹下的人们一样，他的葬身之处都不知下落。有关他孩子们的情况，更是无人知晓。

阿纳斯塔西娅·安德烈耶夫娜

19世纪80年代，安德烈·瓦西里耶维奇和希奥尼娅·帕夫洛夫娜家生了一个女孩，起名阿纳斯塔西娅。

阿纳斯塔西娅，小名叫纳斯佳，儿时受到乡村东正教的教育。20年代初，在她16岁那年，父母千叮咛万嘱咐，把她送到彼得堡一户好人家帮助看孩子和做家务，也就是做保姆和女仆。她在那个人家落了户，住处离哥哥做工的地点不远，于是既能获得哥哥的保护，又要受到哥哥的监督。她将自己部分薪酬交给哥哥带回乡下为父母盖新房。

阿纳斯塔西娅与女主人相处融洽，关系非常好。主仆之间逐渐形成了彼此信任、相互尊重的良好关系。正因为彼此信赖，这使得阿纳斯塔西娅与她的东家患难与共，一起熬过了那艰难困苦的年月。当饥饿降临彼得堡这座革命城市的时候，东家并没有借口她多余或家里多添了一张嘴而解雇她或把她赶回农村去。据亲戚们讲，正因为感恩于此，当放荡不羁的海陆丘八们闯进家里时，她就像一个乡下的农妇似的，以自己某种方式，解救了东家全家。战乱之后，她一直生活在她干活的东家。对她来讲，这一家人已经成为亲人。阿纳斯塔西娅一生没有嫁人，也没有孩子，和哥哥倒是保持联系，但乡下再没有回去过。

战争爆发时，她年满60岁。她没从列宁格勒撤退，从围困开始一直熬到结束。战后，20世纪40年代末，她去世了。

费奥多尔·安德烈耶维奇及其子孙

19世纪80年代，安德烈·瓦西里耶维奇和希奥尼娅·帕夫洛夫娜家生了一个男孩，取名费奥多尔。这个男孩受到乡村东正教教育。20世纪初，他娶了卡利斯托沃村的姑娘叶卡捷琳娜为妻，卡利斯托沃离波米诺沃村也就7公里。叶卡捷琳娜·瓦西里耶夫娜出嫁后，作为小儿媳妇，与丈夫和公婆住在同一幢房子里。费奥多尔·安德烈耶维奇和叶卡捷琳娜·瓦西里耶夫娜生育了4个孩子：亚历山大生于1918年，尼娜生于1920年，弗拉基米尔生于1923年，安东宁娜生于1925年。

费奥多尔·安德烈耶维奇被认为是一个出色的建筑师和木匠。他性格暴躁，性情严厉，说话毫不客气。他受雇于一个不大的包工队，从事生产设施建设，也为居民盖房子，修院子，搭草棚，建浴室。哥哥和姐姐在彼得堡工作，在他们的帮助下，费奥多尔·安德烈耶维奇建了一幢六面窗户临街五面外墙的大房子。

20世纪30年代，集体农庄的工作唤不起农民的热情。他们清楚地知道，他们失去了什么。费奥多尔·安德烈耶维奇通过哥哥伊万·安德烈耶维奇寻求为儿子亚历山大安排强于穷苦的集体农庄命运的好日子。

1940年，费奥多尔·安德烈耶维奇和叶卡捷琳娜·瓦西里耶夫娜送别大儿子亚历山大并为他祝福。亚历山大前往列宁格勒城外一个名为复兴的小镇工作。这座小镇原是芬兰一个贵族的庄园，名叫卡万特萨利。

战争期间，费奥多尔·安德烈耶维奇作为一个上了年纪的人，又是为数不多的未被征召入伍的男人之一，到处为前线工作，哪里需要，集体农庄的领导就把他派往哪里。

战后，和平生活开始了，整个地区要干的活很多。费奥多尔·安德烈耶维奇重操木匠生涯。小儿子学会了电工，独立自主工作。有时会出现这种情况，父与子在同一个工地上工作。有一天，天气不好，弗拉基米尔不知何故感冒了，病了，耳朵剧痛。晚上，他一如平常，和父亲一起把必不可少的工具和东西归置到工具箱里。早晨，叶卡捷琳娜·瓦西里耶夫娜做好了早饭，并把父子俩中饭吃的食品包成一包，放进他们的工具箱。病中的弗拉基米尔艰难地从床上起来。他请父亲代他向领导请一天假，他要卧床好好休息休息。他们负责的工程项目面临急活，而很多活还得靠他这个儿子。正如那时人们所说，父亲是个工作狂。他顿时火冒三丈，强迫儿子收拾一下，马上跟他一起去上工。一天下来，活是干完了。晚上，一回到家，弗拉基米尔自己感觉病情加重。他感到浑身虚弱，上床躺下。叶卡捷琳娜·瓦西里耶夫娜守在他床边寸步不离。过了一会儿，弗拉基米尔死了。他才25岁。医生的诊断是：脑膜炎。

1948年，费奥多尔·安德烈耶维奇和叶卡捷琳娜·瓦西里耶夫娜一家突然失去了自己的希望和晚年的支柱。带着两个孩子的大女儿尼娜和尚未出嫁的小女儿托尼娅，与父母生活在一起。

儿子死后几个月，1949年8月，费奥多尔·安德烈耶维奇因悲痛过度去世。家里家外干活的男劳力完全没有了。叶卡捷琳娜·瓦西里耶夫娜独自承担起家里家外的活，并坚持到集体农庄工作。丈夫去世后，叶卡捷琳娜·瓦西里耶夫娜又活了20多年。她于1975年去世。她去世后，费奥多尔·安德烈耶维奇的房子卖给了邻村，木结构的整幢房子被拆并被装车运走了。

亚历山大·费奥多罗维奇

1918年，费奥多尔·安德烈耶维奇和叶卡捷琳娜·瓦西里耶夫娜家生了一个男孩，起名亚历山大。他受到了乡村教育。他在波米诺沃村初级学校上过学，在图尔吉诺沃村七年级学校也学习过。亚历山大从少年时代就向往进城找一份有前景的工作。但是，伯父伊万·安德烈耶维奇劝他放弃这个想法，对他说，找工作和干活不是那么简单，居住问题很多，食物又很缺乏。伯父建议，一开始最好学一门呼声很强的专业手艺，当时技术性强的手艺是热门。

在1939和1940那两年，苏芬战争把很多人吓坏了。怕的主要不是列宁格勒城下严冬战争本身，而是一场规模很大的残酷

第一部分　家　谱　　第五章　第五代

大战将不可避免。红军遭受了巨大损失，迫使芬军节节后退。由于采取了一系列军事行动，苏联国界实现了极其重要的由列宁格勒向外推移。大片原属芬兰的领土并入了列宁格勒州。原住居民随着芬军撤退到新国境线芬兰那一边。留下来的是无人居住的房屋，无人经营的生产设施，空旷的田野和渺无人迹的道路。这片领土面临重新移民和重新组织生产活动。

亚历山大·费奥多罗维奇在技校汽车机械专业毕业后，被分配到复兴镇"卡万特萨利"国营农场，开发新边疆。芬兰的卡万特萨利庄园就这样改名了。在芬兰驻苏联大使原来庄园的领地上组建了国营农场。命运对一个驻在国大使的财产进行了如此的戏弄。在新移民面前摆着一项任务：组织生产，安排生活。由列宁格勒到新定国界，中间应该有一个居住生产两不误的缓冲区。于是，新来的移民便在原芬兰业主及其工人们的房舍里安营扎寨，在他们留下来的作坊里开工。亚·费·普京在国营农场工作了将近一年，直到伟大的卫国战争爆发。

在这里，他认识了来自四面八方的专家们，其中包括一个名叫薇拉·切尔诺娃的姑娘。她父亲是一个传教士，被镇压枪毙了。战前，她在列宁格勒"十月"纺织厂工作。

战争一爆发，亚·费·普京应召入伍，被派到前线白俄罗斯。从1941年6月22日到1942年4月6日，他作为机械师在西部战线服役。在红军撤退的情况下，他所在部队所属的师陷入重围。但他所在的这支部队奇迹般地成功突围，而没有陷入被俘虏的境地。

部队改编后，亚历山大·费奥多罗维奇被派到列宁格勒附近。从1942年4月6日开始，他就在沃尔霍夫战线服役，多次参加战斗。随后，他又被派往斯大林格勒。但途中他病了，患上伤寒。于是，他从军列上被抬了下来，送往医院。

痊愈后，他因有一技专长，被派去押运军车，也就是根据二战时美国将物资租借予各盟国的法案，将军车由美国经伊朗各海港源源不断地运往苏联。亚·费·普京总是能如期将货物押运到指定地点，从没有因自己的失误对车辆造成任何损坏。亚历山大·费奥多罗维奇在伊朗迎来了胜利。复员后，他回到父母身边，生龙活虎，身体完好无损。他本来期望，国家哪怕仅仅是出于对战胜法西斯的表彰，在内政方面能对农民政策有所改变。在农村生活了一段时间以后，他确信，政策不会有什么变化，在农村没法正常生活。集体农庄庄员辛勤劳作，但不给你发钱，而各种税额却不合实际地不断提高，在生之养之的土地上劳作的农民，甚至连饭都吃不饱。几个月后，亚历山大·费奥多罗维奇前往列宁格勒城外复兴小镇，重操战前旧业。

战争期间，国家顾不上料理原属芬兰的领土。战争结束后，这种可能性出现了，而且这片土地也必须要好好打理了。实行国家招工补充规定，派遣了一批又一批的人员，主要是年轻的转业军人和来自城乡的年轻姑娘。亚历山大找到了与自己专长对口的工作。

战争爆发后，薇拉·切尔诺娃离开国营农场，前往列宁格勒投奔姐姐。1942年，两姐妹疏散撤退到伊万诺沃州。战争结束后，作为被镇压枪毙了的传教士的女儿，她们想回列宁格勒是不可能的，不给她们登记落户。因此，在开发边境地区的大潮下，根据专门人才特招的原则，薇拉在1945年回到国营农场。就在这里，经过4年的分离，她与亚历山大重逢了。相互的好感与日俱增，几个月后，两个年轻人喜结连理。他们在原来一个芬兰的田庄安下了家。第二年，这个新婚之家生了一个男孩，取名萨沙。

"卡万特萨利"国营农场改名为"复兴"农场，跟小镇的名称一样。亚·费·普京被任命为国营农场的总工程师。在他领导下，工人们和学员们掌握了农业生产技术。几年后，亚历山大·费奥多罗维奇因受过中等技术教育，被派到切利亚宾斯克农业机械化和电气化学院接受两年速成教育。在那个年代，具有实践经验的经济部门工作人员和经过战争洗礼的复员老兵往往会被派去提高技术水平，或根据各自所长安排接受高等技术教育。

军车司机
亚·费·普京
摄于1945年5月

亚·费·普京在齐斯—5汽车旁
摄于20世纪40年代末

20世纪50年代，他夫人薇拉·尼古拉耶夫娜·普京娜被任命为国营农场总会计师。

当时，"复兴"国营农场的场长是格里戈里·阿法纳西耶维奇·扎戈尔内。他是农场备受尊敬的领导之一，但不久被调到列宁格勒州机关。

亚历山大·亚历山德罗维奇

1947年，亚历山大·费奥多罗维奇和薇拉·尼古拉耶夫娜家生了一个男孩。年轻的父母给儿子起名亚历山大。他毕业于列宁格勒铁路中等专科技术学校。

从1970年到1992年22年期间，亚历山大一直在列宁格勒州信息计算中心工作。他娶了瓦莲京娜·米哈伊洛夫娜·加里宁娜。她在农业中等技术学校毕业后，被分配去工作的单位恰是这个计算中心。1973年，女儿伊琳娜在这个新组建的家庭出生了。1980年，又生了一个女儿塔季扬娜。20世纪90年代，亚历山大·亚历山德罗维奇·普京在一家制药企业工作。瓦莲京娜·米哈伊洛夫娜·普京娜当会计师。大女儿从亚·伊·赫尔岑师范学院毕业后，在瓦加诺娃俄罗斯芭蕾舞专科大学担任数学主任教师。小女儿从综合技术学院毕业后，在"柯德克斯"企业工作。

尼娜·费奥多罗夫娜

1920年，费奥多尔·安德烈耶维奇和叶卡捷琳娜·瓦西里耶夫娜家生了一个女儿，起名尼娜。她在农村长大。

20世纪30年代末，处于豆蔻年华的尼娜爱上了小伙子维

第一部分　家　谱　第五章　第五代

克托·伊夫列夫。他们经常约会，相恋很长时间。尼娜生了一个男孩，起名鲁道夫，姓则随自己：普京。不久，维克托·伊夫列夫向尼娜正式求婚。她答应了。结婚前，维克托和尼娜商定：婚后暂时住在女方父母家。随后，这对新人组建的家庭出现了一个情况，跟姑妈玛丽亚·季莫费耶夫娜·普京娜20年前出嫁时的情形类似，姑妈把瓦西里·安德烈耶维奇·巴尔苏科夫招进家，让她随了自己娘家姓。他们毗邻而居，住在各自的房子里。他们之间，亲情融融，每天见面，彼此支持，互相帮助，一起解决许多日常生活中遇到的大事小情。在他们这个大家庭里，玛丽亚·季莫费耶夫娜·普京娜和费奥多尔·安德烈耶维奇·普京享有极大威望。婚前交谈中，出现了一个话题，焦点是尼娜出嫁后姓什么。姑妈认为，新娘别无选择，新郎必须改姓，她明确表达了自己的意见。尼娜也认为新郎改姓是正确的。大家庭意见一致，作出了一个理由充足的决定：作为丈夫，结婚后住进妻子普京娜和儿子普京房子里，理应放弃自己原来的伊夫列夫姓氏，而改姓普京。一家人应当继续一起生活下去，并生养以普京为姓的后代。

　　但是，准新郎和他的父母则持另一种意见。准新郎断然拒绝改姓。他认为，住在妻子家里是暂时的，他希望离开乡村，能独立自主解决自己小家庭的住房问题。他认为，他家里所有成员应当随他姓，即姓伊夫列夫。此外，他认生出来的男孩是自己的儿子，郑重其事地提出要收养他，但必须将出生证明的姓名鲁道夫·普京改成鲁道夫·伊夫列夫。

　　尼娜家里，特别是父母费奥多尔·安德烈耶维奇和叶卡捷琳娜·瓦西里耶夫娜，对准新郎的话半信半疑。登记结婚前，

"复兴"国营农场总会计师薇·尼·普京娜正在
接收米哈伊洛夫分部统计员库兹明娜递交的决算报表
20世纪50年代林山城地区《红星报》刊登的照片

20世纪50年代"复兴"国营农场领导合影
第一排右起第一：总会计师薇·尼·普京娜
第二排右起第一：总工程师亚·费·普京，
第二人是格·阿·扎戈尔内

第一部分　家　谱　第五章　第五代

维克托·伊夫列夫没能作为一家之主根据法律把儿子收归名下。登记结婚后他能否兑现自己的承诺，谁也不知道。结果很有可能是这样：年轻夫妻姓伊夫列夫，而小男孩则带着普京的姓氏长大。

因此，尼娜确信，她在户籍登记处办理登记手续时，应当坚持保留自己出嫁前的姓——普京。她就是这样做的。在结婚证明书上，她依然保留着原来的姓。过了一段时间，丈夫履行承诺，正式认了儿子鲁道夫。出生证明上，新生儿一栏改为新姓伊夫列夫，而母亲一栏则保留着与生俱来的姓氏普京娜。

维克托·伊夫列夫和尼娜·普京娜家生的第二个孩子是女儿利季娅·伊夫列娃。

1941年，维克托·伊夫列夫应召入伍，奔赴前线。维克托将妻子和两个孩子留在家里，前去保卫祖国。他牺牲在前线。据一位来到村里的目击者说，在一次进攻中法西斯飞行员用飞机上的机枪击中了他。

尼娜带着两个孩子回到父母身边，住进父母的房子里。她修完了会计专业课程。她和母亲生活在一起，一直在区邮政局工作，做邮政事务办事员。1972年，尼娜·费奥多罗夫娜·普京娜辞世，享年52岁。

弗拉基米尔·费奥多罗维奇

1923年，费奥多尔·安德烈耶维奇和叶卡捷琳娜·瓦西里耶夫娜家生了一个男孩，他们给儿子起名弗拉基米尔。

1941年，弗拉基米尔年满18岁。因为天生斜视，他没有被征召入伍。战后，弗拉基米尔长得膀大腰圆，成为父亲农活方面不可替代的帮手。父亲是一个精明强干的庄稼汉,从弗拉基米尔小时候就教他学干自己从事的活计,并经常带他去单打独干。弗拉基米尔满怀兴趣参与父亲的事务。这能使他感到自己是一个人们需要的人,一个有用的人,一个受人尊敬的人。

中学毕业后,弗拉基米尔学习了电气专业。他开始独立工作。战后一些年,区中心经常来一些大城市企业和建筑工地的代表,他们的任务是招募员工。弗拉基米尔以哥哥为榜样,想进城或去建筑工地找一份有前途的工作。招工人员开列了很好的条件。斜视成为他实现理想不可克服的障碍。

1948年,他25岁时,一场悲惨的意外夺去了他年轻的生命。弗拉基米尔没来得及结婚,身后没有留下子嗣。

安东宁娜·费奥多罗夫娜

1925年,费奥多尔·安德烈耶维奇和叶卡捷琳娜·瓦西里耶夫娜家生了个女孩,他们给女儿起名安东宁娜。

战后,安东宁娜嫁给了邻村的瓦连京·尼古拉耶维奇·奇斯佳科夫。她一直在区医院工作。养育了两个女儿——薇拉和纳塔利娅,她们生活在彼得堡。

伊万·瓦西里耶维奇及其分支

1865年,瓦西里·普罗霍罗维奇和马尔法·安德烈耶夫娜家生了个男孩。他们给儿子起名伊万。那一年,夫妇俩37岁。

伊万·瓦西里耶维奇婚晚,28岁才结婚。新娘安娜·雅科夫列夫娜·诺沃日洛娃比新郎小1岁。1893年8月18日,在图尔吉诺沃村的波克罗夫教堂举行婚礼。

19世纪下半叶,普京家族与波格列诺沃村的诺沃日洛夫家族两次结亲。最初,这个情况可能显得很奇怪。两大家的财产状况可谓有天壤之别。普京家不过是普普通通的中等收入家庭,诺沃日洛夫家则是富裕大户,在特维尔和彼得堡均有大生意。按传统,一般都讲门当户对,收入水平差不多的人家才彼此攀亲家。然而,在普京家族和诺沃日洛夫家族之间就有了两起例外。

双方的亲属是这样解释的:普京家族的小伙子在各个方面教养良好:勤劳,节俭,好学,办事诚实,居家正派。女方家认定他们是有前途的女婿,能保证自己女儿拥有幸福的未来。他们不反对年轻人相识和随之而来的一起游玩。这对普京家族来说很光彩。正如那时人们所说,诺沃日洛夫家族"不嫌弃将自己的姑娘们嫁给普京家"。诺沃日洛夫家族里生的基本都是女孩。她们能否嫁给适当的小伙子,一直都是父母经常挂心的事。

结婚后,伊万·瓦西里耶维奇和安娜·雅科夫列夫娜离开农村,前往特维尔。岳父及其儿子们将新女婿带入诺沃日洛夫家族的生意圈,包括大众饮食。伊万·瓦西里耶维奇开始潜心研究烹饪行业的整体运作及其具体精微之处。不久,他有了一个帮手——13岁的侄子斯皮里东。他们安排这男孩子跟一个大厨学艺。斯皮里东聪明伶俐,很快就学会了做各种各样的菜肴。

伊万·瓦西里耶维奇回到乡下,讲起自己的工作和小家,父母脸上乐开了花,心里为自己儿子感到高兴。他们心满意足的是,儿子的生活很顺利很成功,前程美好很有希望。1895

年，年轻夫妇生了一个男孩，他们给他起名米哈伊尔。

在伊万·瓦西里耶维奇和诺沃日洛夫一家之间形成了良好的彼此信任的关系。他开了家小餐馆，服务非常到位。小家庭获得了殷实的收入，也获得了对未来充分的信心。由于家里在彼得堡有这样那样的关系，这使得他们非常了解都城里发生的各种各样事件和生意行情。为了生意上的事，诺沃日洛夫父子和伊·瓦·普京定期前往彼得堡。20世纪初，家安置好了，事业发展了，孩子也生了，前景展现出圆满平安。在动荡的1917年，伊万·瓦西里耶维奇年满52岁。

在那个时期的动乱中，突然有一天，有个人转告他在乡下的父母，说他用枪自杀了，而有关他老婆孩子的情况一无所知。亲人们没有一个相信这个消息是真的。在普京家族所有已知的历代中，没有任何一人自杀。这是漠视生命和上帝的最大罪孽之一。自杀者，不得在教堂举行葬仪，不得在公墓下葬。真实情况多半是，在1917年那无法无天、刑事犯罪猖獗的年头，伊万·瓦西里耶维奇和安娜·雅科夫列夫娜被当作富豪和剥削者被枪毙了。孩子们被赶出家门，流落街头，然后就失去踪影，杳无音信。杀人者则放风，说伊万·瓦西里耶维奇自己用枪自杀了。

革命，就是暴动。革命政权机构中夹杂了一些非常粗暴、愚笨、没文化的士兵和水兵，混进了刚从监狱和流放地释放出来的刑事犯。这些刑事犯是根据临时政府革命大赦指令释放的。他们带着自己特有的阶级嗅觉和革命意识登堂入室。他们体会到权力的魅力，及时行乐……根据历史学家提供的资料，在那个年代，被枪毙者的名单就是由未经侦查也未经审判而

第一部分　家　谱　第五章　第五代

汇集的履历表凑出来的。有时候，连个名单都没有。有没有抬手向孩子们开枪，失去双亲的孩子逃往何处，没人感兴趣。列·潘捷列耶夫和格·别雷合著的《流浪儿共和国》一书引人入胜，讲述的是20世纪20年代如何消除流浪儿现象，使人可以想象流浪儿的命运是怎样形成的。

伊万·瓦西里耶维奇和安娜·雅科夫列夫娜的儿子米哈伊尔·伊万诺维奇成功地避开了革命镇压。他活下来了，他一生经历流传至今。1917年他年满22岁。

真相，只有堂弟伊万·彼得罗维奇知道，他是从亲戚口中获悉的。如此推测的根据是他积极为儿子和孙子改姓。

在这方面，他效法米哈伊尔·伊万诺维奇。米哈伊尔·伊万诺维奇把自己的父姓普京改为母姓诺沃日洛夫。出于对新政权可能迫害自己儿孙的恐惧，伊万·彼得罗维奇开始寻求种种可能，搞来各种证明，想方设法给他们弄成别的姓。

米哈伊尔·伊万诺维奇·普京（诺沃日洛夫）

1895年，伊万·瓦西里耶维奇和安娜·雅科夫列夫娜家生了一个男孩。他们给儿子起名米哈伊尔。这孩子后来接受了良好的美术教育。

米哈伊尔娶了波戈列洛沃村的姑娘叶夫多基娅·伊万诺夫娜·斯列普尼奥娃为妻。叶夫多基娅的父亲名叫伊万·斯列普尼奥夫，母亲名叫马特廖娜·阿列克谢耶夫娜·斯列普尼奥娃（婚前姓里亚比宁娜）。米哈伊尔·伊万诺维奇和叶夫多基娅·伊万诺夫娜两口子生了两个孩子：阿列克谢和普拉斯科维娅。

米哈伊尔·伊万诺维奇靠完成定制绘画和卖画挣钱。他喜欢绘画，而且画得一手好画。他有两幅作品，亲属们印象特别深。一幅是：库兹马·米宁和德米特里·波扎尔斯基在1612年。另一幅是画家自画像。父母罹难后，他给自己弄了一个身份证明，把自己的父姓普京改成母亲娘家姓诺沃日洛夫。后来，他就在列宁格勒附近的巴甫洛夫斯克市生活与工作。

在20世纪20年代，对画家来说，定制油画的客户变得很少，因此收入微薄，米哈伊尔·伊万诺维奇几乎一贫如洗。到了20世纪30年代，政府将个体艺术创作集中改造成劳动组合形式，进行有组织劳动。米哈伊尔·伊万诺维奇开始在一家日用铜器手工厂获得数额不大但很稳定的工资，他的工作是在搪瓷车间，为缝纫机的支架和零件、锅碗瓢盆、花瓶和高脚盘以及其他种种家庭日常用具描绘彩画。在合适的条件下，出于内心抒发和技痒难耐，他会画一些油画。如果有买主，他也会卖。

1937年，有一天，搪瓷车间的工友们摆了一溜长桌，聚餐庆祝节日。集体的欢庆，一如既往，循序渐进：致辞、干杯、品菜、唱歌、跳舞。酒足饭饱，工友们开始三三两两离开餐桌，或单独或结对，一展歌喉或翩翩起舞。全场欢声笑语，快乐的气氛已达到炽烈的程度。米哈伊尔·伊万诺维奇人已微醉，梦游般和所有在场的人一起唱歌跳舞。轮到他单独献技为大家助兴的时候，米哈伊尔·伊万诺维奇摇摇晃晃从餐桌旁走了出来，唱了一首流行歌谣，歌词大意是：

在沙皇时代蒙尼古拉垂怜，

人们尚可吃到细粉小面包；

而如今，布尔什维克来了，

别说粗面包，面粉也没了。

第一部分　家　谱　　第五章　第五代

图中坐着的是伊万·瓦西里耶维奇·普京和安娜·雅科夫列夫娜·普京娜
摄于20世纪初

歌毕，他跳起了哥萨克人一向喜欢的蹲舞，即人蹲着，随着韵律节奏，两腿轮流向外平伸，两臂随之或交叉相握或随意摆动，舞姿潇洒到位，大家为之开怀大笑，掌声不断。欢声笑语中，各种舞者和歌者纷纷上场。节日庆祝活动持续时间很长，直到长桌上的食品一干二净。搪瓷车间的工友们一起愉快地清理餐桌，打扫场地，然后关上大门，四散回家。

几天后，米哈伊尔·伊万诺维奇被逮捕。搪瓷车间一个工友告发了他。1937年10月4日，根据法律第58条，对他作出判决："判处有期徒刑10年，剥夺通信权利。"不知道这10年是怎么数的。留存至今的证据是：10月9日，判决付诸执行……米哈伊尔·伊万诺维奇被枪毙了，埋葬在列宁格勒城外的列瓦绍夫靶场。

1941年，在被占领前，家人将米哈伊尔·伊万诺维奇的油画用麻袋包裹起来，和其他贵重物品一起放进一个大木箱，埋到地里藏起来。开春，把箱子挖出来，发现箱子受潮了，水分浸透了所有画作，而且已经无法修复。亲朋好友中，没有人保存米哈伊尔·伊万诺维奇的画作以及他和他父亲的照片。

阿列克谢·米哈伊洛维奇·诺沃日洛夫（普京）

米哈伊尔·伊万诺维奇和叶夫多基娅·伊万诺夫娜家，在20世纪初生了一个男孩，起名阿列克谢。童年和少年，阿列克谢在乡下度过。他娶了同村乡邻伊万科夫·阿列克谢的女儿为妻。不久，他和妻子一起离开了农村。1930年，小两口生了一个女孩，他们给女儿起名柳德米拉。

阿列克谢·米哈伊洛维奇在军队服过役。卫国战争期间，他在卡累利阿前线打过仗。他在彼得罗查沃德斯克市40公里外的苏奥雅尔维镇一场战斗中牺牲。女儿柳德米拉·阿列克谢耶夫娜住在莫斯科州沃斯克列信斯克区米哈尔镇，在一家养禽场工作。

普拉斯科维娅·米哈伊洛夫娜·诺沃日洛娃（普京娜）

1910年，米哈伊尔·伊万诺维奇和叶夫多基娅·伊万诺夫娜家生了个女孩，起名普拉斯科维娅。童年和少女时期，她生活在乡下，住在诺沃日洛夫家族的大房子里。父亲在巴甫洛夫斯克一遭逮捕，她便作为人民公敌家属成员被赶出乡村，有期驱逐。过了一段时间，她返回村里。卫国战争结束后，1948年，普拉斯科维娅再次被驱逐，仅凭一纸通知单就被赶往江布尔。被驱逐的人，必须自费前往指定地点，并规定两星期内必须登记签到。有一种看法，再次安排驱逐，目的是从这个女人手中夺取她富有的外祖父建造的这幢房子。图尔吉诺沃区执委会主席沙明说过："走不为什么，就是卖掉所有东西。"搞出来一个契约：购买半幢房子的钱数，抵销从加里宁到江布尔的旅费；对另半幢房子加以一系列义务条款。契约上，买者署名"沙明同志"，卖者署名"公民诺沃日洛娃"。后辈们保存着这份反映贪官徇私枉法卑鄙下流的契约。

这个人破坏了很多人的生活。临近退休时，他被任命为邮电所所长。邮电所里有一个接线员，名叫岑巴洛夫，是个富有学识的专家，好静，嗜好钓鱼。接线员拥有一间斗室作为修理间，他在里面主要是修理交换台机设备。两个人没有来往。所长怕接线员，而接线员不露声色地憎恨所长。所长从来不去修理间。有一天，沙明没进修理间，仅仅是探头往里瞧了一眼。岑巴洛夫正在拿锤子敲敲打打，校正交换机上一个零件。一看到所长露出来的那张脸，岑巴洛夫使尽全身力气，甩出手里的锤子向他砸去。沙明靠反应快救了自己一命。他瞬时关上斗室的门，只听砰的一声锤子砸在了门板上。岑巴洛夫深受居民的尊敬。他退休后又活了好多年，人们经常看到他在河岸钓鱼的身影。

　　普拉斯科维娅·米哈伊洛夫娜1955年从流放地回来。她看起来饱受压制和屈辱，言谈举止低眉下气，无论与谁交谈或打听点什么，总会问："我没妨碍您吧？"人们怜悯普拉斯科维娅·米哈伊洛夫娜，政权毁掉了她的人生并消灭了她作为一个人的存在。1986年，普拉斯科维娅·米哈伊洛夫娜辞世。

第六章　第六代

天祖（五世祖）普罗霍尔·伊万诺维奇

1802年，伊万·阿列克谢耶维奇和叶夫多基娅·格里戈里耶夫娜家生了个男孩。他们给儿子起名普罗霍尔。父母当年接近27岁。

普罗霍尔·伊万诺维奇大约是在1823年结的婚。与他同龄的帕拉斯克娃（普拉斯科维娅）·季诺维也夫娜成为他的妻子。新郎新娘都21岁。有关他孩子们的情况如下：彼得生于1825年；瓦西里生于1827年；库兹马生于1831年，夭折于1836年；叶连娜生于1833年；库兹马（按风俗续用已故哥哥的名字）生于1843年。普罗霍尔·伊万诺维奇没活到56岁，在1858年一场不幸事故中死亡。他妻子帕拉斯克娃·季诺维也夫娜从1858年5月24日开始在纳税人口花名册上登记为寡妇。普罗霍尔·伊万诺维奇和帕拉斯克娃·季诺维也夫娜为家族四支打下了基础。

普罗霍尔·伊万诺维奇的三个兄弟和一个姐姐

伊万·伊万诺维奇。1793年，伊万·阿列克谢耶维奇和叶夫多基娅·格里戈里耶夫娜家生了一个男孩。他们给儿子起名伊万。父母也就18岁。1812年，伊万应征入伍。他结过婚，娶的大概是多姆娜·伊拉里奥诺夫娜。他牺牲于1812年卫国战争一场战斗中。入伍前，他建议妻子住到父亲家去，她照办了。

叶夫多基娅·伊万诺夫娜。1801年，伊万·阿列克谢耶维奇和叶夫多基娅·格里戈里耶夫娜家生了一个女孩。他们给女儿起名叶夫多基娅。父母大约25岁。在家里，叶夫多基娅算是长女。在1824年宗教信仰登记表上，按出生年月日——记载着她家人姓名的那页上，唯独没有她。可以猜想，她可能是出嫁了。她出嫁后的生活地点和她本人后来的命运，不详。

彼得·伊万诺维奇。1807年，伊万·阿列克谢耶维奇和叶夫多基娅·格里戈里耶夫娜家生了一个男孩。他们给儿子起名彼得。父母已经32岁。彼得8岁夭折，是在1815年。没有其他信息。

费奥多尔·伊万诺维奇。1809年，伊万·阿列克谢耶维奇和叶夫多基娅·格里戈里耶夫娜家生了一个男孩。父母给他起名费奥多尔。他3岁夭折，是在1812年。

普京家族的家谱，并非页页都是填满的。这倒也证明，

第一部分　家　谱　第六章　第六代

普京家族的人也享有我们祖国各个不同历史时期赋予的机会，过得是寻常百姓人家的生活，解决不断出现的问题。他们之中的任何一个人，清醒地或凭直觉作出任何决定，往往都是基于尊重政权和信奉上帝的人民世代养成的传统。普京家族繁衍生息，世代相传，得益于上帝的垂青，这本身就是一种祝福——"祝在大地永存。"

1945年春，苏联红军全线反击，势如破竹，彻底粉碎了德国法西斯军队。4月10日，奥地利首都维也纳解放。离最终胜利和签署受降书不到一个月。经过4年殊死鏖战，告别了4年炮弹震耳欲聋的爆炸声和子弹如雨纷飞的啸叫声，红军官兵们沉入和平的生活里。居民极尽所能提供帮助，姑娘们向年轻的小伙子们致以微笑。1945年春天，这是一个特殊的且无法复制的时段。空气中充满了预先体会胜利、和平、幸福和爱情的气息。

一个25岁的军官偶然结识了一个奥地利姑娘。互有好感，发展成频繁约会。尽管他们彼此不懂对方的语言，然而他们的目光交流着爱意。他们学会了彼此母语的个别词句，逐渐能够明白对方说话想表达什么。尽管司令部三令五申，禁止与当地居民接触，尽管姑娘的父母也严加禁止，然而两个年轻人来往更加频繁，关系如胶似漆。

结果，两个相爱的年轻人之间该有的事都有了。他们陶醉于爱情、春天和和平生活之中，感到幸福无比。他们两个都绞尽脑汁，想方设法寻求相见，这种见面似乎可以延长他们的幸福。但是，军令如山，兵如流水，部队要开拔。一道命令下来，年轻军官所在部队调离维也纳，换防。在指定的日子，一声令下，士兵们发动各自驾驶的军用卡车，排成车队长龙。姑娘前来为自己有如天降的偶然爱情送别。离别几乎在眨眼之间完成，因为下达的一道道命令里没有对如何与姑娘们告别作出规定。

孕育了生命。年轻的女人希望婴儿出世。分别9个月后，儿子出生了。年轻的妈妈呕心沥血，极尽所能，期望儿子健康成长，变得越来越强壮和聪明。等他长大了一些，她向他披露了他来到这个世界的秘密。由少年到青年，他受到了良好的教育并掌握了若干专门知识。获得了初步经验后，他远离生他养他的城市和国家，开创自己的事业。对他而言，做生意——不是工作，做生意——这是一种生活方式。商场驰骋，打拼多年，他无暇结婚成家。满世界奔波，穿梭于各国，这无助于家庭生活。收入颇丰，事业理顺，年龄不小，这一切终于促使他清醒地认识到并有了愿望：该有自己的家庭了。

于是，在维也纳市中心买了一幢房子。成功的奥地利商人是如何挑选自己未来的妻子的，很难描写。他娶了一个名叫娜塔莎的俄罗斯姑娘为妻。生儿育女，自是后话。这是怎么回事，难道是血脉的召唤，抑或是家族的召唤？他，是拥有奥地利姓氏和国籍的俄罗斯普京。他来到了俄罗斯，在他父亲的墓前祭拜，"祝在大地永存"。

普京家族的人与众不同，为人处世表现出男子汉的起码素质：珍惜荣誉，追求自我价值实现，谋求充分实现生活提供的种种可能。他们尊重富有学识的人们，尊重那些在专门问题上内行的专家，热衷了解新事物，爱学习。他们奉公守法，远离那些过激的社会活动，同那些极端活跃的政治运动和极端观点

第一部分　家　谱　　第六章　第六代

保持距离。与此同时，他们清楚，没有群体的参与，不顾及群体的利益，有些问题无法解决。他们之中许多人关注外界，眼光很远，不局限在居住于斯的一隅之地。在条件许可的适当情况下，他们就会奔赴新的地方去做有前景的工作。由于他们视野很宽，兼有多地工作的经验，他们对人们的评价往往比较公正。尽管一些人具有这样的特点，另一些人具有那样的特点，但是总体上这些特点属于普京家族的特性。

无论过去还是现在，普京家族的所有家庭的生活都与我们俄罗斯的生活息息相关，也会有各种各样关切，也会面临各种各样的问题。他们工作，教育子女，喜怒哀乐，无一不与成千上万的俄罗斯人家庭一样。弗拉基米尔·弗拉基米罗维奇·普京的家族具有数量很大的农民属性，这种人自古以来就习惯于仅将希望寄予自己身上，勇于担当，敢作敢为。父辈和祖父辈都生活在艰难困苦的年代，那些年代男人们要冒各种风险：收入，财产，亲人，生命。任何时候都不瞻前顾后，都能从按部就班的生活轨道上挣脱出来，可以失去旱涝保收的稳定，冲向那不确定和无望的未来。普京家族的人，无论遇到什么样的考验，他们都光荣地经受住了。

人们凭直觉就能从总统身上感觉到那种农民特有的可靠特性。弗·弗·普京之所以享有如此崇高的声望和居高不下的支持率，原因就在这些魅力四射的特性之中。他乃是一个诚挚可靠的庄稼人，为了祖国各族人民的利益辛勤耕耘着政治大田。

普京家族21世纪开始生活与工作的新生代有15人。命运将他们的祖父母以及父母从平凡的俄罗斯乡村抛撒到全国很多城市。在我们这个时代，他们生活在莫斯科、彼得堡、秋明、诺沃罗西斯克、梁赞。

任何一个家族，其继承者都是男子汉。世代相传，已成定律，男人们给予妻儿自己家族的姓氏，为他们提供关心和保障，教导和呵护。儿子们继承父辈们的这一权利。他们还在童年、少年，甚至成家生子之前，俨然已成为家族潜在的或未来的继承者，也就是能够传宗接代的男子汉。

普京家族颇具潜力的家族继承人中，在1840年—1860年间生人的曾祖父那一辈，有6位：彼得的3个儿子——伊万、尼古拉、季莫费，瓦西里的3个儿子——安德烈、费奥多尔、伊万；在1870年—1890年间生人的祖父那一辈，总共有7位：亚历山大·尼古拉耶维奇、阿列克谢·尼古拉耶维奇、伊万·伊万诺维奇、斯皮里东·伊万诺维奇、伊万·安德烈耶维奇、费奥多尔·安德烈耶维奇、米哈伊尔·伊万诺维奇；在1900年—1920年间生人的父亲那一辈，总共有八位：米哈伊尔·亚历山德罗维奇、米哈伊尔·斯皮里东诺维奇、弗拉基米尔·斯皮里东诺维奇、阿列克谢·斯皮里多诺维奇、亚历山大·斯皮里东诺维奇、亚历山大·费奥多罗维奇、弗拉基米尔·费奥多罗维奇、阿列克谢·米哈伊洛维奇。三代期间，或说从19世纪40年代到20世纪20年代的80年期间，普京家族稳定发展，人数不断增加。

普京家族每一代人中，都有传宗接代的男子汉。在1840年—1860年间生人的曾祖父那一代，拥有子嗣成为普京家族实际继承人的有4人：伊万·彼得罗维奇和尼古拉·彼得罗维奇，安德烈·瓦西里耶维奇和伊万·瓦西里耶维奇。在1870年—1890年间生人的祖父那一代，继承家族的有4人：亚历山大·尼

第一部分　家　谱　第六章　第六代

古拉耶维奇，斯皮里东·伊万诺维奇，费奥多尔·安德烈耶维奇，米哈伊尔·伊万诺维奇。在1900年—1920年间生人的父辈那一代，拥有子嗣的有5人：米哈伊尔·亚历山德罗维奇，米哈伊尔·斯皮里东诺维奇，弗拉基米尔·斯皮里东诺维奇，亚历山大·斯皮里东诺维奇和亚历山大·费奥多罗维奇。

但是，家族各代之中，并非所有具有潜力的男人都像他们那样，为家族传宗接代。在1840年—1860年间生人的曾祖父那一代，就有这样两位：季莫费·彼得罗维奇和费奥多尔·瓦西里耶维奇。费奥多尔·瓦西里耶维奇童年夭折。

季莫费·彼得罗维奇家生了12个孩子。其中只有2个女儿活了下来并长大成人，她们是瓦尔瓦拉和玛丽亚。季莫费·彼得罗维奇非常惋惜死去的孩子们。他曾希望自己家能够继承家族，成其一脉，并为此做了一切所能做的。但是，老天没能给他留下一个儿子。显然，他这种继承普京家族的强烈愿望，在女儿玛丽亚童年时就传染了她，以致她后来以此为根据与未婚夫瓦西里·安德烈耶维奇·巴尔苏科夫谈婚论嫁，出嫁的条件是他改姓她娘家姓——普京。人缘很好的瓦西里·安德烈耶维奇，在普京家族所有家庭里都很受尊重，尽管血缘完全不同。

在1870年—1890年间生人的祖父那一代，没能传宗接代的有3人：阿列克谢·尼古拉耶维奇，德米特里·伊万诺维奇和伊万·安德烈耶维奇。关于阿列克谢·尼古拉耶维奇和伊万·安德烈耶维奇，有尚未得以证实的说他们没有子女的材料。而这些材料也的确不那么可信，因为这两个人多年音信杳无。关于阿列克谢·尼古拉耶维奇有一点是清楚的，即他死时独身一人。然而，子女他可能还是有的。德米特里·伊万诺维奇体格健壮，一直都是一个身体健康的男子汉。他，战争期间随军打到柏林，曾在一家储蓄银行工作，结过两次婚，但没能当上父亲。给人一种印象：他命里有某种劫数；他寻常的一句话里透出某种不可思议、神秘的东西。他说："我就是普京。"似乎他如同放弃家族姓氏一样放弃生子育女。

在1900年—1920年间生人的父辈那一代，有3人无子：阿列克谢·斯皮里东诺维奇，弗拉基米尔·费奥多罗维奇和阿列克谢·米哈伊洛维奇。1943年，阿列克谢·斯皮里东诺维奇在前线牺牲，年方20，尚未结婚。1948年，弗拉基米尔·费奥多罗维奇刚刚25岁，因病悲惨辞世。他也是一个尚未成家的青年。阿列克谢·米哈伊洛维奇应召入伍奔赴前线时，刚到30岁。他已成家，生了女儿柳德米拉。儿子还没出生。一家之主牺牲于1941年。在伟大的卫国战争中，普京家族至少有5家人直接参战。

为了保证记叙完全客观，想介绍一下有关普京家族死亡情况，即关于那些出生了但未能活下来的孩子们的情况。但是，这个题目毕竟是很私密的。对此感兴趣是不可取的。从一位完成了预定寻找任务的宗谱学家处得知，季莫费·彼得罗维奇和济诺维娅·伊万诺夫娜夫妇俩生了12个孩子，却死了10个。这些情况，他们的女儿玛丽亚·季莫费耶夫娜知道。然而，在多年个人交往中，无论什么时候，言谈话语间，这个话题不论是直接还是间接从未提及过。还知道另有一个家庭，生了7个孩子，仅最小的一个活了下来。17世纪到19世纪，在所有家庭中，不论阶层，农民之家也好，贵族家庭也好，类似情况很多。在进一步的宗谱资料中，将会遇到初看是一份很奇怪的资

第一部分　家　谱　第六章　第六代

料，比如关于18世纪初一家出生的一个婴儿。对这份资料应该这样理解，他的兄弟姐妹先后都夭折，没能留下关于自己出生的任何文献印迹。

到了1940年—1950年代，祖父与父辈具有潜力的继承者中，能够胜任传宗接代的仅仅也就是半数。2人战死沙场，4人因不同原因辞世，故未能成为留下儿子的父亲。普京家族中仅1917年以来的那一代停止了发展，走向了衰减。人民的悲剧，亦称俄罗斯的苦难，在成千上万家族之一的这种男孩的选取上也清晰可见。

孩子特别是男孩生育的情况，在与普京家族长期以来结下紧密关系的丘尔萨诺夫家族和诺沃日洛夫家族中，也大体类似。这成为发生了的社会变革的客观后果，这一变革导致人们丧失农村业主和城市企业家的地位并丧失对土地、专业和收入的所有权，导致人们变为雇佣劳动者、被迫迁出自己的房舍而搬进面积有统一规定的单元房。

税务政策把人民从自己的土地上和祖上或父辈建造的房舍里挤出来。20世纪初的时候，图尔吉诺沃区被认为是特维尔省最富庶的地区之一。它的财富主要是由经济资金周转积累的，而这又主要是靠农民们在自己生活的地方生产劳作以及去彼得堡和莫斯科打短工挣来的。他们，就像我们一样，非常聪明和理智。假如他们生活在另外一种日常、经济和文化条件下，他们不会比我们这些上过小学、中学和大学的人笨。他们始终记着一条朴素而古老的真理：自己的土地能养活自己。

农民安排自己的生活，非常聪明、理性、精打细算和务实，从不怀揣侥幸心理靠碰运气行事，作出每一项决定都深思熟虑和有根有据，并且还考虑到所有可能出现的情况和所有参与者的利益。在波米诺沃村，所有日常生活中的问题，在乡村大会上都能得到解决：为遭受火灾的家庭盖房子，为拖儿带女的寡妇翻耕宅旁园地，帮助无家可归的孤儿，修桥铺路，支付骑兵防哨和牧人的开支，建学校及所需缴纳的费用，帮助教堂等等。这种村社存在了一个时期，直到实行集体化。农民之中，有很多一生命运丰富多彩的人，他们往往多才多艺并具有冒险的性情。无论在城市还是在其他什么地方开始新生活的时候，他们常常表现出坚强的意志和坚定的决心。热爱劳动的农民阶层，行动力非常强，而且很能接受新事物，他们获得了城市打工者的称号，在新的工作地点通过辛勤劳动，为自己的家庭提供了有保障的可观收入。顶级餐厅的大厨，市中心一条大街上女装店的裁缝大师，红木家具细木工，染色匠，木匠，建筑师，女管家——普京家族的人在首都成为这样一些人，一些拥有积极的生活地位的人。这是那样一个阶层的人，用美国人的话说，是"自给自足的人"，也就是"自己动手，丰衣足食"。正如彼·阿·斯托雷平在那个年代所说，他们本可以再过上一两代正常的生活。

农村人前往城里打工的主要原因是：租赁土地背负的债务，土地产量低，精耕土地和改良土壤费用提升，人口密度增大，可耕土地面积减少。这是农民得出一个结论：扶犁挥锄累死，也别想能挣钱。许多人随其自然，屈从现状。而比较活跃和刚强有力的人则采取行动，致力改变自己的生活。

"人们离开特维尔省，主要是前往大都市，特别是彼得堡（1890年，有10.9万特维尔人生活在彼得堡，这占彼得堡城市人口11%以上，占特维尔省外出打工总人数近40%），随后是尼古拉耶夫铁路和伏尔加河。"（注：《特维尔报》文章／布罗克豪斯—艾弗隆百科辞典，1901年版，第32卷714页。）"至于外出打工能给居民带来什么，根据电汇周转情况就可以得出判断：1899年，特维尔省农民通过邮局收到的打工汇款单451,514份，钱数为6,817,400卢布；汇款数额逐年增加……"平均而算，一个打工者每年寄4份汇款单，每份汇款单15卢布，在那过去的年代，这笔钱对农民在乡下的生产与生活是非常可观的数目。

根据村里居民的回忆，大多数外出打工的人都去彼得堡和莫斯科，仅有部分人去特维尔市。1900年，两大都城居民分布情况大致如下：圣彼得堡，124.8万人；莫斯科，109.3万人。农村人对这两大都城都非常了解。民间流传一种说法："彼得堡是脑袋，莫斯科是心脏。"在这200万人口的大城市，他们经常相遇，并和许多不同民族各种各样的人从事同样的工作。不分俄罗斯人，乌克兰人，还是白俄罗斯人，都称自己是东正教徒。与德国人交朋友，学到了他们优良的民族特点——有序，精细，务实。与犹太人交朋友，学到了他们目的坚定，团结精神和互相帮助的特质。与穆斯林交朋友，尊重他们的传统，将与现金打交道的工作托付给他们。他们从不用愚蠢的宣传思维大谈什么国际主义，他们尊重他人，不看民族属性，只看能力、知识、勤劳和实在。

精力充沛、行动果断、意志坚强的年轻人是俄罗斯的希望与未来。就社会地位而论，他们在很大程度上成为了强于农民的企业主。他们的主要收入来源于他们在彼得堡的职业活动。

农业的收入、房子、产业、份地，成为特有形式的社会保险，可以预防城里的专业工作发生不可预见的意外。过了5到10年，待他们的职业手艺日臻完善几至炉火纯青，他们便辞去受雇的工作，开创起自己的事业，为家庭提供有保障的可观收入，将自己的知识和经验传授给自己的孩子们、年轻的徒弟们和自己的追随者们。

在彼得堡打拼的普京家族的子弟们大概就是这样成为业主的：斯皮里东，开了一家高档餐厅；亚历山大，开了一家威望很高的画室；伊万，开了一家生产特定家具的工厂。从农民中产生了强大的企业家阶层，他们构成了俄罗斯强大经济实力的基础。他们的近亲丘尔萨诺夫一家，成为若干大企业的老板，经营纺织品染色、木雕、建筑……就是他们保障了国内市场的发展，走向了国际市场，保障了俄罗斯在世界经济版图中骄人的地位。他们实现了俄罗斯的民族观念——自己崛起并给他人以机会。"谁都不要怕，但要敬畏上帝"——他们总是这样教导孩子。

普京家族的人，如同所有的农民，头脑非常清醒。即便生活在自然条件如此非常富饶的国度，他们也无暇喝伏特加、葡萄酒或啤酒。在20世纪初，按人口人均酒水需求量来说，俄罗斯位居世界各国第11位。在波米诺沃村以及临近的村落，无人热衷于鼓捣私酿酒。如果本区远处村落有什么地方有什么人搞私酿酒，那么与这些人有来往则不被认可。他们被视为不正常的人，被看作是被社会扬弃的废人。生活的准则是清醒。

捷尼舍夫公爵（1843年—1903年）属下民族学事务局一位通讯员这样描写农民身体方面的自然属性："……几乎全都是

淡褐色头发，中等身材，体格匀称，健美。有力和灵活——是他们身体突出的特点，到老都不会变。他们抗寒耐热，不怕工作，反而热爱工作。他们常说：'上帝热爱劳动。'甚至连70岁的老汉也能精神抖擞地在田间劳作……他们性情的特点是心性率直和信任他人。他们崇尚体力和勤劳，从孩子们幼年起就向他们灌输这些。对懒惰的人，他们予以一切可能的嘲笑和蔑视。他们非常勤俭节约，特别善解人意和明白事理。他们的勇气展现在，无论四季如何变化，也不论遭遇任何天灾人祸，他们都能妥善地安排好自己的农业工作。他们很有礼貌，并且热情好客。他们信仰上帝，乐善好施，对穷苦人慷慨解囊，心甘情愿而且毫不斤斤计较地借给他们钱粮。"

20世纪初，国家逐步改革，经济开始富裕，文化获得发展；人民建造新房舍，掌握了新的专业技能，增加了收入。农民阶级面临如何实现自己的全部愿望。根据研究人员提供的资料，土地飞速转到农民阶级手中，其速度之快，以致到了1932年，俄罗斯已经没有哪怕是一个地主：一切都依据法律做了买卖，并经过公证加以固定化。土地给予农民作为私有财产。在彼·阿·斯托雷平实施改革之初，俄罗斯计有1200万农户。他们之中，已有400万获取了依法属于私有财产的土地，并已开始在自己的土地上进行生产经营活动，而另外800万农户则归为村社占有土地的群体之中。彼·阿·斯托雷平没有消灭村社。他授予农民注册进行自主经营的权利。10年间（1906年—1916年），800万农户中有600万注册从村社划分出去。这些注册的农民已经获得或正在获得属于自己的地块。由于出色地组织了移民，改革得以全速进行。这一改革应该是到了1924年才结束的。然而，1917年"黑分派"（注：俄国1879年"土地与自由党"中分化出来的一个民粹派组织，被称为"黑分派"。）来了，革命者们没收了经济运转中的土地。无产阶级国家将农民归为资产阶级，并且不承认他们是公民。他们被弄成无身份证的雇工—农奴。从别人头脑里移植过来的集体农庄思想没有给百姓之家带来富裕。图尔吉诺沃区在当地经济的带动下，1917年以前发展很好，然而总共历时两代人，在积极投身于那种生活的人还活着的时候，就消亡了。

第二部分
家世调查

第七章　家世调查结果

　　浩如烟海的国家档案保存机构对外开放，是由现行法律调节的。这非常合理，目的是一方面确保公民对档案信息的知情权，另一方面为保存好档案文献提供保障。任何一个有兴趣者，都可以通过这些历史档案查根寻祖。喜欢亲历亲为自己动手查找，得具有耐性、精细、韧性以及这种旷日持久、需要细心和耐心的工作所必备的其他素质，才会有结果。不论何种情况，这种工作都是非常耗时的，也许需要数年。最好的办法是，将有经验的专业人员吸纳进来，他们精通查寻方法，并且熟悉如何解决必要的程序和组织方面的问题。假如一位专家开始着手研究你感兴趣的档案，那么他可能知道，你所需要的信息源具体在哪里，而且能极大程度地节省时间找到你所需要的信息。如今，已经形成了某种宗谱学家圈子，他们根据预定并在约定的基础上编撰宗谱表。

　　职业执行者依据法律，根据经验，并在尊重各方利益的基础上，组织调查，掌握进程。现在，俄罗斯宗谱学派的一些传统正在恢复，一些新的规定正在制定。这将是一个长期的过程。在法律尚不建全的条件下，一些没什么名气的人，很有可能在未经你同意的情况下，在档案中查寻你父母、祖父辈以及其他祖先的资料。这只能在说明目的的前提下并根据预定而进行，无论你的目的是出于好奇，还是出于金钱利益，包括不体面的置于刑法干预的金钱利益。档案馆的工作人员经手文件时，都带着干干净净的棉织手套。这突出表现出他们对自己的工作对象满怀职业的尊敬。这就如同集邮爱好者们用专门的镊子夹邮票，放到集邮册里保存。古币收藏者处理硬币的方式大同小异。职业界做事就是这样。但愿宗谱学界的人士也能戴着干干净净的手套工作。

查宗寻祖上溯深入300多年，或者说，从当下仍然在世的20世纪40年代—50年代出生的一代人算起，由下往上共查12代。鉴于载入信仰报表和人口调查登记册的原始资料年份简单明了，确定人生年月日的数学计算是有选择地进行的。结果按下行亲系即由上一辈往下一辈排列。名字按现代发音改编。在人口调查登记册上，有些名字记载有所不同，比如：格里戈里，写成格里戈雷；谢苗，写成谢蒙；阿基姆，写成亚基姆。

博尔季诺村的几代人

在第四次和随后几次人口调查登记的有些文件上，博尔季诺村被错称为波罗迪诺村。无论是过去的居民还是现在的居民，他们从来没这样叫过。人们口口相传，这个村子的名字始终被称为博尔季诺，其俄语发音重音在第一个音节上。在最初三次人口调查登记文件上，村子的名称记载正确。

第二部分　家世调查　第七章　家世调查结果

第一代

通常，被称为家族始祖的人物是这样，一个家族的所有成员都将其引为自己族系的起源，而他本身也是档案文献中被提及的第一人。

现在，根据第一次人口调查登记资料确认，特维尔省图尔吉诺沃区普京家族的始祖是阿基姆·尼基托维奇·普京。他出生的年份大致在1610年至1630年之间。他的孩子如下：古里，明娜，法杰伊，季特，弗罗尔。家族一代又一代，首先从第一位有名的祖先算起，也就是从阿基姆·尼基托维奇算起。

第二代

阿基姆和他的妻子在1649年生了一个男孩，他们给他起名法杰伊。

在1719年人口调查登记册上，法杰伊·阿基莫维奇名下有3个儿子和3个孙子。儿子名字分别是：费奥多尔，叶夫斯特拉季和帕维尔。他妻子，1653年生人，名和父名是阿夫多季娅·基里洛夫娜，逐字逐句照搬过来便是："基里洛夫的女儿阿夫多季娅"。在进行人口调查那年，法杰伊·阿基莫维奇70岁。他隶属于彼得一世的老战友安德烈·马特维耶维奇·阿普拉克辛伯爵，逐字逐句照搬过来便是："安德烈·马特维耶维奇·阿普拉克辛世袭领地——特维尔县扎霍日区博尔季诺村农民。"

直接来源：俄罗斯古代文献国家档案馆，存档名称350，目录名称2，卷数3525，页数133。

第三代

法杰伊·阿基莫维奇夫妇生了3个男孩。没有关于他们是否有女儿的信息。

大儿子1683年出生,起名费奥多尔。他妻子名叫塔季扬娜。费奥多尔·法捷耶维奇死于第一次1719年进行的人口调查和第二次1743年进行的人口调查之间的某一年,也就是在他36岁到60岁之间。

二儿子生于1695年,起名叶利斯特拉特。

小儿子生于1704年,起名帕维尔,死于1759年。

特维尔县扎霍日区图尔基诺沃村圣母教堂1928年信仰登记表上记载:

"安德烈·马特维耶维奇·阿普拉克辛伯爵世袭领地博尔季诺村农民:

费奥多尔·法捷耶夫,其妻塔季扬娜;

其弟叶利斯特拉特,妻佩拉格娅;

还有一弟帕维尔,其妻伊琳娜·斯皮里东尼娅·费奥多罗娃"。

兄弟几个全务农。

第四代

费奥多尔·法捷耶维奇夫妇生了4个男孩。

大儿子生于1713年,他们给他起名斯皮里东。父亲当时30岁。待儿子长大,父母便应募将斯皮里东·费奥多罗维奇送去当兵。服役地点暂时还未查明。

二儿子生于1716年，他们给他起名格里戈里。父亲当年33岁。格里戈里·费奥多罗维奇28岁时英年早逝。他婚姻状况和有无子女不详。

三儿子生于1718年，他们给他起名费奥多尔。父亲当时35岁。费奥多尔·费奥多罗维奇也被父母送去当了兵。服役地点同样未能查明。

小儿子生于1723年，他们给他起名谢苗。父亲已经40岁。逐字逐句抄过来，历史资料是这样记录的："在宫廷正式高级侍从和骑士费奥多尔·安德烈耶维奇·阿普拉克辛伯爵名下，是在之前人口调查登记表上记载的他父亲安德烈·马特维耶维奇·阿普拉克辛世袭领地波尔迪诺村的农民：生于之前人口调查之后，录入之前人口调查表但已故费奥多尔·法捷耶夫之子，谢苗，16岁。"

直接来源：俄罗斯古代文献国家档案馆，存档名称350，目录名称2，卷数3540，页数650。

波米诺沃村的几代人

第四代

在第二次1744年人口调查和第三次1764年人口调查之间,谢苗·费奥多罗维奇从博尔季诺村迁到波米诺沃村,两个村同属特维尔县扎霍日区。两村相距大约10公里。搬迁大概是在18世纪50年代末进行的。

谢苗·费奥多罗维奇·普京在波米诺沃村表现出是一个能主宰自己意志的人。由于饱受来自西方侵袭的破坏,农田需要重新开发。在整个俄罗斯,有许多这样的年轻小伙子,背井离乡,到新的地方开始新的生活。在波兰和立陶宛入侵极端危险的时期,武装部队在这些土地上恣意横行,农民们泪洒家园,挥别故土,各尽所能,远走他乡。所有村庄破坏殆尽,田野没人干活,到处荒芜一片。后来,这片土地的占有者开始往这些乡村迁移年轻男女,促使他们成家立业,恢复经济和田间设施。在18世纪50代,谢·费·普京就在这些年轻人之中。这些村庄开始有了生气,落户者越来越多,房屋重建,农业经济逐步恢复。

费奥多尔·法捷耶维奇的小儿子,即谢苗·费奥多罗维

第二部分　家世调查　　第七章　家世调查结果

奇·普京，成为随后世代生活在图尔吉诺沃乡波米诺沃村普京家族的始祖。在一处很合适的地方给谢苗分了一块地用于盖房子。可以非常可靠地指出这块地段的位置。这块地的面积，大约是800平方米，也就是宽20米长40米，挨着一幢挂着38号门牌的房舍。地块长的两面，一面临街，一面朝向河岸，地块两端均与邻家地段相连。这块地多年一直为这个村里的普京家族所拥有。普京家族几代人生活在这块土地上，在其上面盖了房子，修建了院子、宅旁菜园和花园，精心爱惜它和侍弄它。许多高兴的和悲哀的事件，在这块俄罗斯的土地上都发生过。

谢苗把房子盖起来了，一如民族传统和当地习惯，窗户一律临街。窗户朝向阳光灿烂的东南方向。房间里亮堂堂的。在菜园子大约30米开外，绍沙河潺潺流过。日常家用和园子里的用水，都从这条河里打。

谢苗娶了邻村布雷科沃出生的姑娘叶卡捷琳娜·伊万诺夫娜为妻。据档案资料记载："叶卡捷琳娜·伊万诺夫娜，乃布雷科沃村一农民之女，该村属于马特维·阿普拉克辛伯爵世袭领地特维尔县图尔吉诺沃村教区。"

一家人开始过起庄稼人相当艰难的劳动生活。这个地方的土壤非常贫瘠，基本是沙土地。为了能获得好收成，必须精心侍弄土地并经常给它上肥。农民们在自己的田野上流下了许许多多的汗水。正如事先规定的那样，他们最初不得不为阿普拉克辛家族耕种土地，仅仅是之后耕种的土地是自己的。

第五代

1761年,谢苗·费奥多罗维奇和叶卡捷琳娜·伊万诺夫娜夫妇生了一个男孩,起名阿列克谢。

从第三次人口调查开始,登记册里开始列入妇女。在谢苗·费奥多罗维奇家登记表上列上了他妻子叶卡捷琳娜·伊万诺夫娜。

原封不动抄过来是这样:"马特维·阿普拉克辛伯爵世袭领地特维尔县扎霍日区波米诺沃村农民:

谢苗·费奥多罗夫,34岁,系从博尔季诺村迁入本区;

他妻子叶卡捷琳娜,乃伊万诺夫之女,40岁,系从布雷科沃村迁来本世袭领地的老姑娘;

他们有一儿子,阿列克谢,2岁,生于人口调查之后。"

儿子长成了大小伙子,健康强壮,这让父母很欣慰。这是家庭未来的希望和支柱。健康的男人,出色的劳动者,恩爱的丈夫,可靠的父亲——乃是朴素的全人类的真理。年复一年,农家的生活从容不迫地过着。谢苗·费奥多罗维奇·普京和叶卡捷琳娜·伊万诺夫娜,带着儿子,为阿普拉克辛家族打工,同时经营起自己的产业。

祸从天降,往往是这样。黑死病流行传染进俄罗斯,这是最可怕的瘟病之一。普京家族头顶悬挂着死亡的危险。悬疑之下,谢苗一家挺过来了,不仅实实在在地生存着,而且一代一代繁衍下去。那久远年代的情况和家族死里求生的历险,反映在上一辈讲给下一辈的家族口口相传之中。

阿列克谢·谢苗诺维奇与阿加菲娅·阿基莫夫娜1774年

第二部分　家世调查　　第七章　家世调查结果

结婚。

1775年，第一个孩子出生了，是个儿子，起名伊万。那一年，父亲刚满14岁，母亲16岁。1788年，又生了一个儿子，起名米哈伊尔。这一年，父亲已到27岁，母亲29岁。1796年，又生了一个儿子，但2年后死于襁褓之中。

阿列克谢·谢苗诺维奇·普京，那时称阿列克谢·谢苗诺夫，一生长寿。他与阿加菲娅·阿基莫夫娜1815年分别在54岁和56岁时步调一致对主忏悔的记录保留至今。他们来到教堂虔诚忏悔，祈求上帝保佑他们全家：儿子伊万和米哈伊尔，儿媳叶夫多基娅·格里戈里耶娃和帕拉斯克娃·伊拉里奥诺娃，孙儿孙女们——大儿子家16岁的杜尼娅、13岁的普罗沙和8岁的佩佳。

阿加菲娅·阿基莫夫娜1815年至1824年间去世，活了大约60年。

鳏夫阿列克谢·谢苗诺夫在1824霍尔年，自己63岁时，率领全家到教堂忏悔。孙子普罗霍尔带着妻子帕拉斯克娃·季诺维耶娃去了。女儿杜尼娅，这一年应满25岁，没有参加忏悔。显然，她出嫁了，并和丈夫一家去教堂忏悔了。孙子佩佳也没去参加忏悔，那一年他应该满17岁了。小儿子米哈伊尔家的女儿杜尼娅因年龄太小没去参加忏悔，她才2岁。

1840年，阿列克谢·谢苗诺夫79岁，像平常一样，在家人前呼后拥之下，到教堂忏悔。

大儿子伊万已经去世，但是他妻子叶夫多基娅·格里戈里耶娃去了。孙子普罗霍尔的两个孩子，16岁的佩佳和11岁的瓦西里参加了忏悔。小儿子米哈伊尔携妻子帕拉斯克娃·伊拉里奥诺娃也来了。他们的女儿杜尼娅，那年应该18岁，没有来。

阿列克谢·谢苗诺维奇·普京是村里的长寿者之一，他活了不少于79岁。阿列克谢生活方式健康，当地的自然条件对他的身体也有良好的影响。阿列克谢为子孙后代的身体提供了健康的保障。普京家族后来数代许多人都长寿。他为家族两支打下了基础，一支由大儿子伊万开始，另一支由小儿子米哈伊尔算起。至于米哈伊尔这一支后来发展如何，迄今尚未做家世调查。

第六代

伊万·阿列克谢耶维奇

阿列克谢·谢苗诺维奇和阿加菲娅·阿基莫夫娜家1775年生了个男孩，他们给他起名伊万。父子年龄相差仅仅14岁。以年龄而论，他们彼此更像是兄弟。

伊万·阿列克谢耶维奇结婚时还很年轻。他娶了名叫叶夫多基娅（阿夫多季娅）的同龄人为妻，妻子的父名为格里戈里耶娃。1793年，他们生了一个男孩，起的名字跟父亲一样，也叫伊万。父母这年18岁。小伊万1812年应征入伍。1801年，伊万和叶夫多基娅夫妇俩生了个女孩，起的名字跟母亲一样，也叫叶夫多基娅。这年，父母年满26岁。1802年，又一个男孩降生了，他们给他起名普罗霍尔。父母也又长了一岁，已满27。1807年，他们又生了一个男孩，起名彼得。这一年，父母33岁。1815年，小彼得8岁夭折。1809年，他们又生了个男孩，起名费奥多尔。也是个短命的孩子，3岁夭折，那是1812年。

在1815年的信仰登记表上，在普京几家亲人名单中有一个年轻的女兵，25岁的多姆娜·安德里阿诺夫娜。她是伊万·阿

第二部分　家世调查　　第七章　家世调查结果

列克谢耶维奇的什么亲属，怎么出现在这个家里的，从现有的资料上看不出所以然。一个猜想非常靠谱：多姆娜·安德里阿诺夫娜，是1812年应征入伍的家中长子的妻子，也就是伊万·阿列克谢耶维奇的儿媳妇。伊万·伊万诺维奇·普京1812年参加卫国战争，服役的地方，参加的征战，牺牲地点和情况，还有待于调查。

伊万·阿列克谢耶维奇在世不超过65岁，因为他妻子叶夫多基娅·格里戈里耶娃在1840年的信仰登记表上标注为寡妇。他比自己的父亲阿列克谢·谢苗诺维奇去世早。

米哈伊尔·阿列克谢耶维奇

阿列克谢·谢苗诺维奇和阿加菲娅·阿基莫夫娜家1788年生了一个男孩，起名米哈伊尔。

米哈伊尔·阿列克谢耶维奇在1815年以前结婚，娶得是生于1790年的帕拉斯克娃·伊拉里奥诺夫娜。1815年，他们和父母一同去教堂忏悔。根据1824年的忏悔登记表记载获悉，他们有一个1822年出生的女儿，名叫杜尼娅。在1840年的信仰登记表上，没有记录他们的女儿叶夫多基娅。有关米哈伊尔·阿列克谢耶维奇家孩子们的情况，没有别的资料。米哈伊尔·阿列克谢耶维奇1851年辞世，享年63。这些情况，在1858年的人口调查表上均有记载。

普京家族，是一个古老的俄罗斯农民家族。这个家族的代表，养活了国家，充填了俄罗斯国库，并为保卫祖国做出了贡献。他们是农奴制时期的农民，生活与劳作在那些全俄闻名为国做了很多有益事情的人所拥有的世袭领地上，为他们安逸的生活和能够安心处理国家大事提供保障。他们为了自己家庭的幸福而工作，为家族世代绵延而工作，为使俄罗斯拥有更多社会上可靠和政治上具有远见卓识的人们而工作。

叶卡捷琳娜大帝训喻："农民，乃是国家首要和必需的人。"有一次，帕宁伯爵将自己私有的一座小村庄赠给了意大利一个风流女歌手。对如此挥霍俄罗斯的土地，叶卡捷琳娜女皇雷霆震怒，立即下旨将这座小村庄从那个外国女人手里买回来。为的是哪怕一丁点不属于我们的东西都不能出现在俄罗斯的大地上……

世代相传，为了香火不断，每一代都可见人丁增加。一些家庭因不同缘故人口没有增加。然而，主要的是普京家族每一代人数都稳定增长。孩子逐年出生，但由于收成不好饥荒周而复始，儿童的死亡率也很高。尽管如此，人们还是保证了自己家族的繁衍。

在阿列克谢·米哈伊洛维奇·罗曼诺夫沙皇统治下，也就是1645年至1676年期间，国家经济发展，农业复兴，这情况惠及了一代人的生活。农民重新修建了自己的房舍，丰衣足食，家家都生了很多孩子。在莫斯科，首批剧院、药店纷纷开业，报纸也开始出版。顿河也建造了第一艘俄罗斯军舰《小鹰号》。国内开始生产来福枪，销往许多国家。

《法律大全》，乃是俄罗斯的根本大法，一次印刷2,000部，这在任何一个欧洲国家都前所未有；出版了《名门宗谱》，这是一部莫斯科大公国的史书；出版了《沙皇史卷》，这是一部11卷带有插图的世界史；出版了《词诠》，这是一部百科辞典；还出版了《治家格言》等等书籍。罗曼诺夫王朝早期统治下的俄罗斯，人口迅速增加，生产规模和贸易规模飞速展开，国内市场和国内各地之间货物流通繁荣兴旺，与其他国家的贸易也在不断扩大。

从1669年到1686年17年间，出口增长数字如下：

亚麻，增加一倍，即从67,000普特（1,072吨）增加到137,000普特（2,192吨）；

大麻，增加两倍，即从187,000普特（2,992吨）增加到655,000普特（10,480吨）。

1671年通过阿尔汉格尔斯克出口的商品包括：683,000件针织衣物，28,000吨纸，2,477吨鲱鱼。国内伏特加酒甚至紧缺，只好从利夫兰（注：17世纪至20世纪初，拉脱维亚北部地区和爱沙尼亚南部地区的名称）进口酒水。

农民的生活并没有因此而变得轻松些。人们年复一年依然遇到北方农业的自然条件问题。这些问题使得他们的劳动非常沉重，却又不是年年都能有好收成，有时甚至颗粒未收。略选取18世纪一些问题年份摘录置此。这些问题之年将农民家庭置于挣扎于饥荒之中的生死边缘。这是俄罗斯农业的常态。

1704年——春季播种过后，五月严寒冻死了刚刚入土的种子。

1721年——歉收。

1722年——干旱，大火，荒年，饥荒。

1733年——荒年，饥荒。政府下令：责成地主养活下属农民，并负责借给农民用于播种的种子。

1734年——连续荒年，农民因饥饿而暴动此起彼伏。当局扣取商家粮食充公。规定粮商加价上限不得超过10%。

1735年——连续第三个荒年。

1740年——歉收。

1742年——饥荒。人头税由每人每年70戈比下降到60戈比。

1744年——歉收，严禁运粮出国。

1748年——干旱，蝗灾，荒年，饥荒。别尔戈罗德省饿死34,000人。

1754年——荒年，饥荒。

1763年－1768年——连续5年，潮湿多雨，荒年，饥荒。

1774年——歉收。

1780——百年不遇荒年，全国普遍饥荒。

1785年——干旱，荒年，饥荒。

1788年——荒年，饥荒。

经常爆发致命的流行病：1768年，天花；1771年，鼠疫；19世纪初，霍乱。

农民还得履行服兵役义务。根据1705年颁布的法令，20户出一男丁服役15至20年。还从这些农户收钱，用于服役兵丁"伙食、衣服、鞋、长袍……还有皮袄、帽子、皮带、袜子等等"。应召入伍的新兵，被押送前往部队的一路上都戴着脚枷，目的是防止他们逃跑。1795年，从农村招募50,000新兵，但他们没能到达部队。他们出现在某些贵族的工地上或农田间，这些贵族的领地分布在新兵前往部队的沿线。

国家给农民生活带来了变化，这些变化符合地主的利益。几代沙皇都在大地主为了自己的利益起草的命令上签了字。这些命令恶化了农民的生活，却给地主们增加了毫无根据的权利，例如：

第二部分　家世调查　　第七章　家世调查结果

——伊丽莎白一世1760年诏谕，发配农民服苦役，可以无限期。

——1767年诏谕，对那些抱怨地主以及宫廷的农民予以惩处：首次抱怨，罚处一个月苦役；第三次抱怨，终生流放，在涅尔琴斯服苦役。

——可以将农民从一个县迁往另一个县。

——1792年诏谕，可以买卖无地而背负地主债务的农民。

恰恰是大地主们用自己一项又一项的决定，提前为1773年叶梅利扬·伊万诺维奇·普加乔夫领导的农民大起义创造了全国性的条件。

18世纪末，俄罗斯中央省份成千上万的农民纷纷从住惯了的地方开拔，前往伏尔加河流域、乌拉尔、阿斯特拉罕草原、西伯利亚以及自由自在的土地，力求改变人生轨迹，以争取更好的命运。很多时候，会向各省长下达批文，允许移民前往指定地点，并指定移民定居点。由一些载重马车组成的车队，车后尾随着规模不等的牛群，在路上逶迤而行，络绎不绝。农民们将勤劳、自由思想、勇气、对幸福的向往带到了自己新的故乡。他们用自己的双手建设起自己的新生活，开垦着人烟稀少人迹罕至的蛮荒土地。踏上天涯之旅，前往遥远地方的农民，有的是经过批准的，有的就是流亡。中央各省逃亡者人流汹涌澎湃，想都别想能够加以遏制。1801年，朝廷宣布大赦。在国家层面正式承认，对农民而言，自主脱离地主是摆脱压迫的最好出路。

可以找到那些普京家族人士的后裔，这些前辈的踪迹猝然中断，迄今尚未找到。1692年出生的叶利斯特拉特·法捷耶维奇、1701年出生的帕维尔·法捷耶维奇、1716年出生的格里戈里·费奥多罗维奇、1788年出生的米哈伊尔·阿列克谢耶维奇、1807年出生的彼得·伊万诺维奇、1843年出生的库兹马·普罗霍罗维奇，毫无疑问在某些遥远的边疆使家族得以延续。

查寻普京家族的军人，是今后调研具有前景的方向之一。1713年出生的斯皮里东·费奥多罗维奇和1718年出生的费奥多尔·费奥多罗维奇这两位老兵，将后裔留在了哪里，若想找到答案，更为复杂。据历史学家说，历代应征入伍者名单迄今仍未加以系统化整理，依然存放在遥远的库房里。从1705年实施应召入伍义务制开始，服兵役成为终身制。斯皮里东和费奥多尔都是在25岁时应征入伍的，相应的分别是在1738年和1743年。

在他们服役期间，也就是在1756年至1763年，与普鲁士进行了7年战争。在那段时间，费奥多尔43—50岁，斯皮里东38—45岁。他们有可能参战。

从1763年开始，服兵役的期限规定为25年。这时，费奥多尔的服役时间已满25年，斯皮里东刚满20年。如果说兄弟俩当初服役是在一起，那么现在他们的生活道路可能是各奔东西了。费奥多尔，作为一个超期服役者，多半会被留下定居或调转到后方的后勤部队。斯皮里东还得服满剩下的5年。

1768年，斯皮里东服役期满。他可能根据命令退伍了。但这一年爆发了俄土战争。服役期满的军人，在这一年能否退伍，不清楚。战争爆发，这很可能成为暂时停止执行退伍命令而直到战争结束的一个严重理由。与土耳其人的战争打到1774年。这一年，斯皮里东已经56岁。他是否活到了那时，或者说

第二部分　家世调查　第七章　家世调查结果

他是否一直服役到战争结束，也不清楚。

1773年，爆发了普加乔夫领导的农民大起义。很有可能，从对土作战的前线调动一批部队，转去镇压暴动。在调动的部队里，不排除有斯皮里东。对费奥多尔·费奥多罗维奇和斯皮里东·费奥多罗维奇的兵役生涯，可以做如此大概的推测。

1831年，从军服役期限缩短到5年，但每年都征兵。征兵制基本是针对农民阶层实行。起初，实行定额征兵制，主要是根据户数摊派；后来，实行定额征兵制，主要是根据男丁人口摊派。一般情况下，问题都由地主也就是村庄的拥有者个别地与乡人或农民的村社来解决。1861年废除农奴制以后，每年一次的征兵问题，由村会（注：1861年后帝俄的基层行政单位）处理。全民兵役制是沙俄帝国1874年开始实行的。

在19世纪，农民的生活就是如此复杂和艰难。1861年伟大的农业改革，为农民开辟了自由生活的前景，使农民具有了转入其他社会群体的可能。然而，气候并没有变化，农民为了生存继续日复一日地挣扎。1891年，歉收严重到全国爆发大饥荒，到处收钱赈灾。农民从小就教孩子离厨房越近越好，不能身无颗粒。正因为如此，伊万·彼得罗维奇为生存至上立场促使，决定将年幼的儿子斯皮里东送去学厨艺。他做出这一决定，并不是要把小小年纪的儿子推出家门，而是要他在后厨工作，从而确保了他生活无虞和身体健康。

在良好的生活条件下，人们都可以长寿。他们吃着自家菜园和花园里生长的瓜果菜蔬，将健康的生活方式一代传一代，从而形成了与生俱来的良好基因。各家各户不约而同，用经过考验自然的方法对食品加以腌制、晒干或做成罐头，然后保存。大自然自行将新出生的婴儿分成虚弱的和强壮的。先天虚弱的婴儿，有可能过早夭折，也有可能在父母的精心照料下获得健康得以生存。先天强壮的婴儿能够健康成长，成为长寿之人，他们采取健康的生活方式，能够生育许多健康如父母一样的健壮孩子。许多农民顺利地活到70—80岁。他们得益于家乡的土地和民间的良药。他们生活在自己的土地上，在那上面他们可以毫无顾虑地赤足而行，呼吸着针叶林吐纳的清新空气，针叶林就簇拥在房舍周围，履行其庇护者的天职。

一旦生病，在浴室即可治愈不适，采用的方法往往是：烤着俄式火炉，用从自家林间和田野间采来的枝条和野草抽打前胸后背，辅以小饮专门酿制的汤汁和露酒。在早期几代人中，在那国家发展和农民生活极其复杂的时期，成为俄罗斯坚强基底的是那样一些强壮的男子汉，如下列普京家族的人：

——在家族的第二代，法杰伊·阿基莫维奇活了超过67岁，从1649年到1716年；

——在家族的第四代，谢苗·费奥多罗维奇活了72岁，从1723年到1795年；

——在家族的第五代，阿列克谢·谢苗诺维奇挺过悲惨的鼠疫，活了83岁，从1761年到1844年。

在较为晚些的几代人中和靠近我们的年代中，第九代男人们似乎得益于与生俱来的基因，都很长寿。从他们开始，各支各系独立发展。第九代男人中，活得时间最长的是总统的曾祖父伊万·彼得罗维奇，超过75岁，即从1845年到20世纪20年代初。他并非自然辞世，而因患西班牙流感不治身亡。他的弟弟尼古拉·彼得罗维奇活到55岁，便过早去世。据了解他的一些

第二部分　家世调查　第七章　家世调查结果

人的说法，尼古拉死于彼得堡的气候。假如他没有去彼得堡，他会活得时间很长。伊万的另一个弟弟季莫费·彼得罗维奇，1859年生人，60岁的时候想出来要大兴土木重建房舍，实际上他还真干成了。完工之时，出于偶然，他从房顶上掉了下来，这成为他过早离世的原因。

在第10代即祖父这一代，长寿者有：亚历山大·尼古拉耶维奇，活了90岁；斯皮里东·伊万诺维奇，活了86岁。倘若不是因为围困中的列宁格勒和战后农村连续饥饿，伊万·安德烈耶维奇和费奥多尔·安德烈耶维奇能够活得更长，分别不止享年63岁和60岁。

在第十一代即父辈人中，总统的父亲和叔叔活了88岁。这还是在极其艰难的生活条件下，亲历战争并负伤。亚历山大·费奥多罗维奇活了74岁。

于是，根据履历和家谱调查结果，可以作出一个基本的结论：具有农民血统的普京家族，是一个由健康强壮男人组成的家族，这些男人值得拥有最大幸福——家族长寿。

调查结果表明，近代，普京家族有两位始祖。谢苗·费奥多罗维奇，是普京家族先是生活在波米诺沃村，后来分别迁到不同城市那支的始祖。这是弗拉基米尔·弗拉基米罗维奇·普京总统的曾祖父，他之上有八代人。尽管近几代人出生地点各不相同，根据故乡村庄的名称，称他们为波米诺沃普京更为合适。通过亲身会见、回忆、文件和照片，关于他们的情况掌握的已经足够详尽。

阿基姆·尼基托维奇·普京，是普京家族曾经生活在波尔迪诺村一支的始祖。这是弗拉基米尔·弗拉基米罗维奇·普京总统的曾祖父，他之上有十一代人。根据村名，可以称这一支人为波尔迪诺普京。有关他们的情况，除了一些老人的回忆，几乎一无所闻。亚历山大·尼古拉耶维奇·普京讲到，在很久以前有个时候，本家亲戚们前往伏尔加河流域，并在那里定居。他还记得，亲戚中有一位名叫瓦萨的妇女。这个名字非常少见，因此他记住了。她家里有很多孩子。别的就不记得什么了。

家系调查结果不仅回答了有关祖先和远亲的种种问题，而且还提出了许多有意思的新问题。普京家族来自哪里？这个家族是如何四散迁移的？都在哪里定居？有关波尔迪诺普京家族祖先的情况，如今在波尔迪诺村的人谁都不记得甚至啥都不知道。这意味着，他们离开这个村庄的时间实在太久远了，以致当地的村民忘得干干净净。

家谱通常是由上而下排序，也就是从分列在上面的祖辈开始向下递减一代一代分列。皇家宗室和大公家族的家谱系表，都由专业的历史学家制作，就是这样排列的。为了使家族成员在不同地区的迁移分布情况能一目了然，可以使用溯叙家谱系表，也就是后代在上，祖先排下，由小到大从下往上排列。结果成为一幅颠倒的家谱图表。这样倒置的家谱使用方便，一目了然，而且在分析家族成员迁移分布情况时易于领会。

家谱提供了只有一种涵义的概念，那就是波米诺沃的普京家族来自于波尔迪诺普京家族。至于他们又是怎么到了波尔迪诺，暂时还不清楚。对于他们离开波尔迪诺去了哪里这个问题，答案可能会是多种多样的。其他普京家族的人在哪里？在波尔迪诺普京家族中，有十多位家族继承者。他们不

第二部分　家世调查　第七章　家世调查结果

可能消失得无影无踪。他们肯定迁移到哪里去了，定居在某一地，或者更为可能的是多个地方。寻找这些人，这将是一个有趣的任务。

第八章　关于保全普京家族的世代传说

　　从久远的中世纪开始，人们就面临致命瘟疫的威胁，始终处在恐惧笼罩之中。例如鼠疫这种病，爆发突然，不论收入，不论阶层，也不论政权或国家所在之地，毁灭性地席卷城乡居民。在许多城市，居民全家全家地病，一家一家地死。不妨列举斯摩棱斯克作为一个鼠疫造成满城空巷恐怖局面的例子。1387年一场瘟疫之后，全城就剩5人，他们从布满尸体的城中挣扎出来，回身将城门关上。

　　1771年，俄罗斯遭遇可怕鼠疫，民间称之为"黑死病"，这一瘟疫突然爆发并迅速蔓延。在莫斯科，瘟疫是1月份开始的。从8月到11月，来势汹汹的鼠疫高峰期持续了4个月。政府派来清理尸体的是驾着带篷马车脚戴足枷的囚犯，他们头戴面罩，身穿涂蜡外套，手使长钩，将一具具尸体从无人继承的房屋里拖拽出来，放到马车上，运到城外埋葬死者之处。那时，煤炭与炼焦的柈子被视为清洁空气最好的东西。在市场上，卖主与买主之间摆着大火堆，竖着隔离桩，并有人严格监视，不准城里人接触外来人，也不准城里人和外来人混在一起。付款时，钱得在醋里浸一下。警察不履行职责，打架斗殴和抢劫盗窃，光天化日之下，就在人们眼皮底下进行。莫斯科一片混乱，严重到就连莫斯科总司令彼·谢·萨尔特科夫伯爵（作为俄陆军元帅，俄普七年战争中指挥俄军作战，在帕尔齐希和库纳斯多夫战胜普鲁士国王弗里德里希二世）也逃到自己的马尔

第二部分　家世调查　　第八章　关于保全普京家族的世代传说

菲诺领地。弃城逃走的还有省长巴赫梅捷夫和警察头子尤什科夫。9月16日，爆发暴动，贵族府邸被完全破坏，阿姆夫罗西总主教被打死。弹如飞蝗，射向了愤怒市民汇集的人群。

尽管采取了应对措施，但是疫病还是迅速地蔓延。普希金诺村一个工人，被黑死病吓坏了，动身回乡下的家。路上，他给妻子买了件新东西——那时俄罗斯北方已婚妇女流行的女帽（帽呈鸟冠状，上面用锦缎、金银条带、玻璃珠装饰）。他到家不久，全家和全村人相继死去。后来弄清楚了，问题出在帽子上，帽子是从一个患黑死病死者头上摘下来的。科泽列茨城的市民也是这样死的，是由于一件从契尔尼戈夫城买来的长外套。

女皇叶卡捷琳娜二世下诏，将鼠疫笼罩的莫斯科托付给了叶罗普金中将。紧闭城门，全城封锁，任何人都不许出城。过往莫斯科关卡的交通禁止。由彼得堡到上沃洛乔克、特维尔、布龙尼奇设立特别警戒线，严密封锁，由布留斯伯爵任总指挥。

图尔吉诺沃区的农民一贯在乡村生活，一向不外出。根据1724年颁布的一项法令，对农民的出行加以限制，即使经地主允许，他们去30俄里（1俄里相当于1.06公里）以外的地方打工也禁止。如果短期离开去比较远的地方，必须持有当地警察所长签名的身份证。然而，乡村的居民并没有与世隔绝，他们依旧做买卖，并同其他地方的亲戚保持来往。不知是通过什么途径，灾难降临到波米诺沃村。无论村民们怎样竭力防备，也没有完全奏效。

普京家族的谢苗·费奥多罗维奇和叶卡捷琳娜·伊万诺夫娜一家全都病倒了。能否康复，希望渺茫。孩子们一个接一个地死去。父母，一个48岁，一个47岁。是否再生几个孩子，这个问题已经没心思再想。已经临近需要子女关心、赡养和照顾的年龄。孤寡老人独自生活很可怕。上帝听从了他们的祈祷。天降奇迹，10岁大的阿列克谢避免了兄弟姐妹与死神拥抱的命运。他能够活下来，一靠身体强壮，二靠父母的关心。全家以及整个普京家族处于生死存亡的边缘。家族能否延续，希望系于一人，也就是这个小名叫阿廖沙的小男孩。

这时，一些极其糟糕的情况在普京家生活中接踵而至。瘟疫结束之后，应当重新划分土地。由于人口减少，可经营的耕地、林地、牧场、水域等总面积统一划分，在幸存的居民中重新分配，份地自然而然增加了。很久以来，在居民减少或增加的情况下，无论是否有人觊觎某些地块或水域，都会进行重新划分。如何处理这一重大的事情，几辈先人制定的规则和约定俗成的传统在发挥作用。无论农民，还是地主，任何人都不能破坏这些规则和传统。在村里几近荒无人烟的情形下，做出了一个令人发笑的决定：要让阿列克谢结婚。领主阿普拉克辛伯爵一家对此结婚动议表示同意。他们在物质利益上的考虑是显而易见的，因为家庭越多，孩子越多，劳动人手越多，收入就越多。

波克罗夫教堂的神甫认真倾听了他们提出的这个问题，并对如何解决这个问题表现得很关心。他最初拒绝为这个未成年的小男孩举行婚礼。农民们千方百计向神甫证明，结婚是拯救这个小男孩的唯一生路。他回答说，在如此特殊的情况下，除非得到都主教（大的主教辖区的首脑，隶属于宗主教）的允许，他才能为年龄如此之小的新郎新娘举行婚礼。他答应就此

第二部分 家世调查　第八章 关于保全普京家族的世代传说

事专门去找一次都主教。最后，确定了一个举行婚礼必须具备的条件，那就是新郎的年龄必须得满13岁。神甫建议给阿列克谢选一个比他大两岁以上的新娘。在随后的3年里，神甫一直观察着阿列克谢和村民指给他看过的女孩阿加菲娅。3年过去了，都主教批准结婚，于是神甫同意为阿列克谢和阿加菲娅举行婚礼。

1774年，阿列克谢·谢苗诺维奇和阿加菲娅·阿基莫夫娜在波克罗夫教堂举行了婚礼。对普京家族来说，这是具有重要意义的一年。一个15岁妻子的13岁丈夫成为男人和一家之主。他获得了与同村男人们同等的权利，一样参加经济生活和土地划分。

结婚后，阿列克谢和阿加菲娅相处和睦，家庭美满。早婚使他们独立自主的意识和勤俭持家的精神及早发展成熟。有关阿列克谢·谢苗诺维奇和阿加菲娅·阿基莫夫娜两个孩子的档案资料保留至今。

普京家族后来几代多年记得那些曾经积极帮助过阿列克谢的人。直到20世纪中期，祖父一辈还记得那些人的姓名。普京家族一代又一代始终深怀感恩之心，念念不忘为拯救普京家族提供过的帮助。普京家族的人一直以特殊的方式热情友好地对待这些人及其后人的家庭，虽说普京家与这些家庭并没有什么亲属关系。

20世纪60年代，几乎过了200年之后，这则关于阿列克谢早婚的惊奇故事，才由亚历山大·尼古拉耶维奇·普京讲述出来。18世纪70年代发生的那些事件，对祖父这一辈来说，并非远古传说，而是世代口口相传的家族生活的鲜活画面。

这就是时代与时代的隐形联系。假如阿列克谢没能从鼠疫中死里逃生，那么波米诺沃村的普京家族就会戛然而止，俄罗斯今天就完全可能是另外一个什么人当总统。

第九章　伏尔加河流域的族人

亚历山大·尼古拉耶维奇·普京说，波尔迪诺村的亲戚纷纷迁往伏尔加河流域定居。波尔迪诺村离当地的经济中心比较远，而且没有河流，这是他们远走他乡的部分原因。传说，他们在伏尔加河流域开始以种地打鱼为生，逐步发展到有的从事农业，有的经营渔业。弗拉基米尔·弗拉基米罗维奇·普京的祖父斯皮里东·伊万诺维奇·普京在莫斯科工作期间，与伏尔加河沿岸的亲戚见面是家常便饭。20世纪20年代，在新经济政策开始施行之前，伏尔加河流域普京家族的人听从斯皮里东·伊万诺维奇的建议将自己的产业全部卖掉。他们仅给自己留下足够养家糊口的农田并全都开始专心务农。到了对私营企业主采取镇压措施的时期，他们和所有人一样仅拥有农家产业。这就没给有关方面对他们向对私营企业主一样采取强制措施的理由。

小贝科夫卡村普京家族家谱的编撰者，是近些年生活在乌里扬诺夫斯克的弗拉基米尔·亚历山德罗维奇·普京。这一支的始祖是1819年生人的安德烈·普京。家谱涵盖七代。安德烈·普京许多后代的生活与工作都与萨马拉（古比雪夫）相关联。因此，这一支称为萨马拉普京。这一支的代表分别居住在下列伏尔加河流域城市：喀山，乌里扬诺夫斯克，萨马拉，巴拉科沃，萨拉托夫。在哈萨克斯坦也有普京家族这一支的后人。

在18世纪后半叶，叶卡捷琳娜二世向伏尔加河流域迁移德国垦殖者这一贡献众所周知。然而，由此自然而然产生了一个问题，为什么置千百万现有的农民于不用，而动用本族的农民招人诟病地开垦空闲的土地？问题在于管理体制、所有制和如何组织经济生活。在处理国家要务过程中，行政当局必然置各层统治官僚的经济利益于不顾，而在政治上采取必要的强硬措施。

地主反对向伏尔加河流域、乌拉尔和西伯利亚迁移农民。这样移民会以列下方式损害他们的经济利益：

——向数量减少了的农民出售土地，价格势必降低；

——农民数量减少，导致他们的工钱上涨。

地主希望在中心城市拥有价格昂贵且不断上涨的住宅，而不想在数千里之外买便宜房子，同时希望农民低价向地主出售自己，而不是地主高价寻找农民工。国家利益与地主阶级利益不相一致。这一矛盾是叶卡捷琳娜二世探索改革俄罗斯经济生活的原因之一。她对法国启蒙学派思想感兴趣的起源来自于此。领导者应当为国家和社会发展的每一阶段都制定出行之有效的法律。女皇改组了参政院，设立了十多个委员会，负责起草社会生活主要方面的法律。

这项极其重要的工作，忽紧忽慢进行了几十年，拖延了上百年。切实成为移民现实经济基础的是"解放者之王"亚历山大二世1861年进行的伟大的农民改革。国家文件为农民提供了个人自由，允许他们去遥远的土地上寻找更好的命运。

农民安德烈·普京与他的家人和志同道合者也组成了一个当时所说的移民群。他先是派大儿子雅科夫去伏尔加河一带趟路子，确定将来的落脚之地。儿子很快就回来了，讲那里有肥

第二部分　家世调查　第九章　伏尔加河流域的族人

沃的土地，并描述了前去的路线。安德烈和雅科夫不厌其烦地向自己的朋友们、邻居们、未来的志趣相同者们讲述自己移民的打算。面临的将是漫长艰难的旅途，不仅携家带口，还得带着必要的财产。加入普京家移民群的将近有30家，如博罗金一家，戈洛博科夫一家，科萨列夫一家，马特洛索夫一家，波斯诺夫一家，齐金一家等等。聚集起一个庞大的载重车队。他们向着新生活出发了。一路艰难，出现了许多意想不到的情况，不时耽搁着进程，车队逶迤而行，拉开了长长一溜儿。年长者维持着秩序，照看着落后的车辆，或在后推一把，或向前拽一下，不让任何一辆马车掉队或脱离整个车队。由于所有类似的移民车队在许多路上络绎不绝，故而移民一时被称为逃荒者。安德烈·普京率领的车队穿越了整个梁赞省。

1862年，逃荒者们来到了沃利斯克。总督给每个家庭分拨的地块，按每个男劳力一年收费25卢布计算（据萨拉托夫州巴拉科沃市地方志博物馆资料）。地块分布在伏尔加河左支流大伊尔吉兹河两岸。安德烈·普京和儿子雅科夫、季莫费和阿基姆共获得72俄亩（1俄亩相当于1.09公顷）土地（这大大多于72公顷）。开发和经营这片土地，面临艰巨的劳动和大量的工作。

在17世纪和18世纪，在伏尔加河下游边区的巴拉科夫大地上有一些独立的哥萨克军垦屯和渔猎营。在彼得一世签署的证书中，提及到他们。沙皇将这些土地捐给了莫斯科的新救世主修道院。过了一段时间，莫斯科一个大买卖人的儿子康斯坦丁·瓦西里耶维奇·兹洛宾将巴拉科沃村的土地尽数买进，并在沃利斯克这么个小地方住了下来。他组织来自中央各省和伏尔加河上游的农民占据这些土地。很快，来了很多移民，他们保持着东正教古老的规矩。旧教徒基本上是那些有板有眼、家境殷实、宁愿自主而不愿受雇的人。他们在对于他们来讲还是全新的疆土上寻找肥沃的土地。逃荒者们一到，康·瓦·兹洛宾便授予他们有权定居的证书，定居地包括伊尔吉兹河沿岸地区。移民们在那里建立起村庄，如牛脊村，红崖村，尼科利斯克—卡扎科沃村，博博沃村等等。

安德烈·普京和他的同伴们，一到定居地，便忙于安顿和规划未来的村庄。最初，他们将定居点称为佳古诺沃村（逃荒者村）。拟定了四条街道，名称分别是：德沃良卡，梁赞卡，波波夫卡和古辛卡。在贝科沃琪卡小河岸边找到了一种似乎可以烧砖的黏土。与此同时，他们和妇女们一起，人人动手，开始在波波夫卡街上建筑教堂。砖窑和烧砖场地，是安德烈和雅科夫一手修建的。不久，又建起了磨坊和必要的经济设施。两年后，他们将佳古诺沃村改名为小贝科夫卡（显然，名称来源于村旁的贝科沃琪卡小河）。所有佳古诺沃的移民们都建起了质量很好的房子，修好了规规整整的花园与菜园，并开创了各种产业。有些秧田溢满了水，后来清楚了，根源来自上涌的地下水。雅科夫带领孩子们挖掘并修建了排水涵洞和排水渠道。这些水渠保留至今。他做的事留存在人们的记忆中，他们以雅沙（雅科夫小名）蓄水池和雅什卡（雅科夫昵称）冲沟这样的命名纪念他。一个已经现代化了的村庄保留了安德烈·普京和他的伙伴们当年的规划。

与雅科夫一起移民的还有他两个弟弟。普京一家从事农业，在萨马拉和萨拉托夫买卖粮食，去埃尔顿湖和巴斯昆恰克

第二部分　家世调查　　第九章　伏尔加河流域的族人

湖倒腾盐，搞运输，拥有渔场和砖窑，从父到子都成为了干什么像什么的多面手。几个小家庭各个人丁兴旺。雅科夫的孩子相继出生：玛丽亚，彼得，米哈伊尔，阿列克谢，亚历山大，瓦西里和斯捷潘。几兄弟、孩子们和后人们分别住在以下不同地方：小贝科夫卡，尼科利斯克—卡扎科沃，博博沃，伊凡杰耶夫卡，萨拉托夫。阿列克谢·雅科夫列维奇在博博沃村开了一家小旅馆，同时从事运输。亚历山大·雅科夫列维奇走宗教之路当了神父。普京家族各小家庭的一家之主都拥有确保独立自主的事业。在俄罗斯，只要事业独立、经济状况良好，便能获得相当可观的收入。家族所有成员，本身都积极工作，并教育子女：不论外部条件如何，自己都要勤劳和富有责任感。他们不会想象到会有那么一天：他们的子女被迫拿起小刀战战兢兢地刮掉照片上的姓名，他们在革命前身着盛装拍摄带有签名的照片会出现在侦查人员手中并成为用以指控他们的证据，他们本来是人民杰出的代表却被公开宣布为人民公敌。

雅科夫·安德烈耶维奇的房子传给儿子季莫费，后来季莫费又将房子传给了自己的儿子米哈伊尔。米哈伊尔·季莫费耶维奇曾经从军保卫祖国，在1914年—1918年的第一次世界大战中参加过多条战线作战。他从前线回来，准备过和平生活，但1919年在自己家中却被一伙不明身份的恶人杀死在家中。那时，在下伏尔加河流域边区，也包括尼科利斯克—卡扎科沃地区，匪帮恣意作恶，猖獗横行。米哈伊尔的子女不幸落入了孤儿院，其中几个在1921年饿死。

亚历山大·米哈伊洛维奇幸免饿死，勉强活了下来。后来，他在集体农庄工作，当拖拉机队队长。卫国战争期间，他参军上前线作战，身上多处负伤。1945年复员回家，拄着双拐走路，不久因伤病而死。

阿列克谢·雅科夫列维奇被捕，判处徒刑，流放到哈萨克斯坦下矿井。

亚历山大·雅科夫列维奇的命运最为悲惨。父母世代为农，儿子还很小的时候，就让他信奉东正教。他参加了小贝科夫卡村喀山教堂的儿童唱诗班。他自小所受的教育是信奉上帝，永远不背叛他。19岁起，他开始在教堂当看守。后来当诵经人，在萨马拉圣三一大教堂所属宗教学校学习。毕业后，他被授予高级司祭之职。1917年，亚历山大·雅科夫列维奇年满47岁。

从1917年起，当局就一直在迫害他。故乡的教堂被关闭，他作为司祭遭到威胁。亚·雅·普京被迫一个又一个不断调换自己的教区……而家人留下没动，依然生活在故乡的老屋。在缺钱、饥荒、经济崩溃和刑事犯罪甚嚣尘上的情形下，当局仍然到处开展全面消除东正教教区的工作。亚历山大·雅科夫列维奇被迫背井离乡，从一个地方转换到另一个地方。在1921年—1922年期间，他参加了为伏尔加河流域灾民人道主义赈灾的物资分配工作。

在20世纪20年代，小贝科夫卡村的社会主义建设，由片瓦不留地拆毁教堂开始。有人打小报告，指责亚·雅·普京搞反苏宣传，这一条被作为搜查他足够的依据。在亚历山大·雅科夫列维奇家里搜出了零零碎碎共130卢布。这些钱是教区信民的施舍。司祭不仅从精神上还得从物质上保证他所负责的教堂正常运作，包括为交付国家向教堂征缴的所得税募集钱款。司祭

第二部分　家世调查　第九章　伏尔加河流域的族人

被逮捕了，不是因为小报告检举的反苏宣传，而是因为他囤积零钱这一事实。他被指控破坏国家金融秩序。据说，某些商店找钱的零钱不够，顾客很不满意。指控司祭为教堂收集零钱并使其停止流通，激起民众不满。判定被告犯有两项刑事案，刑侦档案总编号分别为22637号和20344号。1930年9月14日，下伏尔加河流域边区国家政治联合管理局三人组宣判亚·雅·普京在北方服刑3年，罪名是"在自己家里隐藏和存储用以兑换和找钱的零碎硬币"。被告拒不认罪。那年，亚历山大·雅科夫列维奇60岁。

他遭逮捕和被判刑的后果是，他农家院的经济遭到破坏，全家人被赶出自家的房子。幼小的孩子们，看别人出现在自己家里，不明白发生的这一切是怎么回事。家具全都被搬走了，只剩下空荡荡的房间和光秃秃的四壁。院子里的牲畜也被牵走了。过了一会儿，小母牛犊挣脱了缰绳，跑回了自家院子，不断地用鼻子和嘴巴往主人一家身上拱。很快，有两个人尾随而来，强行给小牛犊戴上笼套，使出吃奶力气硬把四腿后坐的小牛犊拽到集体农庄院子里。后来，留在孩子们记忆里的是，一排黑洞洞的板棚，父亲和母亲交谈，同他们告别并在临走前最后看了他们一眼。母亲玛丽亚·彼得罗夫娜转达了父亲交待的话："抛弃一切，带上孩子们，赶快离开这个地方，越远越好。"

服刑期满，亚历山大·雅科夫列维奇回来，在萨拉托夫州普加乔夫区老波鲁别日卡定居。他不想由于自己的缘故而使夫人和孩子们遭受迫害的威胁，因此他远离家人独自居住，但保持着对家庭的忠诚。他的观点和信仰未变，依然是个祭司。

1934年，也就是在获得自由并在老波鲁别日卡安顿下来后，他很快秘密地来到古比雪夫回了一趟家。他深夜进家，凌晨即走，为的是不被任何人看见。正如后来所发现的那样，他这个人永远不变。离开前，他对家人说，他仍将面临为信仰而受难。

1935年，亚·雅·普京再度被捕。他已经65岁了。判定他刑事犯罪，刑侦档案总编号为20044号。起诉措辞如下："亚·雅·普京，作为怀有敌对情绪者，反对苏维埃政权采取的措施，企图组建反革命集团，成员都是他认识并与他观点相同的人"。萨拉托夫法庭特别委员会认定被告犯有反革命活动罪，根据俄罗斯苏维埃联邦社会主义共和国刑法第一部分第58条第10款判处被告：剥夺5年自由，刑满释放后剥夺3年选举权。这个案子，是用什么办法捏造出来的，仅能去猜想。判决书附有说明书："我承认犯有反革命活动罪"。犯人被分期分批押送新西伯利亚边疆区，送到二战时期被纳粹德军赶出国门者聚集的新伊万诺夫集中营，关进人民内务委员部新西伯利亚边疆区（当时克麦罗沃州并入新西伯利亚边疆区）内务局所属劳改营三处管辖的牧场。

在劳改营一次搜查中，在亚历山大·雅科夫列维奇的随身物品中发现 5 封既无地址又无署名的来信。根据刑法第58条第2款、第58条第8款、第58条第10款和第58条第11款，这是又犯了新案。一轮又一轮的审讯开始了。这次，亚·雅·普京被指控犯有两件刑事案，一项单列，刑侦档案总编号为2755号，另一项与35名神职人员和204名立宪民主党人同案，刑侦档案总编号为1689号。虽再为被告，但亚历山大·雅科夫列维奇既没供出任何人，也不承认自己有罪。他被关进单人牢房，在里面受尽

第二部分　家世调查　　第九章　伏尔加河流域的族人

了侮辱和折磨。随后，对他进行了"特殊的修理"：凶狠的严刑拷打，难以忍受的地狱般的折磨。最后，产生了一张用颤抖的手书写的笔录："我认罪，参加组建法西斯组织。"字母在单词里写得横七竖八，单词在句子里写得东倒西歪。侦讯材料是国家安全系统的少尉别林斯基写的。亚·雅·普京暴露出，他是反革命起义组织"俄罗斯全体军人联盟"成员。该组织似乎将其目标确定为：通过武装起义推翻苏维埃政权，并针对苏维埃政权党的领导人组织恐怖主义行动。司祭，未及服满"因反革命活动"罪而被判的5年徒刑，又被加上"组建法西斯组织"一宗罪。1937年12月25日，人民内务委员部新西伯利亚边疆区内务局三人小组宣判对亚·雅·普京处以极刑——枪毙。1938年1月13日，判决予以执行。在死刑名单上，亚历山大·雅科夫列维奇·普京名列第22。

因捏造出来的"俄罗斯全体军人联盟"一案而被枪毙的其他人中有：伊万·伊万诺维奇·鲁班斯基，瓦西里·米哈伊洛维奇·贡恰罗夫等，共239人。所有这些人，每人名下都有一份签字潦草的判决执行书。

难以举出更为残酷的迫害例子，就算是从大众新闻工具报道的那些案例中也找不到。司祭亚历山大·雅科夫列维奇·普京不过就是一个具体的人，然而体制力量一而再再而三地试图将他从东正教中挤压出来。一但确认他的信仰不可动摇，他们便决定将他从人世间销亡。

18年后，按照监督的程序，将1956年12月11日生效编号为104481号的复查议定书归档。议定书明确指出，该案纯系捏造，对所有所谓罪犯的判决予以废除，此案亦予以终止。——

列举了全部35位神职人员的姓名，其中包括亚·雅·普京。

按照亲近的人们的意见，上述列举的文件实际上并未能给亚·雅·普京恢复名誉。没有给执行者们下达指示，即把终止此案和废除枪毙的判决传达到被冤杀者的家属。结果仅仅成为某一个国家机关采取了一个内部行政行动，而在这个国家机关里不过是几十号工作人员按照职能职责履行公务。可以将此称之为秘密平反。被消灭之人的妻子、儿孙、近亲和远亲以及朋友们毫不知情。每当填写履历表时，孩子们都按照母亲的建议，在父亲社会出身那一栏里写上，个体农民，死于1930年。直到20世纪80年代，他们才获得正式文件，才对一家之主经历的事情有所了解。

在那个年代，许多人都遭受过迫害。一些家庭的成员变换了工作和居住地点，还有一些家庭的成员改名换姓。亲人之间，互不寻找，也不通信。当局所作所为的后果是，断绝了随后若干代俄罗斯人民人与人之间主要的氏族联系。在断绝人民氏族同一性方面，进行了一次历史性的外科手术。隔绝亲属，断绝家族间个人联系，迄今不仅对普京家族有很大影响，对被革命猝然间改变了命运的其他人的家族也有同样影响。那时，人们彼此间不寻求联系，并非出于物质属性或关系特殊等主观方面原因，实际上是因为不想给自己的亲人们带来意外伤害必要的客观考虑。

玛丽亚·彼得罗夫娜从不回想往事，在特别亲密的朋友处藏了一些老照片，对孩子们她则说："记住，你们的父亲为了信仰而经受苦难，他还将忍受这种苦难并将自己的十字架背负到底。" 她没能等到公开平反昭雪的那一天，而连秘密的平反

第二部分　家世调查　第九章　伏尔加河流域的族人

也没人通知她。

1930年，雅科夫·普京的房子里，住进了姓博罗金的一家人。1961年，这家人中有一个酒后无德的人，醉醺醺地一把火把房子给烧了。

那一年，在远离已经烧成废墟的老屋的地方，发生了一件事。可以把这件事看成是平平常常的巧合。但是，亲属们确信，这是天意，是命运的征兆。就在这一年，亚历山大·雅科夫列维奇的夫人玛丽亚·彼得罗夫娜·普京娜去世了。那时，玛丽亚·彼得罗夫娜和她的孩子们与故乡断绝了联系。普京家在萨马拉和乌里扬诺夫斯克的儿孙们，是多年以后才获悉，小贝科夫卡村的老屋被烧了。而玛丽亚·彼得罗夫娜本人则不可能也无从知道一场大火把老屋烧了。

几乎40年过去了，也就是在1999年，亚·雅·普京的一个孙子带着一个重孙子回了趟老家。他们去看了大火毁掉的祖屋，只见残砖烂瓦一片废墟，花园被砍得光秃秃的，菜园里杂草丛生。本属普京家的地块上，没人修建什么。土地在等待自家人？

司祭亚历山大·雅科夫列维奇的子女们，即农民移民者雅科夫·安德烈耶维奇的孙子孙女们，都长大成人了，并且还掌握了民间传统的东正教精神财富。

叶卡捷琳娜在中小学合一的学校工作，是数学教师。

尼古拉生活在古比雪夫，在米亚吉印刷厂工作。他参加了1939年哈勒欣河一带的多次战斗。在伟大的卫国战争期间，头部受震伤。他1949年复员，开始过平民生活，1988年去世。

维克托生活在古比雪夫①，在城市民居设计局工作。1966年去世。

亚历山大在"汽车及拖拉机配件"工厂工作。首批应召上前线。1941年8月，在一场大战中，他所在的师陷入重重包围，幸存人员全部被俘。亚历山大不甘心乖乖地做俘虏，设法逃出敌营，希望尽快找到自己的部队。他没能想象到，苏军部队是以何等快的速度撤离的。突破国界4个月后，德国法西斯军队占领了苏联大片领土，占据了通往莫斯科的战略要冲，呈现兵临城下的态势。极少有战俘会冒险逃跑投奔自己的队伍，并能够追上后撤的苏军部队。亚历山大重又落入德国法西斯的魔掌。这时，他已不是原部队的一员，而是一个独立的个体。他被打得半死，然后送往集中营。经过几番周折，他被押送到挪威，关进了坐落在卑尔根港附近的集中营。1945年，英军解放了这个集中营所有被关押的人。苏军官兵兴高采烈，出发回国，满心期望重新上战场为胜利而战，或为祖国而工作。在苏联，像亚历山大这样的人，没有被作为解放了的战俘而对待，而是作为叛徒来处理，这完全符合斯大林所说的话："我们没有战俘，只有叛徒。" 亚历山大被逮捕，送进苏联集中营，去建设化学联合工厂。1948年，他获释。在古比雪夫第四国家轴承厂工作。机械专科学校毕业后，他当上了工程师。

弗拉基米尔生活在古比雪夫，毕业于第一铁路专科学校。在1942年—1943年，他从事火车机车司炉工作，跑的线路是：古比雪夫、萨拉托夫、平扎、乌法。作为一个优秀的学生，他

---

① 古比雪夫，1928年设州，首府萨马拉。1935年改称古比雪夫，1991年复称萨马拉。

第二部分　家世调查　　第九章　伏尔加河流域的族人

被选派到工业劳动后备军中等技术学校。从1948年开始，他作为生产教学能手在第一技工学校工作。他的工作受到表扬，被授予"劳动后备军模范"称号。在20世纪50年代，他在一家生产后备物资的企业工作，当工程师，从事技术设备和装置设计工作，加工战备预制件，一旦爆发新的战争，即可组装军用品。随后，他继续发挥自己的专长，在古比雪夫区职业技术教育管理局工作，管理本系统所有生产企业。从1961年开始，他在航空学院附属教学实验工厂当一级工程师兼一级设计师。正是在他们这个集体里，产生了研制用于航天装置的新型缓冲器的想法，这个创意受到了索伊费尔教授的支持。阿夫托尔被任命为实验室主任，参与相关工作的人得到了一个滑稽的外号"索伊费尔分子"，弗拉基米尔是其中一员。1963年，他转到尼·米·什维尔尼克仪器仪表中等技术学校工作，学校附属基地企业是著名的马斯连尼科夫工厂，工厂职工将近3万名，生产导弹发射系统引信和组件，还生产"吉姆"牌和"胜利"牌手表。1969年，弗·亚·普京升任副厂长，开始负责教学生产工作。妻子卓娅·伊万诺夫娜·普京娜（婚前姓萨马林娜）是古比雪夫热列兹诺多罗日内区执委会副主席，负责经济计划方面工作，是一位非常有威望的地方领导干部，担任过第12届区苏维埃代表。家里有两个孩子：儿子是军人，在喀山服役；女儿在乌里扬诺夫斯克赛马场附属马术学校工作。

彼得在1942年13岁时跑出家门，上了前线。他后来说，他想打希特勒。他出现在一个独立驻扎团的营区，部队领导接纳了他。于是他成为"团的儿子"。在古比雪夫，玛丽亚·彼得罗夫娜不可能对儿子擅自跑到前线善罢甘休，她递交了寻人启事。在驻扎在维亚济马城外的团队里找到了这个男孩。在一位女民警的陪伴下，男孩被送回母亲身边。小伙子被教育得目标坚定，到了1945年，他的年龄刚刚达标便考进了在乌里扬诺夫斯克得奥廖尔近卫军坦克学校。后来，他成为一名军人。

  安德烈·普京这一支的家谱以及各个家庭的出身和演变，多年来一直是一个封闭的话题。每当孩子们想打听点儿关于亲戚们的事情，大人就会制止，理由是不要给这些亲戚们带来伤害。玛丽亚·彼得罗夫娜1961年去世后，家里一直保持着一个秘而不宣的规矩：不去查询父亲及其亲戚的情况。有关父亲悲剧般的命运，孩子们直到1989年才有所了解。直到1991年10月18日《关于为遭受政治迫害死难者平反昭雪》的1761号法令出台后，弗·亚·普京才开始着手查寻父亲、祖父及他们前辈有关情况的工作。然而，进行如此职业化的家族史调查，弗拉基米尔·亚历山德罗维奇已经力不从心。但是，亚历山大·雅科夫列维奇·普京善良的名声毕竟恢复了。

第十章　遥远的普京们

由深入调查而产生的12代人的普京家族家谱大树，使我们能够对这个农民家族成员的坎坷命运做出初步结论，也使我们能够对他们在俄罗斯疆土上不同的移民之路大致有所了解。家族的许多家庭分布在当地两座村庄——波米诺沃和波尔迪诺。生活在波米诺沃的，是从18世纪50年代开始，直到现在，时间跨度为250多年；在波尔迪诺的，是从17世纪初开始，直到19世纪中叶，时间跨度不少于250年。从18世纪50年代到19世纪中叶这一时期，家族的许多家庭同时生活在这两个不同的村子里。

18世纪50年代，一个姓名为谢苗·费奥多罗维奇·普京的单身小伙子在波米诺沃落户。在他落户之前，这个村里还没有姓普京的人。谢苗结了婚，并将自己的血脉一代一代传了下去。他后代的人数，在150年期间，也就是相当于第六代，人口增多了，男性达到8人，女性人数加起来达到13人。从家谱图表上看，在以后一代，即第十一代，人数更多。谢苗·费奥多罗维奇的后人，在20世纪初至20世纪30年代出生的第十一代是人数最多的。在随后几十年间，他后人的出生率下降，人数也大为减少。早些时候就已经出现的分产单干的农民进城打短工的现象，愈演愈烈，演变成移民潮，发展成农民逃脱集体农庄化的乡村而进城谋生之风。如果没发生1917年的黑色划分，那么普京家族不会少于10个家庭继续留在波米诺沃过乡村生活，拥有属于自己的肥沃的土地、宅旁园地、自己的房舍和生产事业所需的全部设备，这些生产业务，不仅保证了家庭的可观收入，也确保了国家的正常税收。这些家庭是由于18世纪50年代一个在这里定居的人而组成的。谢苗，作为一个家族的嫩枝，被栽在波米诺沃村，逐步长成了一棵枝繁叶茂的大树。家族的一支嫩芽，结下了丰硕的果实。

在这期间，家族大树的另一主干情况怎么样呢？这一支早在18世纪40年代前就在波尔迪诺村形成了，并在18世纪和19世纪得到了顺利发展。但是，在19世纪中叶，这一支消失了。亚历山大·尼古拉耶维奇·普京讲述了他们移民伏尔加河流域的情况。可见，普京家族最后一批人离开波尔迪诺是1861年开始实行农业改革后的最初几年。他们构成了伏尔加河流域普京家族的基础。

应该作出更加可能的推测：在一个漫长的时期中，普京家族逐步搬离这个村庄，几经周折，逐步迁移到不同地区。对其他地区来说，波尔迪诺的普京家族数十年是俄罗斯人民独特的发展中心。这是俄罗斯生机勃勃透入骨髓的民族性源泉。将波尔迪诺发展中心强有力和可靠的农民迁移到其他地区，有益于增强和巩固国家利益。

现阶段调查勾勒出来的家族谱系之树，暂时还不能确切回答这样一个问题：到底有多少个普京家庭参加了大迁移？统计的尝试带有抽象性质。想要知道整个家族是怎么发展的，那就需要拥有关于家族其他没能在谱系之树上繁衍枝叶的成员的完整资料。可以形象地说，这是从大树主干上折下来送到其他地区栽植的枝条。有关家族的充足资料，可以从对旁支进行的

第二部分　家世调查　　第十章　遥远的普京们

家族补充调查中获得。这项工作的结果，对人具有极大的吸引力。从家族观点看来，调查结果会提供有关生活在不同地区许多普京家族相互之间的关系情况。从国家观点来看，调查结果则会提供沙俄帝国在17—19世纪实行的移民政策某些方面的有关情况。

在17世纪80年代至18世纪最初十年，农民在良好条件下的稳定生活终止了。彼得大帝进行俄罗斯内政外交重大改革，需要健壮的男子去打仗、去工作、去所有需要的地方服役——参加北方战争，开发乌拉尔和南方大草原，建设彼得堡。可以推测，大多数波尔迪诺男性普京积极踊跃地参加了执行那些年间作出的规定。也有可能，从他们之中出了很多彼得堡普京和彼尔姆普京。这两座城市的普京家人经久不变的联系由他们而开始持续了几个世纪，这很合乎逻辑。

仅1704年一年，从各省征召送往彼得堡的劳工就达4万人，主要是来自于国家以及地主领地的农奴。对旧教徒一次又一次的迫害逼得许多人逃到了乌拉尔。虽正式宣布了宽容异教："对待异教徒，应当保持态度温和、行为理智，主赋予沙皇统治各族人民的权力，但人们的内心由耶稣主宰。"但实际情况没有任何改变，加倍向异教徒征税。

18世纪初，对组建家庭生活颁布了新规定。规定明令禁止强制出嫁和结婚。明文规定订婚与结婚之间期限为6星期，"以便未婚夫与未婚妻彼此了解"。如果在此期间"未婚夫不想娶未婚妻，或者未婚妻不想嫁给未婚夫"，无论父母怎么坚持，"未婚双方均可自由"。从1702年开始，未婚妻本人，不仅仅是其亲属，享有解除订婚和废止包办婚姻的权利。在这种情况下，任何一方都无权"叩求违约金"。

普京家族的人，从波尔迪诺村迁往遥远的地方，持续了好几代。若想查明这些农民的移民路线，他们的领主掌握的情况或许能有所帮助。由谢苗·费奥多罗维奇为始祖的总统这一支普京们，从谢苗的孙子米哈伊尔·阿列克谢耶维奇开始，向外地移民很有可能是他们很有名望的领主办理的，或将他们迁到这些领主在其他省拥有的领地，或任由他们迁往别处。这些领主是阿普拉克辛一家（直到1766年），萨马林一家（从1766年到19世纪第一个十年）和涅普柳耶夫一家（从19世纪第一个十年到1861年）。

弗拉基米尔·亚历山德罗维奇·普京（现居乌里扬诺夫斯克，属于伏尔加河流域普京家人）所进行的大量查询工作，使我们能够编撰勃良斯克州和彼尔姆边疆区普京家人家谱图表。之所以对这些地方格外关注，是由下述情况决定的：这些地方居住着许多姓普京的人，人数多于俄罗斯许多其他地方。

勃良斯克州

家谱图表是根据弗拉基米尔·叶夫根耶维奇·普京提供的资料编撰的。他居住在特鲁布契夫斯克区萨古季耶沃村。图表纳入了萨古季耶沃村和小白桦村以及勃良斯克州中心以普京为

第二部分　家世调查　第十章　遥远的普京们

姓氏的居民。

据家族一代一代口口相传，很久很久以前，纤夫们拉着驳船沿捷斯纳河来往。大家称驳船的主人为萨古特。18世纪初，这个地方来了一些新人，其中有一个姓普京。谁也不知道，他从哪里来。大概是来自特维尔乡下或者浦季夫里乡村。陆续迁来的移民往往都务农。1715年，建起了村庄，大家就根据驳船主人的外号给村庄起了个名：萨古特耶沃。随着时间的推移，村庄扩大了，而普京家族人口也随之增多，子女成家立业后，先后分家，就近落户。

这一支的始主是1840年出生的德米特里。由他开始，在萨古特耶沃的普京家族繁衍生息。但是，家谱中没有反映出从1715年建村到德米特里1840年出生期间家族几代人的情况。这段时间为125年，在家世沿革系谱中，与五代人相符，到目前为止，有关这五代人的情况尚不清楚。整体而言，勃良斯克的普京家族人数，比俄罗斯联邦任何一个州都多。

彼尔姆边疆区

这一支的族谱是根据弗拉基米尔·费奥多罗维奇·普京提供的资料编撰的。他生活在彼尔姆市。

据老人们讲，彼尔姆普京家族的祖先原是来自旧教徒的一些射手。他们是用"射火器"武装起来的常备步兵。在尼孔宗教改革之初和17世纪50-60年代教派分裂中，他们因拒绝接受祈祷仪式的新规则遭受失宠被黜。为了躲避因笃信旧教而遭受迫害，他们脱离服役的部队，离开中央地区，长途跋涉，远走他乡，在乌拉尔的深山老林隐藏了起来。他们创建了普京诺村和老镇村，并建筑了一座旧教教堂。

在保存至今的1908年旧教历法中，提及著名的乌拉尔商界一位代表，"来自奥切尔工厂"的安德烈·彼得罗维奇·普京。他在奥汉斯克县做日杂食品和日常百货生意。此外，他还专卖盐和鱼。他被列为旧教教堂最有威望的宗教社会活动家之一。

1917年，当地普京家族的人公开不支持布尔什维克政权。其中最为活跃的人全部被逮捕，有的被枪毙，有的被扔进冰窟窿里。

尽管杀害了普京家族的人，布尔什维克中央政权足够明白，不能把政治对抗扩散到整个家族，也不能让这个家族的代表人物长期置身社会之外。当地普京家族有个人，名叫约瑟夫·叶夫斯季格涅耶维奇，在克里姆林宫斯大林身边工作，身份是中校军医勤务。

根据前辈记忆整理并保存至今的资料，普京家族在南乌拉尔的始祖是1838年生出的费奥多尔。显然，正如勃良斯克那一支的情况一样，普京家族在彼尔姆边疆区的实际创始人出现在这里要早好多年。早在宗教改革之初，家族这一支就开始在这些地方生活。到费奥多尔出生，已经过去了将近190年，按代计算，将近八代人。鉴于其可观的人数和影响，普京家族彼尔姆一支具有特殊意义。

第二部分　家世调查　　第十章　遥远的普京们

　　普京家族这两支的家谱，暂时与主要的家族起源调查材料没有关系。应当把它们作为家族的分支，与以后确定远祖几代家族关系统筹考虑。现在有各种各样的说法……获取有根有据的证明乃是极其有意义的任务。

第三部分

同 姓 者

第十一章　在俄罗斯和其他独联体国家的同姓者

在俄罗斯联邦

出于个人需要在全国范围内进行任何姓氏移民调查都是一个复杂的任务。主要问题在于如何获得原始资料。显然，将遇到的组织机构方面的复杂情况会使这一问题转为无法解决一类。实际上解决办法极其简单：发出咨询问卷，根据收到的答复编制一览表，附上评析。

20世纪80年代，曾经组织过几次资料查询，但都不是很成功。这使人们对情况有了切合实际的判断，并在此基础上对这项工作作出了重新安排。进行全面调查的计划不得不放弃了。取而代之的是，缩减选择地区，确定进行不完整调查。获得已选地区姓普京的人数，就可计算出全国姓普京的总人数，也就是根据已选联邦主体姓普京的人数在这些已选主体居民总人口中所占的比例，得出系数，再乘以全国总人口数，即可得出所求结果。系数能反映出上百万人口中拥有具体姓氏的居民人数。如果选择的地区占地区总数的20%–40%，那么可以认为，进行类似调查使用系数是足够可信的。这种方法自然也有一个弊端，那就是会丧失部分人员资料。若想将这种损失最小化，可以在选择合适地区上下功夫。

在俄罗斯联邦全境开展普京（及普京娜）姓氏公民分布情况的调查工作，是20世纪80年代酝酿的，落实则是在20世纪90年代。在调查进行过程中，出现了一些问题，但这些问题没有演化成不可解决的问题。在那个年代，普京这个姓尚未引起过多注意。无非是一个不常见但很普通的姓，一个不引人注意的姓。这使得很多问题处理起来容易了很多。

落实工作是1992年从圣彼得堡开始的。接下来的资料收集工作持续了3年。向各边疆区内务局致函查询，同时申请在寻找普京姓氏居民工作上予以协助。各证件处的工作人员，根据所掌握的所有证件备案材料，对辖区内居民进行定向排查，并将获得的资料发出，对查询给予回复。来自于各地区的资料完备程度，可说有天壤之别。在大多数的回复中，资料非常丰富，甚至超出所需。几乎所有落实这项工作的人员，对待查询都很负责，他们提供的资料令人信服。在所有的回复中，只有一份显然是敷衍塞责，还有一份无疑是装疯卖傻："只有一个在寻找中，另外姓普京娜的我们这里没有，只有普京娜（两个男的。注：普京娜的俄文为дутина；普京为дутин；而两三个普京，俄文词则与普京娜相同，为дутина）"（引文！）。总体而言，有充分的理由向参与这项工作各证件处的工作人员表示感谢。

从登记表上看，萨拉托夫州显得比较突出，大约有170名姓普京的人。这实际证实了伏尔加河流域普京家族的世代传说，他们祖先移民来到这些富饶的边疆地区，这些美好的地方给外来移民们提供了良好的生活条件。

在阿斯特拉罕州、沃洛格达州和彼尔姆州也有姓普京的

第三部分　同姓者　第十一章　在俄罗斯和其他独联体国家的同姓者

人，每个州都有100多名。在圣彼得堡有大量姓普京的人，这不令人奇怪。为了建设北方首都，多年间，从各省乡村向彼得堡征召了成千上万的农民。许多农民工后来留了下来，结婚成家，生儿育女，培养子孙，一代又一代延续着家族的姓氏。1861年的农业改革，则为另一些农民工提供了在首都挣大钱和发展自己家庭的机会。其中包括来自特维尔省的农民斯皮里东·普京、亚历山大·普京和伊万·普京。

资料显示，勃良斯克州居住着93名姓普京的人。其中35人在萨古特耶沃村，31人在小白桦村。所有普京家族的根是不是就在这里？他们是不是从这里出发，移民到了整个大俄罗斯？还有许多资料需要进一步研究。

登记名单资料汇总在下面的一览表内。

所选俄罗斯联邦主体普京（普京娜）姓氏公民人口数量和密度概算表
1995年

编号	州、共和国、城市	登记的普京（普京娜）姓氏公民人数（单位：人）			2002年统计调查居民人数（单位：千人）		每百万成年人口中普京（普京娜）姓氏者密度
		男	女	全体	总数	成年人（16岁以上）	

（续表）

栏一	栏二	栏三	栏四	栏五（=栏三+栏四）	栏六	栏七（=栏六×0.82）	栏八（=栏五/栏七×100万）
*	阿斯特拉罕州	50	50	100	1,005	824	121.4
1	勃良斯克州	39	54	93	1 379	1 131	82.4
2	弗拉基米尔州	0	3	3	1 524	1 250	2.4
*	沃洛格达州	50	50	100	1 270	1 041	96.1
3	沃罗涅日州	5	4	9	2 379	1 951	4.6
4	伊万诺沃州	3	2	5	1 148	941	5.3
5	卡尔梅克自治共和国	1	0	1	292	239	4.2
6	卡卢加州	1	1	2	1 042	854	2.3
7	堪察加州	4	9	13	359	294	44.2

第三部分　同姓者　　第十一章　在俄罗斯和其他独联体国家的同姓者

（续表）

8	基洛夫州	1	3	4	1 504	1 233	3.2
9	科斯特罗马州	0	2	2	737	604	3.3
10*	库尔干州	7	7	14	1 020	836	16.7
11	利佩茨克州	2	4	6	1 213	995	6.0
12	马加丹州	2	6	8	183	150	53.3
13*	马里自治共和国	4	4	8	7 280	5 970	1.3
14	摩尔曼斯克州	5	2	7	893	732	9.6
15	诺夫哥罗德州	3	3	6	694	569	10.5
16*	奥伦堡州	3	3	6	2 180	1 788	3.4
*	彼尔姆州	50	50	100	2 819	2 312	43.3
17	普斯科夫州	5	3	8	761	624	12.8
18*	罗斯托夫州	15	15	30	4 404	3 611	8.3

（续表）

19*	圣彼得堡	50	50	100	4 661	3 822	26.2
20*	萨拉托夫州	85	85	170	2 668	2 188	77.7
21	斯摩棱斯克州	3	3	6	1 050	861	7.0
22*	斯塔夫罗波尔边疆区	14	14	28	2 735	2 243	12.5
23	坦波夫州	3	3	6	1 178	966	6.2
24	特维尔州	18	23	41	1 471	1 206	34.0
25*	托木斯克州	4	4	8	1 046	858	9.3
26	图拉州	6	15	21	1 676	1 374	15.3
27*	秋明州	28	28	56	3 265	2677	20.9
28*	车里雅宾斯克州	13	13	26	3 603	2 954	8.8
29*	赤塔州	5	5	10	1 155	947	10.6
30*	楚瓦什自治共和国	15	15	30	1 314	1 077	27.9

第三部分 同姓者　第十一章 在俄罗斯和其他独联体国家的同姓者

（续表）

31	雅罗斯拉夫尔州	19	18	37	1 367	1 121	33.0
	各项选择总数	513	551	1 064	61275	50246	21.2

注：表格里标*号表示，本行各栏填写的是大致数据。标注*号用意如下：

1、*号取代序数，即：致阿斯特拉罕州、沃洛格达州和彼尔姆州的查询函发出后，收到的回复大致是，每个州都生活着100名以上所查姓氏的居民，编制具体名册相应需要足够多的时间，具体操作人员不想干；缺附加名单。就上述三个州，根据他们的回复，填写上了最低的数字。男性和女性的人数采取对半分，即50+50=100人。

2、*号与序数一起标注，即：致库尔干州、奥伦堡州、罗斯托夫州、萨拉托夫州、斯塔夫罗波尔边疆区、托木斯克州、秋明州、车里雅宾斯克州、赤塔州、圣彼得堡、马里自治共和国和楚瓦什自治共和国的查询函发出后，收到的回复仅有男性的人数。对这些地区，采用了女性与男性相同的人数。

从事统计分析工作的专业人士大概会在这些统计表中找到粗制滥造和不合规矩的东西。然而，对于家世调查来说，这些数量问题和缺失偏差尚在许可范围之内。

1、16岁以上拥有普京（普京娜）姓氏的居民，在所选定的联邦主体100万成人居民中所占的人数：

5,024.6万成人居民中，有1,064名16岁以上普京（普京娜）姓氏居民，等于每100万成人居民中有21.2名16岁以上普京（普京娜）姓氏居民。

2、俄罗斯联邦总人口2002年为14,516.7万人，普京（普京娜）姓氏居民有3,074人，公式如下：

21.2人／100万人×14,516.7万人＝3,074人。

即使加以最低限度的四舍五入，我们也可以得出3000人这个数。所有原始资料收集了，根据普遍规则将这个数字最小化也是能够接受的。所以，可以大体确定，俄罗斯现有姓普京（普京娜）的男女不少于3000人。

在其他独联体国家

有4个独联体国家成为姓普京者的出生地：哈萨克斯坦（阿拉木图）、乌兹别克斯坦（铁尔梅兹）、格鲁吉亚（齐泰利茨卡罗）和摩尔多瓦[①]。它们都是原苏联加盟共和国。

一位普京家族的人，出生在俄罗斯，去了亚美尼亚。

伊万·叶菲莫维奇·普京奈，1967年生于摩尔达维亚，1991年离开秋明州下涅瓦尔托夫斯克区，前往乌克兰敖德萨州鞑靼布纳雷区一个乡村。

---

① 摩尔多瓦共和国在苏联时期称为摩尔达维亚，1991年改名为摩尔多瓦共和国。

第三部分 同姓者　第十一章　在俄罗斯和其他独联体国家的同姓者

需要详细地说说摩尔达维亚的普京们。21世纪初，大众媒体相继报道，说曾经有一位人称弗拉德·普京奈的人在德米特里·坎捷米尔大公身边服役。在1711年彼得大帝反对奥斯曼帝国的普鲁士战争中，弗拉德·普京奈崭露头角。彼得大帝表彰他勇敢，并奖给他一把刻有自己御笔签名的军刀。战后，德米特里·坎捷米尔大公随彼得大帝离开了摩尔达维亚。十有八九，勇敢的弗拉德·普京奈也随大公一同离开了。报道说，后来人们称他为弗拉基米尔·普京，他有6个儿子，因服役期间的贡献在什么地方获封了领地。不妨反过来推测：某一位弗拉基米尔·普京被发配到摩尔达维亚大公身边服役，摩尔达维亚人按照自己的传统将他的姓氏加以了改造。

秋明州的登记资料并不能证明这一点，但也不驳斥关于摩尔多瓦弗拉德·普京奈的传说。在秋明州下涅瓦尔托夫斯克区和普罗夫斯克区乌连戈镇，有6位来自摩尔达维亚姓普京的居民登记注册：

——奇米什利亚区楚库尔—明日尔村人：1961年出生的伊万·米哈伊洛维奇·普京奈，1967年出生的米哈伊尔·米哈伊洛维奇·普京，1971年出生的谢苗·谢苗诺维奇·普京；

——温盖尼市人：1969年出生的尼古拉·伊万诺维奇·普京；

——温盖尼区扎戈朗奇村人：1969年出生的安德烈·彼得罗维奇·普京；

——温盖尼区人：1963年出生的格奥尔吉·彼得罗维奇·普京。

关于普京家族其他摩尔达维亚生人的登记资料，在摩尔曼斯克州、罗斯托夫州、普斯科夫州、萨拉托夫州和楚瓦什自治共和国也有。

1966年在穆尔曼斯克楚库尔—明日尔村出生的伊万·格奥尔吉耶维奇·普京，先是在水产品工业部门工作，后于1991年去了奇米什利亚镇。

在罗斯托夫州阿克塞斯克区登记注册的伊万·彼得罗维奇·普京，1944年生人，去了摩尔达维亚。

米哈伊尔·斯捷潘诺维奇·普京，1971年出生于摩尔达维亚科托夫斯克区波什戈内村，在普斯科夫州谢别日斯克区印迪察镇生活过若干年，1990年重返波什戈内。

鲍里斯·德米特里耶维奇·普京，1962年出生于摩尔达维亚洛佐夫区老格奇镇，在萨拉托夫州巴扎罗卡拉布拉赫斯克区生活过，1989年去老格奇了。

1941年在摩尔达维亚楚库尔—明日尔村出生的季莫费·格奥尔吉耶维奇·普京，于1992年在楚瓦什自治共和国舒梅尔利亚市登记注册。

结果是：传奇依然在出生于摩尔达维亚而工作在俄罗斯的普京家族人的生活中延续。

第十二章　有名气的同姓人

1、亚历山大·德米特里耶维奇·普京，1918年出生，苏联军官。他来自于萨拉托夫州农民家庭，是小贝科夫卡村亚科夫·安德烈耶维奇的曾孙、1864年生人的彼得的孙子、1890年生人的德米特里的儿子。他毕业于萨拉托夫州恩格斯城空军学校，在伟大的卫国战争中作过战。1954年，他36岁，在空军学院毕业。他复员时，军衔是上校。获得过一枚列宁勋章、三枚红旗勋章、一枚亚历山大·涅夫斯基勋章和若干奖章。1945年，他27岁时，被授予苏联英雄称号。1962年，他在梁赞定居，并开始在苏联电子工业部下属"电子配件"生产联合体工作。

2、阿纳托利·阿列克谢耶维奇·普京，是彼尔姆一所大学的老师。他编写了一系列英语教学学生用教科书和参考书：《英语数学符号与公式》，1965年出版；《关于语法、修辞与词汇若干问题的参考书》，1971年出版，等等。

3、安德烈·阿尔卡季耶维奇·普京，空军领航员，中尉，出生于彼尔姆，毕业于萨拉托夫高等空军学校。20世纪90年代南奥塞梯发生动乱时，他作为一架米格—8直升机的机组人员，奉命执行任务。他在机组负责导航计算，在飞行中为执行地面命令和起降提供定向保障。从茨欣瓦利市机场起飞，途中在泽莫尼科奇镇附近上空，直升机遭射击。他负伤昏迷不醒，在医院不治身亡。他弟弟瓦吉姆·阿尔卡季耶维奇也是一名军官，空军飞行员，曾在符拉迪沃斯托克服役。父亲是阿尔卡季·韦杰尼耶维奇。

4、瓦连京·亚历山德罗维奇·普京，1935年出生，技术科学副博士，是切里亚宾斯克综合技术学院汽车与拖拉机教研室教授。20世纪50年代末至20世纪60年代初，他担任全苏列宁共产主义青年团切里亚宾斯克综合技术学院团委书记，全苏列宁共产主义青年团切里亚宾斯克州团委第二书记。从1961年开始，他在中央车轮生产设计工艺局工作。从1967年开始，他担任汽车与拖拉机教研室教师、副教授、教授。他出版了120多部作品，其中包括5部学术专著和19本教科书及教学参考书。

5、根纳季·费奥多罗维奇·普京，1947年生，物理数学博士，是彼尔姆代沃普通物理教研室主任。教研室的主要研究方向是：液体物理、对流和热交换。培养"液体、气体和等离子体物理"专业研究生和博士生。1979年，他在莫斯科大学物理数学系作了副博士论文答辩，题目是《在强力散逸条件下对流的实验研究》。他研制出对流传送器，1998年安装到"和平号"空间站上试用。太空火箭"能源"公司的工作人员为试验提供了保障，精算保障由俄罗斯科学院莫斯科应用物理学院的工作人员完成。参与了"和平号"空间站与航天飞机对接的俄美太空合作项目。教研室的工作人员和毕业生进行化学、生物学和气象学等方面的科学研究，并从事石油、冶金、动力等工业领域的研究工作。

6、尤里·格里戈里耶维奇·普京，1978年在列宁格勒铁路运输工程学院作了应考副博士学位论文答辩，题目是《客运车厢重心状态对其运行质量的影响》。

7、安菲萨·季莫费耶娃·普京，摩尔达维亚俄语教师，著作有：《摩尔达维亚中小学俄语课程》，1960年出版；《教学与教育》，1964年出版；《关于完善摩尔达维亚中小学俄语及俄罗斯文学教学方法介绍》，1977年出版。

8、然娜·维克多罗夫娜·普京，是切里亚宾斯克综合技术学院《书写法》教研室《画法几何学》教程老师，出版及发表了65部（篇）关于工程画法几何学方面的作品。

9、奥莉加·阿列克谢耶夫娜·普京，1932年生，毕业于莫斯科化学工艺学院。1973年，她在乌拉尔国家大学作了应考副博士学位论文答辩，题目是《在碱土金属氯化钠融化状态下和液体金属镁中镍与钢锈蚀研究》。她在莫斯科州奥焦勒市出生，曾当过别列兹尼科夫斯克硝酸化肥工厂氨硝车间班长，并在钛镁科学研究所工作过。她拥有70项发明专利证明书和90部（篇）出版发表作品，是海绵钛、镁及其合金工业生产方面的专家。

10、米哈伊尔·叶利谢耶维奇·普京，1894年生，曾是列宁格勒建筑托拉斯的领导。看起来，在普京家族名人中，米哈伊尔·叶利谢耶维奇是唯一在苏联成为著名人物的。他是那一时期事业、经济和政治现象的首倡者之一，这一现象在苏联被称为社会主义竞赛。他的名气来自于国家政治领导赋予这一现象的意义。

米哈伊尔·叶利谢耶维奇出生于特维尔省一个多子女家庭。父亲在尼古拉耶夫铁路别热茨克站工作，当扳道员。米哈伊尔·叶利谢耶维奇，小名叫米沙，从1903年开始在一家咖啡馆打工，咖啡馆位于涅瓦大街42号。他负责烧水、摆放水壶、劈劈材以及做老板交代的其他零活。由于过于热衷阅读，小男孩被赶出了咖啡店。他换了许多工作：看守，送信等等。

在20世纪第一个十年期间，他在卡拉什尼科夫沿岸大街找到了一份工作，当装卸工，把数十普特重的口袋背到三、四十步开外。传统上装卸工都系着红色的宽腰带。在等待发工资的时候，大家往往都聚集在账房门口，常常玩起角斗。角斗，是按照俄罗斯的方式，两个人搂抱在一起摔跤。米哈伊尔·普京总是胜者，因此获得一个外号：角斗士米什卡。他被人注意到了，受邀参加彼得堡"萨尼塔斯"运动协会，业余时间进行训练和表演。他通过参加当众表演，获得了额外收入。按照分级，米哈伊尔属于半重量级。他在运动协会开始学习古典式摔跤。这个时期，他既当装卸工，又在马戏院和公园夏季搭的场子上表演。在"萨尼塔斯"运动协会，米哈伊尔·普京结识了俄罗斯著名古典式职业摔跤世界冠军伊万·波杜布内。

在十月革命后最初一些年，彼得堡的经济生活沉寂。没有货物和食品，首都食品紧缺。装卸工们无事可做，而且看不到任何前景。为了无论如何能活下去，装卸工们组织了一个摔跤队，去全国各地表演挣钱。这个团队中有米哈伊尔·普京。彼得堡的角斗士们与大力士伊万·波杜布内在托姆斯克偶然狭路相逢。他们决定在这里举行一场冠军赛：彼得堡摔跤队每个摔跤手，都要出场与著名的摔跤大师伊万·波杜布内较量一会儿。没等开摔，大家就早都知道最终结果了，伊万·波杜布内没对手。摔跤手们有个约定：上场和他搏斗时，尽量坚持时间长一点儿；谁坚持的时间长，谁就是摔跤队里的胜利者。米哈伊尔·普京上场，与伊万·波杜布内开摔，坚持的时间最长：7分钟。1923年，米哈伊尔·普京在塔夫里切斯基花园战胜了彼

第三部分　同姓者　第十二章　有名气的同姓人

得堡大众的最爱亚纳茨冈。

20世纪20年代后几年，米哈伊尔·普京在"红维伯尔热茨"工厂工作，在筒管车间当退火司炉。一年后，他成为清整工大队长。清整大队里全都是膀大腰圆的壮汉，如鲍里斯·科鲁格洛夫、帕维尔·莫金等等。后来，米哈伊尔·普京迷上了与鲍里斯·科鲁格洛夫摔跤。

报纸报道，博物馆的工作人员在整理档案文件时发现，伊万·德米特里耶维奇·沙德尔创作的著名塑雕《圆石——无产阶级的武器》，模特就是米哈伊尔·普京。雕像显示的是，一个无产者扭腰屈臂准备投掷从马路上抠下来的一块圆石。雕塑为纪念1905年事件而创作。

20世纪20年代末，米哈伊尔·普京成为各供应工厂队组之间开展竞赛的倡议者。列宁格勒领导支持这一倡议，并将其推广到工艺相关生产企业，鼓励捉对开展竞赛："红维伯尔热茨"工厂—科利丘金斯基工厂，金属制造厂—"电力厂"，"飞毛腿"厂—"无产阶级胜利"厂，等等。1931年，米哈伊尔·普京因提出这一倡议被授予列宁勋章。

20世纪30年代末，米哈伊尔·普京成为"全苏专业建筑联合公司"管理局局长，这个局很快成为苏联西北部最优秀的单位之一，多年享有盛誉。战争年代，米哈伊尔·普京领导一个建筑托拉斯，环绕列宁格勒建设了一系列防御设施。在那个时期，托拉斯的工人基本上都是老人、不到应征入伍年龄的半大小伙子、伤残人员和妇女。米哈伊尔·普京领导这个托拉斯，主要靠以身作则，他常常手握铁锹或大锤置身劳动生产第一线。1949年，他领导的托拉斯为列宁格勒人建筑了"红维伯尔热茨"工人俱乐部。米哈伊尔·普京在列宁格勒享有很高威望。他于1969年逝世。

　　苏联黑色冶金和有色冶金部委与冶金工业工会中央委员会主席团，联合设立了功勋奖金并授予黑色冶金和有色冶金战线有杰出贡献的宿将，其中包括米哈伊尔·叶利谢耶维奇·普京。

第四部分

姓氏来历

第四部分 姓氏来历

普京的姓氏使俄罗斯人联想到过去几个世纪文件证明中所阐述的古代俄罗斯人的忠诚以及国家的建立和形成过程中的历史事件。

在俄语中，普京姓氏的基础反映了人的优良品质。这些品质可以用以下词汇来表述：走在路上的人，勇往直前、不拐弯的人，做实事的人，追求目标的人，正确的人，等等。

人民的初始交往形成于1000多年前的东欧平原及其毗邻地区。每个人都有自己的名字。1986年，根据本书作者的要求，专门从事专有名词和名字形成研究的一些学者制订了一个可能形成普京姓氏的最早名单。原来，最早的名字约有50个。现在无从得知，其中哪个名字后来成为普京家族姓氏的基础。此家族名字的最早使用者可以追溯到很久以前。这些人的来源和组成情况不明。但其出生和生活的地方符合那些久远年代人们总的领土分布状况。在档案中保留了一些书面文件，其中提及名字相似的著名历史人物。

一位名叫普吉亚塔的军事长官在基辅为俄罗斯奠基者之一——弗拉基米尔·斯维亚托斯拉沃维奇大公（942–1015年）效力。他有千人称号，即指挥1000名军人。这在9世纪是非常强大的力量。

鲍里斯和格列布兄弟是俄罗斯人民最尊敬的圣人之一。1015年的编年史叙述了他们的生平。而一位名叫普特沙的贵族作为参与这两兄弟的一些历史事件而著称。

在歌颂多勃伦·尼基季奇的壮士歌里提到了基辅大公弗拉基米尔·扎巴夫的侄女普佳季齐纳。

200年后，在1217年的编年史里，诺夫哥罗德的贵族奥尔克萨·普吉洛维奇是一个重要人物。

1284年，贵族普佳塔·佳季科维奇是斯摩棱斯克大公费多尔·罗斯基斯拉沃维奇的宠臣。

著名专家、俄罗斯科学院语言学研究所院士亚历山德拉·瓦西里耶夫娜·苏佩兰斯卡娅对语言学作出了重要贡献。很多人是通过阅读《科学与生活》杂志中她的《您的姓氏》专栏定期发表的一系列吸引人的文章而知道她。她从1964年起就开辟了这个专栏！1986年她就撰写了关于普京家族内部关系变化的表格。

家族族长：普季、普季伊、普佳伊、普京、普季姆。

儿子和孙子：普特科、普季科、普季克、普季亚科、普捷恩、普捷茨。

继承人：普季奇、普季尼奇、普季察、普季茨（诺夫哥罗德人）。

妻子：普季尼娅、普捷尼娅、普特尼娅、普特娜。

女儿：普佳尼娅、普久莎、普久什卡、普托哈、普通卡、普特卡。

家族或家里人：普季涅茨、普季梅茨、普季列茨、普捷列茨、普季维茨。

男人的名字：普季洛、普季拉、普季沙、普特利亚伊、普佳加、普佳托、普图赫、普特内什、普特里亚、普特拉、普特加、普特恰（诺夫哥罗德人）。

这就是最近几代以来在形成名字、绰号和家族名字时人们所使用的有关名字。使用这些名字的任何一个人都可能成为普京家族名字的初始者，后来又在文件上登记为普京姓氏。

第四部分 姓氏来历

古时候有三个词根上相近似的名字：普季斯拉夫、普季沃伊和普季米尔。这几个名字和外号的基础反映了人的优良品质：带着光荣与和平向前走的人，一往无前、决不逃避困难；正确的人；务实的人，等等。在历史的某个时期这些名字也可以成为姓氏的基础。

在10世纪20年代，姆斯季斯拉夫·弗拉基米罗维奇大公在切尔尼戈夫的特姆塔拉卡尼（塔曼半岛）建立了切尔尼戈夫公国。其大城市之一是普季夫尔。

那么城市的名字是否可能成为家族名字的起源，而后又演变成姓氏呢？语言学家对此给予否定的回答。当然，他们是在有根据的、科学的、方法论基础上研究作出的结论。但是，如果看一下内务局的材料，就会看出某些联系。如果对曾经属于古罗斯土地的那些州的普京姓氏数量进行比较，那么数量最大的是在布良斯克州：每100万名居民中有82人姓普京。这样，布良斯克州姓普京的人比俄罗斯平均姓普京的人多三倍。而且姓普京的这三倍人基本上是住在萨古季耶沃村和白色的白桦树村。从布良斯克的这两个村到普季夫尔市只有100多公里，走着去不难，骑马去更容易。

那么，这个事实能否说明普京姓氏来源于普季夫尔城市呢？缺乏令人信服的证据。中世纪人民迁徙的基本方向是向北走。

下一个在历史文件中与普京名字相似的例子出现在1422年。伊万·谢苗诺维奇·普季亚塔—德鲁茨基签署了立陶宛和利沃尼亚的和约。当时，在维托夫特大公那里服务的普季亚塔—德鲁茨基根据大公的命令，参加了莫斯科军队同蒙古鞑靼人的战斗。1425年，鞑靼大公昆达达特的军队向莫斯科进攻。

力量对比和政治形势促使维托夫特大公决定帮助莫斯科打败鞑靼人的袭击。为了加强自己领导的队伍，普季亚塔—德鲁茨基与其弟伊万·巴布的部队结成联盟。兄弟俩作为盟友帮助莫斯科大公瓦西里·德米特里耶维奇打仗。兄弟俩的部队打仗非常出色。蒙古鞑靼人的侵袭被击退，昆达达特逃离莫斯科。莫斯科大公瓦西里·德米特里耶维奇巩固了自己的威望并加强了大公政权。鉴于普季亚塔—德鲁茨基表现出来的英勇精神，他受到莫斯科大公王宫青睐，其家族被写入特维尔省的家族名誉书和徽章图册。后来就出现了著名的俄国大公普佳京。

有三个以普特词根为姓的公的家族。但是关于现代普京姓氏来源于这些大公的说法未被证实，而且令人怀疑。

1、留里科维奇家族的普佳金公。伊万·谢苗诺维奇·普佳塔–德鲁茨基是留里克的第17代。M.C.普佳金（1861–1938）是少将，皇村官邸的长官。从普佳金衍生出普佳季奇分支。

2、诺夫哥罗德省家族名誉书的普佳金公。始于尼基塔·苏摩罗克·普佳金长官，1510年他被派往普斯科夫让市民宣誓效忠瓦西里·伊万诺维奇大公。

叶菲米伊·瓦西里耶维奇·普佳金是海军上将、外交官、教育部长、国务委员会成员。分别在马关与日本、在天津和中国签署和约。1855年因率领巡航舰"帕拉达"和"狄安娜"去日本执行外交使命的考察而获得伯爵称号。"帕拉达"巡洋舰由著名的俄罗斯海军上将M.П.拉扎列夫指挥。普佳金在巡洋舰上的秘书是冈恰罗夫，他成为著名作家并在《帕拉达巡洋舰》一书中描写了这次考察（在此之前，即19世纪初，B.M.戈洛夫宁中尉曾用单桅炮舰"狄安娜"作环球航行）。海军上将普佳

第四部分　姓氏来历

金的父亲是阿拉克切耶夫公爵住地的邻居。普佳金的母亲是基辅和格罗德诺省省长 Г.И.布哈林的女儿。普佳金的夫人是英国海军上将查尔斯·豪斯的女儿。

贵族普佳塔于1655年从波兰籍加入俄罗斯国籍。在波兰他们的姓氏是普奇亚塔。著名的有三支：阿勃丹克、普尔热亚采尔、瑟罗科姆利亚。德米特里·瓦西里耶维奇·普佳塔是亚历山大二世的参谋将军。

"路"这个词过去还有一个广为熟知的意思，而现在却被遗忘。这就是它在一定的场合、一定条件下可以形成其他的姓氏。它被作为大公或有封邑的公爵宫廷经济某个部门的领导。例如御膳房总管、管饮料窖的官吏、御前马厩长、职司渔猎的官员、管理皇室鹰猎的贵族，等等。这些工作被视为责任重大、很重要，所以只有特别可靠、亲近的人才被委以这些重任。这些负责各个部门的大臣就被称为能干的大臣。

以普特为词根的名字、家族的名字和别名的人散居在俄罗斯全国各地，分属各个阶层，从事各种工作。下面是15至17世纪的300年间带有这些名字、家族名字和别名的记载。每100年间名单的制订都有年号。整个名单是由 Н.М.图比科夫和 С.Б.韦谢洛夫斯基制定的。他们使用的原始材料是档案文件。

15世纪（1401年—1500年）

1、普佳季内 —— 自尼基塔·苏摩罗克开始的贵族家族。

2、1490年，科罗杰恩·瓦西里耶维奇·普季洛夫。

3、1495年，诺夫哥罗德的农民费多尔·普季察。

4、秘书普季洛维奇，戈罗杰恩斯基。

5、1498年，农民伊瓦什科·普佳金。

6、1500年，斯帕斯基村的地主普季洛·谢苗诺夫，谢尔盖耶夫的儿子、贵族谢苗诺夫斯基–里亚波洛夫斯基。

16世纪（1501年—1600年）

1、普季洛夫——15至16世纪诺夫哥罗德土地上的家族。

2、普季洛夫——15至16世纪雅罗斯拉夫尔土地上的家族。

3、皇家贵族普佳塔，1507年，俄罗斯南部和西部文件。

4、1510年，巴拉赫纳市抄录者苏摩罗克·普佳金。

5、1510年，莫斯科的长官苏摩罗克·普佳金。

6、德米特里·尤里耶维奇大公、科雷什卡·巴比切夫–普佳金。

7、1519年，卡申的尤里·米哈伊洛维奇·普佳金。

8、1529年，科斯特罗马州的普季洛夫·祖巴托沃–费奇谢夫。

9、1539年，农民索丰科·普季洛夫。

10、1539年，杰戈什基乡村的奴隶普季洛，诺夫哥罗德税册登记簿。

11、格里戈里·斯捷帕诺维奇·普佳塔–马朱耶夫，死于1542年。

12、1550年，利沃夫市，秘书普季洛·米哈伊洛维奇·乌格里莫夫。

13、1552年，莫泽尔的农民普季洛维奇。

14、1552年，酒厂工人伊万·普特。

15、1559年，莫斯科的秘书普季洛·涅恰耶夫。

16、1563年，证人普季洛·伊格纳季耶夫。

17、1563年，农民克雷梅涅茨基·普季洛，瓦库利奇，俄

第四部分　姓氏来历

罗斯西南部档案。

18、1564年，留勃姆尔斯基村农民加夫里洛·普特卡。

19、1573年，沙皇的营养师普季洛·科尔乔姆金。

20、1577年，莫斯科贵族普佳塔·涅克拉索夫，儿子叫赫里普诺夫。

21、1600年，尤里·阿勃拉莫维奇大公，德鲁茨基-戈尔斯基·普佳季奇。

22、普季洛夫一家——16世纪以来是萨马尔省贵族家族。

17世纪（1601年—1700年）

1、1605年，贵族的儿子普季洛·涅博利辛，布良斯克。

2、1608年，贵族的儿子普季洛·帕夫洛夫。

3、1609年，凯戈罗德市衙门里的官员普季洛·利亚赞佐夫。

4、1609年，军事队长凯戈罗德市普季洛。

5、1609年，波兰的尤里耶夫市贵族儿子普季洛·伊万诺夫，儿子是戈洛德奈。

6、1609年，射手拉尔科·普特尼科夫。

7、1610年，普季洛·莫特罗霍夫，莫斯科。

8、1610年，贵族之子普季洛·加夫里洛夫，其子韦廖夫金，斯塔罗杜别茨。

9、1610年，地主普佳塔·德鲁日宁，萨季洛夫。

10、阿尔罕格尔斯克的官员普季洛·格里戈里耶夫，其儿子是布雷金。

11、1612年，德维纳的秘书普季洛·格里戈里耶夫。

12、1612年，普季洛和伊萨克·亚历山德罗夫的孩子们。

13、1612年，苏兹达里大主教，贵族之子阿列克谢·普季洛夫。

14、1616年，莫斯科贵族普季洛·费多罗夫。

15、1617年，小贵族泽利亚什·普佳塔。

16、1622年，图林的商人普季洛·沙伊金。

17、1625年，特维尔省，工商业者普季洛·丘雷金。

18、1633年，尤里耶夫斯基村的农民普季尔科·米哈伊洛夫。

19、1637年，诺夫哥罗德的地主科兹马·普佳金，儿子是萨季洛夫。

20、1638年，扎波罗日哥萨克公选的首领普季夫列茨。

21、伊万·伊万诺维奇·普季洛，科兹洛夫村。

22、1648年，别尔哥罗德贵族的儿子罗曼·普吉亚金，别名阿列申卡。

23、1649年，卢茨的哥萨克伊瓦申科·普季梅茨。

24、1655年，西伯利亚的宦官普季尔科·阿法纳西耶夫。

25、1672年，阿斯特拉罕的射手普季尔科·杰缅季耶夫。

26、1672年，阿斯特拉罕的射手奥斯卡·普季洛维茨。

27、1673年，莫吉廖夫市长米哈伊尔·普奇亚塔。

28、1674年， 班长普特卡·杰米多夫。

29、1678年，翻译官格里格里·普佳捷诺夫。

30、1683年，上层农民佐特卡·普季洛夫。

31、1698年，格里戈里·普佳金大公，贵族。

32、1699年，斯摩棱斯克县侍臣、地主亚历山大·费多罗夫，其子是普佳塔。

33、普季洛夫贵族，科斯特拉马省贵族家族。

34、普佳塔，源于波兰的贵族家族，在西部边疆区有三个家族。

35、1700年，齐赫文斯基县贵族伊万·克列缅季耶夫，其子普季洛夫。

36、伏尔任斯克市的普季列茨·伊万诺维奇。

所有这些人都是我们现代人的祖先。现在很多姓氏的发音与上述生活在几百年前的人们名单中的姓氏相近似或者相吻合。在几个世纪的历史事件中，我们的先辈进行了史无前例的住地迁徙和阶层变化。他们早已融入到整个俄罗斯人民的群体中，以致今天很难搞清楚具体证明形成家族的各种家庭关系的链条。现在很难能令人信服地说明，姓氏如何发生了变化，特维尔省的波米诺沃村和博尔季诺村的普京家族先辈是谁。也许将来进一步的研究能回答这些问题。

当农民斯皮里东和亚历山大开始在圣彼得堡工作时，除了已经提及的贵族外，还有其他与普京姓氏相近似的著名人物。

尼古拉·伊万诺维奇·普季洛夫是天才的工程师、生产组织者和企业家。据人们回忆，他长得不漂亮，但是脸部表情丰富、给人印象深刻。1868至1880年，他有一个以自己姓氏命名的工厂。该厂产量在欧洲仅次于德国的克虏伯和英国的阿尔姆斯特龙嘉而居第三位。该厂生产钢轨、车厢、蒸汽火车头、有轨电车、驱击舰、舰炮、装甲汽车、拖拉机。在莫斯科的普雷奇斯坚克街有庄园，迄今俄罗斯科学院科学家之家位于此庄园。其遗骸葬于工厂旁边的教堂里。1920年代在改建教堂时，在"红色的普季洛维茨"俱乐部建筑下面的墓地被毁。1934年以来这里是列宁格勒基洛夫工厂。

伊万·德米特里耶维奇·普季林是天才的侦探、内行的专家。他是库尔斯克省新奥斯科尔市一个小官吏、学院登记员的儿子。1854年他担任一个旧货市场街区监督员的助手,开始其警察生涯。1889年他已是圣彼得堡警察总局侦查局局长、荣获一级安娜奖章的秘密顾问。他被称为"俄罗斯的平克顿和列科克"。至1917年,关于普季林侦探案件的图书大量出版。苏联时期,由于那些革命家——未来国家领导人的政治案件,他的书没有再版。而在沙俄时期普季林是在从事自己工作时处理这些案件的。

阿尔西曼德里特·莫伊塞·普季洛夫(1782-1862)和修道院长安东尼·普季洛夫(1795-1865)是俄罗斯最受尊重的奥普金修道院的长老之一。他们出生于雅罗斯拉夫尔省鲍里索格列勃斯克村一个东正教商人家庭。在莫斯科认识了女修道士多西费娅(塔拉卡诺娃女王公)以及新斯帕斯修道院的长老们。于是他们去了沙罗夫小修道院,住在森林里,在奥吉诺的荒凉地方建立了隐僧修道院。

尼古拉·瓦西里耶维奇·普佳塔是斯摩棱斯克省的贵族、作家、E.A.巴拉滕斯基和亚历山大·谢尔盖耶维奇·普希金的好朋友。他在芬兰服役并参加了1828-1829年俄国同土耳其战争期间对巴尔干半岛的远征。曾荣获圣安娜三级勋章、斯塔尼斯拉夫四级勋章和弗拉基米尔四级勋章。他是非军人参事。主要著作有:《亚历山大一世生平和朝代观察》《十二月党人的死刑》《A.H.穆拉维约夫》《B.O.奥多耶夫斯基大公》《伯爵夫人罗斯托普齐娜》,等等。

维托夫特·卡兹米洛维奇·普特纳(1893-1937),军团指挥,驻日本、芬兰、德国和英国武官。出生于立陶宛农民家庭。参加过1920–1921年苏联同波兰的战争、镇压喀琅施塔得起义和伏尔加河流域的农民起义。因图哈切夫斯基案件而被捕，并于1937年被枪杀。1957年被平反。

其他斯拉夫民族也有类似姓氏的人：普季恩科、普季卡留克、普季耶维奇、普托夫斯基、普特尼奥尔什，等等。

在波罗的海三国有普特尼斯、普特宁施、普季纳斯、普特宁斯、普季拉。

芬兰有很多与普京姓氏相似的居民：普塔阿、普塔阿拉、普塔安苏、普季赖年、普特基年、普特季斯托、普特科年、普特库里、普特、普塔、普季、普季拉、普托、普托年、普图、普图拉。

在意大利的韦涅托省住着约50个姓普京、重音在第二个音节的人，据他们的其中一人、维琴察市的弗兰科·普京说，他们的家族起源于18世纪被法兰西第一共和国镇压的多米尼克·普季恩耶。

1920年代在匈牙利曾经有一位无声电影明星莉阿·普季（1897–1931），原名叫阿马利娅·普季。她是男爵帕里亚·普季和女伯爵莉莉·霍尔奥斯的第四个孩子。

在德国则有好几位：

—— 著名外交家沃尔夫甘冈·汉斯·普特利茨，1957年苏联在里加出版了他的著作《外交官回忆录》。

—— 作家古斯塔夫·根里赫·汉斯·普特利茨（1821–1890），卡尔斯鲁艾剧院经理，喜剧、话剧、小说、中篇小说和系列童话故事《瓦斯·西赤和瓦尔特·艾尔扎霍特》的作者。

—— 普鲁士政治活动家罗伯特·维克托·普特卡梅尔

（1828-1900），国会议员、教育部长、内务部长。

——在英国有姓普特霍夫的人，在加拿大有姓普特纳姆的人，在格鲁吉亚有姓普图里泽的人。

类似的姓氏名单还可以继续写下去，但这将有悖于研究的基本任务。

第五部分

补　遗

第五部分 补 遗

补遗之一 家族的不动产

1917年以前普京家族各家庭的土地基本上与波米诺沃村其他农民家庭的土地状况差不多。它们的财产包括经营的耕地和建筑、宅旁园地和宅旁建筑。经营的耕地有可耕地、刈草场、牧场以及后来交给集体农庄的公用场地。宅旁场地指的是住宅旁边的土地、用于经营的建筑以及菜园和花园。

当地继承住宅和宅旁地的传统是：父母不动产的唯一继承者是小儿子。父母把小儿子及其家庭留在自己的住宅。小儿子继承他们的财产和事业，成为家族住房和私有地的保存者。这被看作是一件荣誉的事情。小儿子成为家族的长者，虽然他比哥哥们年纪小。他有义务给父母亲养老。而对几个年纪大些的儿子，从他们小时候起父母就为他们准备过独立自主的生活。

第38号住宅

谢苗·费多罗维奇在波米诺沃村获得了一块土地用作造房。他为自己家造了第一座住宅。此后38号住房多次翻修。普京家族的几代人都在里面住过。1998年这座房子连同宅旁地卖给了别人。

第19号住宅

伊万·彼得罗维奇分得一块土地，造了第19号住宅。弗拉基米尔·弗拉基米罗维奇·普京的爷爷就出生在这座住房。

第37号住宅

退伍战士尼古拉·彼得罗维奇分得一块地，就建造了第37号住宅。目前这是属于普京远房亲戚谢苗·费多罗维奇唯一的住房。

第12号住宅

普京总统的爷爷弗拉基米尔·普京买了一块地用于建房，他所建造的住宅被列为第12号。现在此房屋已经修缮。

属于村子的牧场面积为200公顷，平均每户为4公顷。根据现有法律，用现代计算方法对基洛夫集体农庄成员的土地份额的计算是人均5公顷，证明当年经验主义的大致估算是正确的。实际上并没有给集体农庄庄员分发土地的股份，2000年为了给自己的住宅铺设天然气管道，庄员们只好廉价出售牧场的股份。在各个时期，普京家族一般有6人在集体农庄工作。

补遗之二　俄罗斯帝国关于雇佣劳动法的若干条款

俄罗斯帝国的法律调节手工业劳动以及整个雇佣劳动中出现的各种关系。副工长以上的工作者有工资簿,其中写明了雇佣的条件、相互的义务和权利。负责行业分工的车间管理人员组织这项工作。工长以车间主任的名义把工资簿发给副工长。

副工长负责"执行工长的工作,应该恪尽职守、尽心竭力、清醒和诚实地工作,不给工长造成损害或亏损"。而工长有义务"根据契约,支付副工长的全部薪水和提供令人满意的生活费"。所有条件都写入工资簿,相互承担的义务用签名加以肯定。以下是基本公民法、手工业车间章程和调节雇佣关系的劳动感化法典的详细阐述。

公民法

第1536条　不管附带情况,也不论什么特殊原因,条约应该准确地执行。

手工业章程

第395条　工长应该表现出色,以自己的勤劳给副工长和徒弟们作出好的榜样，同时好好地对待他们，不折不扣地支付他们的报酬。

第411条 没有工长同意和允许，副工长不能在自己工长的家外面过夜，特别是禁止他带着自己的徒弟在小饭店或不合适的地方过夜。

第412条 所有副工长有义务遵守自己行业的规则，要自己的徒弟听从工长，教育徒弟，监督其行为，对他进行教育，同时要和善地、平静地对待徒弟。

第430条 每周手工业工作日为六天。星期天和东正教的十二节日手工业者不应工作，除非有必须的情况。不信奉基督教的工长可以在这些节日里工作，但是不能让自己的信奉基督教的副工长和徒弟们工作。信奉基督教的工长们不能强迫不信奉基督教的副工长和徒弟在法律规定他们休息的日子工作。但是他们可以让非基督教者在基督教节日和星期日工作。

关于刑事和感化性惩罚的法典

第1374条 如果在一个工作日或者几个工作日在工长工作的地方酗酒，粗暴对待工长及其家庭、对待领班和长官，将根据错误程度对副工长罚款1至5个银卢布，罚款收入放到手工业小金库。或者将处以3至7天的监禁。

第1381条 如果手工业工长在一定时间里不支付副工长合同规定的工资，如果就此对他提出指控，将把工长监禁1至3天，并要求其付给副工长法定的工资。工长还必须满足副工长们提出的合法要求。

第五部分 补 遗

补遗之三　第一次世界大战中战俘的命运

国际红十字会根据与丹麦政府的协议在丹麦领土上建立了"加利德"营地，用以安置来自德国的、曾经打过仗的残疾战俘。在丹麦他们被视为自由公民，而不是战俘。开始时，关于安置残疾人的协议得到了严格执行。

在十月革命后的头几年，欧洲国家的普通百姓都怀着很大的好感对待苏维埃俄罗斯。新的俄罗斯政府向全世界提出了最好的、所有人都期待已久的口号——"打倒战争"。不难想象，俄罗斯向全世界提出的这个口号在遭到前线死亡威胁的士兵家庭中会引起怎样的反应。毫不夸张地说，各国人民把俄罗斯看作人类和平与幸福未来的希望。

大多数普通人对俄国革命印象深刻。中立的丹麦人民向从德国俘房营运到哥本哈根港口的俄国残疾人表示自己的感情。运输俄国残疾人的第一批船只在哥本哈根港口的出现成为前来迎接的数以千计丹麦人的节日。欢欣鼓舞的丹麦人像迎接和平的英雄一样，把鲜花抛向残疾军人。这个幸福小国的人民欢迎伟大革命的俄国的儿子们。经历了被俘、住医院和半饥饿状态的生活之后，像英雄一样受到迎接的残疾人们被安置到舒适的房间里。他们幸运地被温饱的、满意的、比其他国家都少受到战争破坏的丹麦所迷惑。残疾人们觉得自己是在天堂一样。

在俄国人到丹麦以前，在这些营地里总是有德国人、英国人和法国人。丹麦人认为，这些俄罗斯残疾人是好样的。营地的负责人说，这样端正、整洁、守纪律和有组织的人过去营地里还没有见过。俄国人选出了自己的苏维埃和分配委员会，通过大会和各个委员会会议讨论内部生活的各种问题及与丹麦当局的关系。营地里开办了学校、作坊、图书馆、出版俄文报纸，甚至进行了业余话剧演出！负责任的、被选到营地苏维埃和各个委员会的人决不破坏任何纪律。社会法院惩罚所有流氓和酗酒行为，维持秩序，不管遇到多大困难。

听说丹麦加利德集中营的这些情况后，数以百计和数以千计的俄国和德国俘虏纷纷来到这里。由于迅速解决土地问题的启发，他们千方百计地逃避压制，迎接自由。有的冒着边界卫兵刺刀的危险，穿过陆地边界。有的乘船经过大海，躲过海岸警卫队。还有的乘非法的货船来。经过难以相像的历险，他们到达了丹麦海岸。还有的甚至是躲在德国汽轮船的货舱里来的。

德国水兵把他们藏了起来，不让军官发现。在船上让他们换上自己的制服，顺利抵达丹麦。到达丹麦港口后，他们悄悄地打开轮船货舱，让俄国俘虏上岸。德国人坦率地承认了自己的冒险行为。在这种情况下，国际主义、无产阶级或农民的团结被具体的内容所充实。其他协约国家的战俘在离开德国俘虏营时，也悄悄地把俄国俘虏带了出来。在船上，他们给俄国俘虏换上德国士兵的军服，顺利地把他们带到丹麦。到达丹麦港口后，他们坦率地承认了自己的冒险行为。丹麦当局无计可施，只好把俄国俘虏送往集中营。渐渐地，在加利德聚集了数千名苏联俘虏，其中有少数残废军人。

加利德的俘虏与当地居民的关系未受限制。他们被允许走到集中营的操场，自由地活动，与丹麦人交往。

丹麦当局只是在一个问题上决不妥协，这就是绝对禁止做买卖和进行雇佣劳动。在保护居民的经济利益的问题上，当局毫不含糊，丹麦的国家利益高于一切。甚至在集中营和各委员会的会议的日程上也没有提及做零工。这是绝对禁止的。

丹麦居民不需要竞争者。他们清楚地知道，俘虏中间有许多高水平的行家里手，他们将会使现有的劳动力市场价格下降。在这个问题上丹麦工人联盟没有采取国际主义。在其他方面，俘虏和周围的居民保持着友好关系。当然，有的时候俘虏们也给丹麦人完成一次性的、临时的、短期的任务，其条件是参与者对这些事情保持缄默。通常是晚上去干活，一直做到夜里。悄悄地做，不让邻居发现。这些偶然的小钱对集中营人员的生活不能起到实质性的影响。

例如，他们允许制作照片给自己和集中营朋友留念。至今仍保留着在托贝尔恩和艾斯贝尔格市制作的那些照片。这些独一无二的照片可以说明，在第一次世界大战中俄国士兵是什么年龄。士兵的年龄在30岁至45岁之间。在照片上没有一张是20岁的小伙子。前线的部队是由具有生活经验的、成熟的男性组成。在革命前的俄国军队中，没有利用20至30岁青年人的热情和未经深思熟虑的去冒险的激情。国家保护年轻人，给予他们机会成长到18岁，然后成长为在社会、经济和政治上成熟的负责任的社会成员，家庭的首脑。把成熟的男人派往前线，他们负责任地、自觉地为俄国而战，也为自己、自己的妻子和孩子、自己的家和土地、家庭的好生活以及孩子们的安宁而战。没有利用18岁的小伙子作为殊死搏斗中的敢死队。

来自俄国的强壮勇敢、英俊开朗的脸庞的小伙子不可能不让丹麦女人喜欢。约会相识、一起散步。很多丹麦女人感受到俄国男人最温柔的感情。俄国士兵们想把丹麦妻子带回俄国，他们努力地完成丹麦当局要求的登记结婚的所有必要手续。

俄国政府根据国际规则对待德国俘虏及其同盟者，把俘虏们派到各个省劳动。德国竭尽所能地帮助自己的俘虏们，首先是使俘虏们回国。结果，被俘虏的德国士兵很快就回到自己家里，为国家的经济发展起了重要作用。

在签署和平条约后的一年内，获胜的几个大国就从失败的德国把被俘虏的本国的士兵和军官送回国内，使他们开始为自己国家的发展而工作。

只有俄国新政权不希望自己的士兵很快回国。在丹麦集中营很多俘虏被解救，只有俄国士兵既不像被俘，又不像获得自由。新政权对他们视而不见。没有任何人从事把士兵们从俘虏状态救回来。几十万健康的青年男子是俄国人民的基础，待在外国的集中营。他们没有机会就苏联政权对俘虏不闻不问而表达自己的不理解和不满。

1918至1919年俄国的双重政权局面为俘虏们提供了选择的条件。丹麦政府确定了自由做主的权利。在俄国政权敌对双方代表在场的情况下，丹麦和国际红十字会的正式代表向每个难民提出了自由选择的权利。实际上这，每个人作出了自己的选择："选择西伯利亚或者奥姆斯基的，向右转！选择苏维埃的，向左转！"这样，他们就分成了两个阵营。莫斯科政府的支持者们在加利德集中营闹事了。科尔恰克的支持者集中在哥本哈根附近的盖尔塞罗德集中营。把大多数难民从丹麦遣回的问题是在俄国全权部长、苏维埃俄罗斯政府驻斯堪的纳维亚的代表B. B.沃罗夫斯基来丹麦的时候解决的。参加与他会见的所有人都被告知,即将从海上返回彼得格勒。接着讨论了遣返的一些具体问题。多数俘虏具有务实态度,没有陷入情绪激动的而无效的讨论中。他们不愿讨论所有技术问题,因为对于他们来说,主要的就是返回自己的祖国——俄国。

补遗之四　伟大卫国战争年代中的波米诺沃村

自从战争开始,征兵开始,第一批新兵上了前线。盲目的、不假思索的乐观主义的宣传,"在其他国家的领土上很多人毫无理由地认为很会快、不费劲就能获得胜利。男人们向妻子们许诺很快就会回家:"3个月后我们就回家来收获土豆。"也有人对速胜表示怀疑。有一个11岁的小姑娘在送行的队伍里哭泣,她的父亲用双手挡住她。妇女们注意到了这一点:"为什么小姑娘嚎啕痛哭?"结果,她的父亲,兽医康斯坦丁·库兹米奇·丘尔萨诺夫没有从战场回来。

开始按照战时状态的法律生活。整个夏天进行了好几次征兵。越来越多的农村男子去了军队。越来越多的农村的重活由妇女承担。夏末时收获了粮食。农活又多又重。从前线传来一些大小城市失陷、从原先阵地撤退的坏消息。夏末秋初，中学的高年级学生经常被派去挖战壕。这是一个令人担心的信号，就是国家国防委员会和红军指挥部指挥不力，战斗到了莫斯科城下。战壕至今还在，在战斗中没有用着。大家都担心撤退的速度：在战争开始后的3个月内，到秋天时，部队从国家的西部边界撤退到中部的州，100天撤退了1000公里，每天10公里。原先准备的阵地引起怀疑。秋天时进行了最后一次到入伍年龄的男人的最后一次征兵。居民开始担心更坏的前景——被占领。

9月份开始谈论交出领土。讨论了各种方案，包括消灭人们活动的所有结果，以便在撤退后，在敌人进攻莫斯科之前，给法西斯分子留下一个死亡区。里面应该没有任何活物。在"占领者脚下的土地应该燃烧"的口号下，准备消灭所有居民点，烧毁民房和经济设施，填满水井，居民全部撤离。理智占了上风，有的开始撤退，有的准备应对占领。

有一天，当我们的部队撤离后，法西斯军队尚未进入，村里的妇女们决定围着村子进行一次祈祷，祈求上帝拯救村庄及其居民。几乎村里所有的妇女都参加了祈求行进，其中包括亚历山德拉·格涅拉洛娃、塔季扬娜·捷肖尔金娜、塔季扬娜·叶夫多基娅、玛丽亚·科尔米利岑娜、叶卡捷琳娜·普京娜和纳塔利娅·普京娜。她们举着圣母像。后来人们认为，是这次行进拯救了村庄被烧毁。但是，村庄没有能够避免牺牲。

11月14日，图尔吉诺沃村被占领。同一天，一部分军队乘着装甲车，在摩托车队护卫下闯入赛力诺村庄。法西斯分子们身穿制服大衣，头戴钢盔，手持自动枪。身材高大强壮的老头雅科夫·阿勃拉莫维奇·弗拉索夫站在村头自己的住房旁边，看着进村的部队。他身穿竖领的羊皮袄，头戴帽子，脚蹬毡靴。图书中描绘的伊万·苏萨宁就是这个样子的。法西斯分子不喜欢雅科夫，把他吊死在他家旁边的杨树枝上，以便恐吓其他人。

村民们对法西斯分子的反应平淡，默默地看着这些占领者，不指望会有什么好事。村里已经没有男人，都去参加了红军。白天法西斯分子们去通往莫斯科的前线，村民们就做家务。夜间德国人执行任务回来后，就宰杀村民的鸡和羊。村民们不可能反抗。村里有人认为占领将是长期的，很难把法西斯分子从村里赶出去。亚·尼·普京总是现实地看待事情，毫无幻想和乐观。他认为："过一个月他们就会走的。"

有说服力的和罕见的事实有力地证明村民们对亚历山大·尼古拉耶维奇非常尊重。法西斯分子在占领区通常枪杀共产党员和领导干部。他们一占领居民点就要求人们供出共产党员和领导干部。但是在整个占领时期没有一个村民供出亚历山大·尼古拉耶维奇是共产党员（他在战前加入了共产党）、集体农庄第一主席和区领导干部之一。村民救了他。在占领时期，亚历山大·尼古拉耶维奇没有让法西斯分子知道他懂德语，而且还会讲德语。

到12月中旬，法西斯分子们开始担心缺粮。他们挨村挨户地掠夺奶牛，并把它们赶往准备撤退的地方。他们把13至15岁的少年当作放牧的使用。母亲们开始把孩子们藏起来，她们担心，孩子们将被逼着和奶牛一起离开家乡去很远的地方，其命运将难以预测。他们可能被押上车厢和牲畜一起被送往德国，也可能在牲畜赶到目的地后被杀害。为了保护男孩们，母亲们不惜一切手段地把他们藏起来，或者暂时把他们送到其他地方躲起来。

12月18日晚，芬兰部队的士兵们接到撤退的命令后，强奸了他们所住房屋的妇女。老远就能听到妇女的喊声。街道对面的居民惊恐地逃到园子里，然后逃往村子的另一头躲藏。沃龙佐夫和廖加契京两家逃到瓦西里·普京家。

许多住宅被贴上白色的十字。名为卡尔的第20师的士兵在村里威胁，要把村子烧掉。法西斯分子对要烧掉的房子做了记号，但是村里所有房子都是木制的，很容易被烧毁。村里的住房都挨得很近，火苗一定会沿着板条的屋顶从这间烧到另一间。村民们开始把衣服和最必需的东西从家里往外搬。法西斯分子抢走了毡靴和棉裤。瓦西里·安德烈耶维奇·普京把家里所有东西都搬到街上，甚至连冬季用的玻璃窗扇也斜了下来。费奥多尔·安德烈耶维奇·普京把新建住宅的地板和天花板拆了下来，以便房子被烧后用于搭建土房。孩子们睡在干草堆里，大人们夜里站在屋边，听着远处大炮的轰隆声。当炮声越来越大，炮弹越来越近时，人们就躲到半地下室去了。

农村男孩沃洛佳·杰米多夫、维佳·格里戈里耶夫、廖瓦·杰肖尔金和托利亚·廖加契京的母亲们给自己的孩子们寻找躲藏的地方。村子里没有可以躲藏之处。有一个男孩建议逃往森林，朝着来自莫斯科进攻的红军方向去。所有母亲开始都表示同意。孩子的父亲们都在前线打仗，没有人可以商量。村民们等待着红军从莫斯科攻过来。一切都有利于实施这个计划。

母亲们让孩子们穿得很多、很脏：身穿绒衣，戴着帽子和大手套，穿着旧毡靴，给他们带了路上吃的东西。但是最后一刻娜杰日达·捷肖金娜和安娜·廖加契京娜由于害怕,或是预感到将会发生很大的不幸,不愿意让自己的儿子廖瓦和托利亚去。

弗拉基米尔和维克托两人去了。刚刚离开村子,走出园子,不知出于什么原因,他们改变主意不去森林了。也许是两人觉得去森林有危险,不像4个人去那么安全。他们决定在克鲁格利察湖岸的禾捆干燥棚里躲起来。他们以为能够安静地躲藏两三天,因为有吃的,穿得也很暖和,不会挨冻。当红军打过来时,他们再返回村里。

谁也没有想到,法西斯分子在撤退前开始到处寻找被藏起来的食物,包括去禾捆干燥棚里寻找。谁也没有料到,在森林里红军前进的方向,法西斯分子开始在村边焚烧柴棚,让火光把村子和森林之间的田野照亮。法西斯分子打碎柴棚和干燥棚的门锁,抢走所有能吃的东西。弗拉基米尔和维克托无处可逃,四周是田野,在雪地里一切都很明显,法西斯士兵们在柴棚之间走动,最后走到了他们的干燥棚,发现了他们。两个孩子看上去像从森林里出来的游击队员。法西斯分子喊道:"俄国游击队员!"

法西斯分子马上就把两个孩子抓了起来,并开始严厉地审讯。他们不相信孩子们的回答,把他们脱光,使劲抽打他们。接着便开始折磨他们,折磨的痕迹在尸体上明显可见。法西斯分子什么也没有得到,于是就打死了两个孩子。这一切发生在村子的园子外面,燃烧的柴棚之间。村里没有一个人在场。在我们的红军进村前,弗拉基米尔和维克托的尸体一直躺在燃烧过的柴棚废墟里。

战斗结束、村子解放后,维克托·格里戈里耶夫的奶奶问士兵："你们在树林里遇见小男孩了吗？"士兵们告诉她，树林里谁也没看见，但在湖畔躺着两个死人。母亲和奶奶们立即跑到湖边，看到的景象惨不忍睹：弗拉基米尔和维克托被野蛮地打死，脸部被打烂，双手被折断，身体被军刀割破，被刺刀戳了许多小孔。

村里的所有居民一起埋葬了弗拉基米尔·杰米多夫和维克托·格里戈里耶维奇。因为没有马，棺材是用雪橇拉的。部队的指挥官命令士兵们挖掘坟坑。在教堂的钟楼旁把两具尸体放入棺柩，钟楼名为"妈妈，不要为我嚎啕痛哭"。葬礼结束时士兵们鸣枪致哀。

12月19日解放波米诺沃的战斗非常激烈，村子的地理位置对进攻的部队很不利，苏联红军从莫斯科经过森林挺进。步兵们喊着"乌拉"冲向村庄。士兵们需要穿过约一公里长的平坦的田野（原来的耕地）。地上铺着一层刚下过的雪。只有在离森林不远的两三个不大的水沟里能够躲藏。离村庄半公里的田野非常平坦，无处可躲。西伯利亚部队解放了村庄。炮兵没有参加战斗，所以村里的房屋没有损坏。法西斯分子用两挺机关枪防守不住，撤往附近的村子。我们部队的伤亡很大。为了解放这个60户人家的村子，共约60人在战斗中牺牲，或者受伤而死亡。村民们为解放而高兴，倾其所有好东西，款待士兵们。

战斗结束后，一部分士兵没有离开，而是留在村里。在第一次世界大战中打过仗的一些村民建议指挥员一鼓作气攻克位于山丘上的邻村。这有利于我们的部队继续进攻。但是指挥员说，士兵们在战斗中已经非常疲劳，战斗前他们在森林里埋伏了4个昼夜，所以现在必须休息一会。许多人认为，这是指挥员的错误。如果他们立即进攻，就会没有伤亡地拿下这些村庄。由于休息，次日的战斗付出了很大牺牲。夜间德国人准备好了对付步兵和坦克的防御，巩固了阵地。我们的部队在夺取村庄时遭遇房顶上机关枪的猛烈扫射，牺牲了很多士兵。

村子解放的那一天，法西斯的大炮轰击了野战厨房。这是指挥员再次拒绝听取一次世界大战老战士建议结果。老战士们劝指挥员不要把行军灶设在敌人看得见的阵地上，而应设在村庄和克鲁格利察湖之间的平地上。但是他不听。法西斯分子的炮弹正好落到拿着饭盒排队打饭的士兵中间。从邻近的村子可以清楚地看到这个地方。约有40名战士伤亡。

早晨开始了解放邻村的战斗。士兵们开始进攻。前进的道路上布满地雷。埋伏在院子里和房顶上的机关枪向雪地里任何一个站起来的人射击。我们的士兵们多次发起进攻，但是跑了几步后就不得不卧倒，如果还没有牺牲或受伤。敌人的大炮开始轰击。红军调来两辆坦克增援。第一辆在路上被地雷炸坏，第二辆突破防线冲入邻村。在坦克支援下，步兵们向法西斯分子发起进攻，占领了村庄。大约牺牲了60人。

很多人问道，为什么法西斯分子试图烧毁村庄，却未能得逞？烧毁村庄不需要很多时间。有烧毁村庄的机会，但是未能利用。他们未来得及烧毁，还是另有原因？现在无从考察。

在法西斯分子占领村子前，一部分有女儿的家庭，如学校老师С.И.斯米尔诺夫和其他人担心女儿被法西斯分子强奸，就向东逃去。一些家庭抱有某种幻想或者由于其他原因而留在村里。大家公认，利扎是村里最漂亮姑娘，她是阿列克谢和普拉斯科维亚夫妇5个孩子中的一个。战前她满17岁，十年级毕业。

　　法西斯分子占领村子后，一名高级军官住在第22号住宅。他发现了他从未见过的这个典型的俄罗斯美女，便持枪威胁，强奸了利扎，并且要求她每天晚上都来找他。利扎被迫服从他的要求。不久，这个军官随着进攻的部队去了莫斯科。

　　当苏联红军在莫斯科城下开始反攻时，这名军官带着自己的部队回到波米诺沃村又住了几天。他又要求利扎每晚来陪他。利扎只好屈从，因为没有人、也没有办法能够保护她。

　　当苏联红军越来越接近波米诺沃村时，法西斯分子用白色的十字标出了要烧毁的房屋。被标出要烧毁的房屋占了全村房屋的一半。由于村里的房屋建得很密，一旦烧起来，全村所有的房屋都会被烧毁。

　　至今没有保留下来任何文字材料，17岁的利扎是怎么想到牺牲自己而拯救全村及其居民的。最后的一个夜晚她对军官说："我愿意跟着你去任何地方，只要你不烧毁村子。"

　　对于军官来说，不烧毁村庄对他没有任何危险，在撤退的条件下没有人会检查是否执行了烧毁的命令。他同意了利扎的建议，没有下达烧毁村庄的命令，带着姑娘走了。

　　撤退的路沿着河的陡岸而行。当车队经过陡峭的河岸时，利扎突然跳到车外路边的雪堆里，走了几步后，顺着被雪覆盖的陡坡滑下去。陡坡约有二三十米高，被浓密的大树弯弯曲曲的根所遮盖。看到这个陡坡的人都明白，她跳下去是自杀。汽车停了下来，法西斯分子们走到陡峭的岸边，大声说话，机关枪射击了两次，然后一切静寂下来，谁也不敢往下跳。车队就离开了。但是利扎跳下去后奇迹般地活了下来，冻僵在雪地里。

利扎一下子还站不起来，天还亮着，大路上法西斯分子的汽车不间断地开过去，如果她站起来，法西斯分子会看见她。夜里利扎从冰面上爬过河和田野，朝森林走去。她迷了路。在冬天的森林里，在12月的黑暗中，没有阳光是很难辨别方向的。8个日夜她因不知道路而在大雪覆盖的森林里瞎走，终于走不动了，躺在雪地里等死。

曾经是人口众多的大村庄乌斯季诺沃被法西斯分子在撤退时焚烧。利扎从陡岸上跳下来后，村里还剩下一点煤块和烤炉。牛棚离住宅较远，所以没有烧掉。人们就住在牛棚里。他们制作木床和两三层的铺板。有一个人去森林里砍柴。

他看到雪堆里有一个人躺着，以为他死了。走近后仔细一看，他才知道这个姑娘还活着，还有意识。他把她放到雪橇上，拉回村里。乌斯季诺沃的村民们把利扎暖和过来，给她吃的。过了一段时间，她能够下床和走路了，开始帮助救她的主人做家务。

在牛棚里住的人中，有一个叫作尼古拉的集体农庄机械师、拖拉机队队长。他没有参军，留在村子作留守人员。他开始照料利扎，他们相互有了好感。过了一段时间，尼古拉向利扎求婚，利扎同意了。利扎回到自己的村子向亲人们征求意见，但是她既没有受到欢迎，也没有被同情，更没有得到对其未来生活的祝福。人们责备她为什么没有反抗，说她给全村和全家丢了脸。她含着眼泪来到一户远亲。那位亲戚劝她："忘了自己的村庄，在那里不会有你的生活。重新开始你的生活吧。"女亲戚让利扎住了一段时间，然后给了她一包路上吃的食品，从园子里把她送到小路，为了不让别人看见。

战后，尼古拉和利扎（伊丽莎白·阿列克谢耶夫娜）由于参加被破坏城市的重建工作而来到乌克兰，他们在基辅获得了住房，开始了新的幸福生活。三十年她没有回老家。

随着时间流逝，父母亲及其家族对利扎的不满逐渐淡化，孩子们都分散到其他地方，不再返回家乡，爷爷奶奶和父母的墓地没被遗忘了。1970年代尼古拉已是乌克兰一家大建筑公司的负责人，一次他到莫斯科出差时带着利扎回到村里看望那位曾唯一理解她的痛苦的远房亲戚。那位亲戚一下子没有认出这位穿着华丽和讲究的妇女就是那个向她哭诉、她给了一包吃的东西上路的姑娘。上帝三次救了利扎：一是她从陡崖上跳下来没死；二是没有被德国人的子弹击中，逃到森林；三是上帝给她派来了未婚夫，她嫁给他，生了三个孩子并且过着好日子。

村子解放后，精力充沛的妇女阿纳斯塔西娅·格拉斯科娃成为"美丽的涅瓦河"集体农庄的主席。这位勇敢的年轻妇女同意区政府对她的任命，担起了组织集体农庄所有工作的责任。但是她担任主席的时间并不长。

1942年冬天，格拉斯科娃组织识字工作。学生们从冬季开始挨家挨户地搜集炉灰和鸡粪作肥料。用牛把它们运到田里，因为所有的马匹都被用作军队需要了。集体农庄庄员进行春播、夏季农活和秋收，从早干到晚。所有农活都趁着好天气按时完成，获得了好收成。超额完成了上面交给的任务，因而保障了向国家上缴粮食和留作种子。集体农庄庄员的心里充满了对劳动成果的满意和喜悦。上缴粮食完全符合任务。

由于超额完成任务，农庄有一定的粮食剩余。集体农庄管理委员会的成员们在一次工作例会上决定，把这些剩余的粮食支付给加班的劳动日。饥饿的冬季后，在第一个秋收里他们想帮助人们度过困难。格拉斯科娃主席同意管理委员会委员们的意见。计算了一下需要付给的粮食定额，规定一个劳动日为200克。制订并签署了集体农庄管委会的会议记录。农庄主席下令从仓库里支付粮食。集体农庄庄员高兴地来到农庄仓库领取通过劳动所获的粮食。

亚历山大·普京听说管委会的决定后，来见格拉斯科娃。他问道，集体农庄管委会的决定有没有与区执行委员会商量？阿纳斯塔西娅回答说，决定符合集体农庄的章程，上面没有指示说必须与区执委会商量。普京说："娜斯佳，现在是战时制度，而章程是为和平时期而写的。"

担心的最坏结果终于出现了。战时没有劳动日支付基金，不可能返还已经支出的粮食。因此，格拉斯科娃被解除职务，并被立案调查。集体农庄管委会成员们无力帮助自己的主席。调查进行得很快：从管委会决定的会议记录、文件、支付粮食证明，到现行的指示。案件交到区法院。集体农庄庄员为保护阿娜斯塔西亚所做的慷慨激昂的发言，法庭上农村妇女对她的支持，以及眼泪都没有起作用。法院作出判决：监禁一年。在法庭上就逮捕了格拉西科娃，并把她押往加里宁市的监狱。后来又把她发配到西伯利亚某地一个奶牛场作挤奶员。

一年后阿纳斯塔西娅健壮地回到了集体农庄。她经常向女友们叙述，西伯利亚那个地方的牛棚和奶牛有多么好。她特别记得床上的白色床单，定期洗涤，每十天洗一次澡，吃得很好。她常开玩笑："婆娘们，让我偷点什么东西，我还想在那里呆一年。"

区政府没有让她再担任集体农庄主席。她长期担任农场的挤奶员。由于非常关心奶牛和农场，她经常向集体农庄和区政府领导提一些不好回答的问题。对于女友们的责备，她回答说："不会把我发配到比西伯利亚更远的地方去，不会有比这里更坏的地方。我既是马，又是牛。既是女人，又是汉子。"那时在各个集体农庄就是这样的苦役劳动。1960年代初，她担任了基洛夫集体农庄波米诺沃生产大队的大队长。

在战前时期，苏联的宣传使人们形成了红军不可战胜的意识。他们认为，如果发生战争，那么它"将是在别国的领土上，流很少血"。大多数苏联人把战争初期几周的撤退看作指挥人员为了给敌人设计陷阱而作出的某种狡猾的战略计划。谁也没有想到战争会持续四年，而且法西斯分子会占领苏联的中央地区。

1941年夏天，当地居民彼得·拉布金接到通知去军事委员部报到，将被派往前线。他在梅列奇基诺村的家里养了7个孩子。他以自己的劳动抚养他们的生活。由于受红军不可战胜宣传的影响，他决定暂时躲避一下。他以为到秋天战争就会结束，当兵的就会回家，生活就会恢复原状。白天彼得不出门，万不得已时才下楼到地下室的厨房。当明白战争将是长期时，他已不能再出现在人们面前，包括在敌人占领时期。彼得处于法律之外了。1942年春，每天夜里他帮助家里在菜园子翻地。邻居们发现，每天早晨拉布金家的菜园子翻的地比前一天晚上要多。区政府派人来村里检查。查了所有人家的住房，包括拉布金家的住房。文件符合要求，全家都在场，没有发现任何异常。检查者走出木房子。最后走出木房的那位检查者，看了看在座的人，似乎肯定地说："就是说，都在这里。"突然，坐在大人膝盖上的那个最小的孩子说："还有爷爷在地下室呢！"检查者返回屋里。全家都吓坏了。立即从地下室逮捕了爷爷。在战时条件下有没有经过法院审判，人们已记不清楚。彼得·拉布金被枪决了。他的妻子及其孩子们失去了抚养者。

随着进攻的苏联军队越来越向西部挺进，在日常繁重的田野劳动外，又增加了在森林里的劳动。几乎所有的村民——妇女、老人、年级大些的中学生都被派到了林业场，用双把锯把树放倒。冬天里还必须沿着很深的地带铲除雪堆，以便靠近树干，在采林区整理出一块平地。为了把已经准备好的原木输送到河岸，当地的人们铺设了一条木头路：把方木放在横的枕木上，就像铁路一样。马拉的大板车就在这条路上行进。这样的路能够保障在冬夏任何天气里运输木材。从森林的边上到河岸约有一公里。把原木投入河里，系成木排，沿河而下流送五六公里，直至区政府所在地。河里的原木非常多，木排工人从一根原木跳到另一根，可以走到河的对岸。

老年人的工作量和年轻人的一样大，姑娘们也是如此。人们竭尽全力地完成前线所必需的任务。在图尔吉诺沃，两米多长的原木被装到驳船上，经过伊万科夫水库运往目的地。从医院到桥头的河左岸堆满了原木。

战后，在林木场工作的人被授予"在1941–1945年伟大卫国战争中英勇劳动"奖章。获奖者中包括亚历山大·尼古拉耶维奇·普京、瓦西里·安德烈耶维奇、纳塔莉娅·马特维耶夫娜、马林娜·季莫菲耶芙娜、玛丽亚·帕夫洛夫娜·丘尔萨诺娃以及数十名村民和数百名其他村庄的居民。

战争结束后返回家乡的前线战士经常回忆战斗、城市、前线的会见、朋友和熟人，以及敌人。有说不完的话，因为那里发生了各种各样的事情。他们更多的是回忆胜利，而不是战争。也许他们是对的，战争中发生了很多不该回忆的东西。有一位胜利后回家的前线女战士毁掉了自己所有的勋章，从此再也不把自己看作伟大卫国战争的参加者，甚至连很多优待都不要。

战争给人民带来了至今都无法弥补的打击。在战后的年代里，居民大量增加，但是其中男人是少数。

补遗之五　普京家族在伟大的卫国战争中

以下是普京家族最近六代及其使用其他姓的近亲中参加伟大卫国战争的名单。

一、牺牲者

1、阿列克谢·斯皮里东诺维奇·普京（弗拉基米尔·弗拉基米罗维奇·普京的叔叔），24岁，参加了库尔斯克战役，受伤后在医院死亡，葬在库尔斯克州卡斯托尔诺耶村；

2、米哈伊尔·斯皮里东诺维奇·普京（弗·弗·普京的大

第五部分 补 遗

伯），33岁，1941年牺牲；

3、维克托·伊夫列奇，尼娜·费多罗夫娜·普京娜的丈夫，牺牲了；

4、彼得·伊万诺维奇·舍洛莫夫，安娜·斯皮里东诺夫娜·普京娜的丈夫，失踪；

5、伊万·安德烈耶维奇·普京，62岁，1942年死于列宁格勒被围困中；

6、弗拉基米尔·斯皮里东诺维奇和玛丽亚·伊万诺夫娜夫妇的第一个和第二个孩子死于列宁格勒被围困时期；

7、亚历山大·斯皮里东诺维奇·普京，弗·弗·普京的叔叔。21岁，汽车兵，在奥地利迎接胜利；

8、亚历山大·费奥多罗维奇·普京，23岁，汽车兵，在伊朗迎接胜利；

9、弗拉基米尔·斯皮里东诺维奇·普京，弗·弗·普京的父亲，30岁，受伤，在列宁格勒迎接胜利；

10、德米特里·伊万诺维奇·沃龙佐夫，娘家姓普京。42岁，在柏林迎接胜利；

11、伊万·伊万诺维奇·舍洛莫夫，列宁格勒海军舰队、波罗的海舰队二级上校。

二、为了胜利在后方工作

1、亚历山大·尼古拉耶维奇·普京，58岁，做经济工作；

2、阿列克谢·尼古拉耶维奇·普京，55岁，由于年龄未被征兵，列宁格勒街垒战士；

3、瓦西里·安德烈耶维奇·普京，57岁，在图尔吉诺夫区林业场工作；

4、弗拉基米尔·费奥多罗维奇·普京，18岁，因身体不好（斜眼）没有去当兵；

5、米哈伊尔·亚历山德罗维奇·普京，13岁；

6、彼得·瓦西里耶维奇·普京，14岁；

7、斯皮里东·伊万诺维奇·普京，61岁，做经济工作；

8、费奥多尔·安德烈耶维奇·普京，70岁，由于年龄未去当兵；

9、阿纳斯塔西娅·安德烈耶夫娜·普京娜，60岁，街垒战士；

10、安东宁娜·费奥多罗夫娜·普京娜，16岁，做经济工作；

11、柳德米拉·斯皮里东娜·普京娜，16岁，做经济工作；

12、薇拉·尼古拉耶夫娜·普京娜，做经济工作；

13、玛丽亚·瓦西里耶夫娜·普京娜，18岁，做经济工作；

14、玛丽亚·伊万诺夫娜·普京娜，30岁，做经济工作；

15、玛丽亚·季莫菲耶夫娜·普京娜，46岁，在图尔吉诺夫区林业场工作；

16、娜塔莉亚·马特维耶夫娜·普京娜，50岁，在图尔吉诺夫区林业场工作；

17、尼娜·费奥多罗夫娜·21岁，做经济工作；

18、奥莉加·伊万诺夫娜·普京娜，55岁，做经济工作；

19、安娜·斯皮里东诺夫娜·舍洛莫娃（普京娜），26岁，做经济工作。

第六部分
相 册

第六部分 相 册

　　相册的材料使得我们有可能历史性地和令人信服地看到20世纪初农民企业家及其家庭和朋友。1861年的伟大农民改革有力地提高了农民的实业积极性。国内生活条件的变化导致出现了一个很大的到城市做零工的农民阶层。社会变得更加活跃，其中对自己在农村的经济和社会状况感到不满、认识到地主们强加给他们财政义务的破产性质的农民们发挥了主要作用。这些有创造性的人们构成了未来实业精英的基础，正如彼得·斯托雷平所说，保障了"很多世纪俄国的不可摧毁性"。20世纪20—30年代形成了一大批破产的企业家、被剥夺选举权及其他公民权者、被没收富农财产的农民、以及悄悄地逃避了追捕并以某种方式在城市里安顿下来的居民。战后，由于被剥夺经济财产和不动产，集体农庄的农民大量涌向工业中心。在这本相册里没有贵族和大公出身的人物。照片基本上是从家庭、更准确地说是从家族的照片中选取的，例如普京、丘尔萨诺夫、普尔尼科夫等家庭的相册。包括了弗·亚·普京（加拉宁）、乌里亚诺夫斯克收集的几张照片。老照片可以说明很多问题，特别是外表：脸、发式、衣服、鞋、装饰品等。只要看一看农民及其妻子和儿孙的脸部所表现的品质、智慧和文化，就会发现，"在苏维埃政权年代，人的面貌发生的变化到了无法认识的程度"（米哈伊尔·戈尔巴乔夫的话）。

　　不大的相册不可能反映出过去年代的全部印象。人们几乎总是在重要的时候照相，例如身穿节日盛装、和家里人相聚、休息的时候。人们很少在各种工作场合照相，除了和同事们拍集体照以外。因此，这里没有农民在田里赶着马犁地，在地里割草或耙地的照片。在那些年里摄影技术是在暗室里进行工作，制作展示用的照片。在前线，只有军事记者根据编辑部的任务，与某人事先商量好，才能照相。尽管如此，所挑选的照片还是从视觉上反映了我们父母、祖父和曾祖父辈的真实生活。

　　这些照片作为说明文字的不可分割的一部分展示出来。纪录式照片的风格是民主的。照片可以是美丽的和难看的，节日般的和日常的，高质量的和有缺陷的。它可能给人留下良好的或者令人生厌的印象。但是他在摄影师和观众的眼睛里始终是客观和干净的。新闻媒体的思想家们在长达三代人的时间里描述了1917年以前最优秀的人民代表。农民家庭和企业家的照片没有印刷，为了不让人看见这些人的优秀品质。相册可以打开通往俄罗斯生活的过去年代的窗户，窥视头上是上帝、账册上和造纸工业的工作人员处是钱的人的所有优点。

　　著名的苏联纪录片摄影师A.M.罗特琴科（1891-1956）曾不得不修改自己的摄影作品。他的摄影作品刊登在著名的报纸杂志上，包括向外国人介绍苏联生活的杂志《苏联建设》。有一些著名的纪录照片，是修正表面和抹黑的结果，开始把这个人消灭，然后再消灭关于他的记忆。在弗拉基米尔·弗拉基米罗维奇·普京家族生活的村庄，也发生过修改照片的事情。我们生活在当下，准备着未来，铭记着过去。如果不能正确地反映过去，我们就不能制定朝着未来前进的正确方向。

　　许多摄影师拍摄纪录片。纪录片的美学首先在于完全反映真实，无论这一真实情况如何。摄影师阿德热拍摄了古老巴黎的照片：肮脏丑陋的小巷及其贫穷的居住者。摄影师艾文斯按照国家帮助农场主委员会的要求拍摄的1929年大萧条期间农场主生活的照片名闻遐迩。美国人喜欢向其他国家的人民展示这样的照片，并教训别人应该怎样描绘他们在走向今天繁荣的道路上所经历的磨难。

在全民所有制年代人们失去了自己的财产、居住地和某些领土的属性。不断的迁徙、家庭人数少的房间、不断的出差、使得人们之间疏远。这一生活方式没有泯灭人们对于自己的先辈及其墓地、对于法律权利、自己故土的回忆。人们对自己的家乡、自己先辈的生活的兴趣以及希望了解他们生活的目的和理想的愿望逐年增加。农民们为自己的出生而感到骄傲，将自己的历史传给儿孙们。

尼古拉·伊万诺维奇·沃尔科夫（1872–1924年以后）是特维尔省卡利亚金县托尔斯托乌霍沃村的农民诗人。他写道：

我是庄稼汉，大自然的庄稼汉，

既不是商人，也不是贵族，

既不是半饥饿的农奴，

也不是贪婪的小市民。

我是自由自在的大自然的儿子，

在自己的家里我是主人，

自己的自由，

我不愿给予任何人。

沃尔科夫12岁开始在莫斯科的商店打工，后来在蔬菜店和葡萄酒店里作伙计。他是斯比里东·德罗任、伊万·苏里科夫、彼得·特拉文、伊万·别洛乌索夫、谢尔盖·叶赛宁圈子里的诗人。在苏联时期，他是全俄农民作家协会成员。

对于很多家庭来说，珍藏在相册中的老照片是最宝贵的纪念品。并非对照片里所有的东西都留有记忆，很多东西都遗忘了。当地居民迄今仍记得谢力诺村专业摄影师奥西普·什特尔金。他们请他拍摄他们的孩子、朋友和全家照。在战争年代，从前线回家休假的战士们请他拍摄家庭照。由于奥西普·什特尔金的摄影，该区居民亲友们的形象保留了下来。

什特尔金家不愿意提起在苦役般的年代里有一个亲戚公开遭侮辱的事情。在一些公开刊物里能看到关于亚历山大二世时期对这一农民故事的描述。有一次，乡长的故意刁难使这位农民极端愤怒。他失去自我控制，朝着挂在墙上的沙皇肖像吐了吐沫。因此他被抓了起来。法院很快就以侮辱沙皇的罪名判处他6个月监禁。按照程序，因为此案涉及沙皇本人，法院就将此事呈报给沙皇。亚历山大二世看完卷宗，笑了起来："他啐了我的肖像，而我却要用国库的钱把他关押起来并养他半年！"他批示："把这个傻瓜放出来并告诉他，我也啐他。"

米哈伊尔·亚历山德罗维奇·普京实现了自己上大学时的愿望：购买了一架"ФЭД"牌照相机并开始学习摄影。他拍摄的很多照片是如此精美，甚至可以与专业摄影的作品媲美。他尽力把拍摄的照片寄送给有关的人。因此，人们总是高兴地接待他。在1950至1960年代，米哈伊尔·亚历山德罗维奇在家乡拍摄了许多照片，它们全部被保存下来。

"摄影"一词被翻译成"照相"。用透明的思想完成的印迹变为成功、走运和成就的护身符。因此，请珍惜自己的照片。

第六部分 相 册

首都农民工 奥西普·伊万诺维奇·什特尔金讲授摄影课期间
20世纪初摄于圣彼得堡

亚历山大·雅科夫列维奇·普京一家

自左到右：姐姐（伊万诺娃）、玛丽亚·彼得罗夫娜·普京娜和安东宁娜·彼得罗夫娜·谢列达，玛丽亚·彼得罗夫娜和亚历山大·雅科夫列维奇的孩子们：彼得、叶卡捷琳娜、亚历山大、伊万·叶梅利亚诺维奇·谢列达，孩子们：维克托、弗拉基米尔、尼古拉，20世纪30年代初摄于萨马拉

第六部分 相 册

农民家庭

格涅拉洛夫乡最好的木工伊万与家人。

波米诺沃村，35号楼，1910年

被没收田产的伊万一家离开农村搬往列宁格勒。

小儿子尼古拉成为著名电力厂最佳车工之一，其他人是给予国家奖励并被选举为工厂党委和区党委成员的同事。

农村企业家

四个包工队队长在村长的带领下（手握合同）同农庄主进行谈判，讨论下一季度伐木区工作条件和建筑量问题。

图尔吉诺沃村，1907年

首都企业家合影

建筑承包公司全体成员。

И·布雷扎诺夫摄于圣彼得堡,小贵族街17号,20世纪初

合资企业成员

签名:A·阿尔姆费力德,B·别尔聂尔,布特奈尔,C·摩尔古列茨,(?)卡拉·斯达艾里,(?)Ф·库兹涅佐夫,B·科列因,B·亚历山大罗夫。20世纪初摄于莫斯科

第六部分 相 册

节日

照片来自作者的收集,摄于20世纪10年代

在西部边境
军事检查员所佩戴的不同勋章。
图片出自作者相册，20世纪初摄于波兰琴斯托霍瓦

在东部边境
第36西伯利亚步枪团。团照片。
20世纪初摄于俄罗斯岛，符拉迪沃斯托克要塞
下图是照片的背面

儿童摄影
泽菲罗夫摄于20世纪初,巴拉科沃村

中学生冬妮娅·伊万诺娃,萨马拉。
婚后——谢列塔, 是普京姐夫的救命恩人。
相册中的照片,乌里扬诺夫斯克。

特维尔地区的彼得堡人
波戈列洛沃村的伊万·斯列普尼奥夫,马特廖娜·阿列克谢耶夫娜与在"奥列格"巡洋舰服役、曾参与对马之战的侄子。
伊·波列扎诺夫摄于圣彼得堡

第六部分 相 册

来自波米诺沃的石油专家
背面注释：
给父母留作美好久远的纪念，儿子德米特里（丘尔萨诺夫），摄于1933年5月，格罗兹尼市。
大学毕业后在美国加州石油行业实习。之后他时运不济，命运变幻多测。20世纪30年代，意外死于枪杀。
来自科瓦廖娃（丘尔萨诺娃）的家庭相册

士兵彼得·巴甫洛维奇·科诺诺夫
З.К.普京娜的叔叔
在德国迎来战争结束

内务人民委员会士兵
阿列克谢·米哈伊洛维奇·诺沃日洛夫
牺牲在彼得罗查沃德斯克边境地区的苏奥雅尔维镇

第六部分 相 册

去哪里?
米·亚·普京摄于20世纪50年代末

后　记

　　在研究的各个阶段，没有提出发表其结果的任务。2000年前，即弗拉基米尔·弗拉基米罗维奇·普京成为主要的政治活动家、接着又当选为俄罗斯联邦总统之前，大部分材料已经搜集完毕。研究的所有结构内容——家族的形成、对国内居住情况的分析、姓的来历都是与政治形势无关的、客观的和独立的材料。

　　2000年弗·弗·普京当选俄罗斯联邦总统和随后社会对他个人的兴趣引起了大量报道，其中有些因为缺乏事实而导致想象，或者沿着爷爷斯皮里东住宅的台阶去搜集旧餐具的碎片。根据未经证实的间接的资料，开始说普京有沙皇和贵族的血统。现代俄罗斯的绝大多数人，不管是公务员、科学院士、军官、集团公司的主人，还是雇员，都来自农民。

　　一切严肃的家谱研究都建立在档案文件的基础上。所谓弗·弗·普京总统是1612-1917年罗曼诺夫王朝某位沙皇后裔的说法，纯系想象而已。

　　弗·弗·普京总统家族是古老的俄罗斯农民家族，其中很多人在19世纪末是猎人，农民中最积极、意志最坚强、最有知识的阶层。他们为自己和家庭最大限度地利用了1861年农民改革所提供的公民权利和经济自由，最终是巩固了国家。

　　由于"康斯坦丁诺夫斯基"国际慈善基金会的关心和积极参与，在普京家族的家乡，一半已经被毁的波克罗夫教堂开始了修复工作。工匠们修复了教堂的金顶和钟楼，修复了独一无二的壁画，安装了设备，增添了必要的建筑。在2007年伟大的东正教圣母波克罗夫节，在图尔吉诺沃村举行了教堂修复后隆重的使用仪式。这个教堂不仅成为该村和附近村庄居民的东正教中心，而且经常有很多客人从很远的城市来到这里。因为在过去的年代里他们的祖先从这里去了其他地方。在原先村子的中心修复教堂使得其他村庄被毁坏的那些教堂有了修复的可能。人们怀着感激的心情欢迎教堂的修复以及先辈传统的恢复。

　　人民并不知道历史发展的政治机制。在历史事件发生后，人们必须做出生存下去的决定。农民失去了自己的基本财产：土地、牲畜、住宅、农具、其他建筑……迁徙、定居、又离开，像候鸟一般的生活撕裂了活生生的家族联系。在箱底和布袋的衣服暗袋里，人们把亲人和朋友的照片作为最珍贵的东西收藏起来。在很多情况下这是他们一生所留下来的唯一的文件证明。苏联没收人们所有财产的制度消灭了家族的基本物质联系——财产联系。家族的任何一代都要继承父母的财产，使用并传承给孩子们。一代一代地积累物质财富。对家族墓地、先辈的住房、合法的权利的记忆没有消失。很多人竭力要返回自己的故乡，恢复对不动产的权利，寻找已经失去联系的亲戚。无论当局如何千方百计地毁灭人民的独立性格，人们还是坚强地生存下来。俄罗斯人民是其领土上的脊梁。由于俄罗斯人民的顽强和不屈不挠，建立起了俄罗斯帝国和苏联，俄罗斯联邦得到发展。俄罗斯联邦是多民族的国家，各族人民记得和理解代际联系，知道要在这个国家过正常的生活。男人们在这块土地上建造房屋，苦心经营，和优秀的妇女们一起保障自己家族的良好发展。由于某些人不负责任的背信弃义，人们付出了自己的财产、收入、儿子们的生命和女儿们被糟蹋的命运。

1917年发生的事件以及随后没收人们在银行和个人存储的所有积累，国内战争，解除居民的武装，消灭私营经济，强制性地把财产充公，强迫信奉东正教，镇压宗教界上层，伟大的卫国战争——所有这些都给俄罗斯大多数居民的生活造成了悲剧性的后果。种下了害怕、怀疑、不信任和嫉妒。在头脑里灌输了伟大的思想和目标，这就是由于祖国丰富的矿藏、同敌人斗争中的英勇精神和拒绝必不可少的要求，人类未来的幸福。国家生活的急剧转变把很多人从自己已经习惯的地方抛向各个城市和村庄，迫使他们改变职业、生活方式和思想。失去了简单的真理。

多数人以尊敬的态度对待自己先辈的记忆，摆正自己的位置以及在整个家族链条中每一代人的位置。但是每一代人的智慧基本上是以个人接触的方式传播的。在很多新闻媒体中并不尊重传统的价值观。按照新闻界一个著名的笑话，如果狗咬人，就不耸人听闻，这个新闻微不足道；如果人咬了狗，那么就是耸人听闻的新闻，这条新闻就很有价值，把它放在最重要的时间段播送，而且不断重复。

在由新闻媒体向人们灌输的日常新闻万花筒里，在真理和谎言中，在崇高的愿望和乖戾中，很难找到在生活中能给予人们依靠的东西。在毫无内容、双重意义、空洞和广告式的口号等大量奇谈怪论中，唯一有价值的新闻就剩下传统的东西：

家庭、家族、人民。用现代的新闻洗脑手段来反对主要的价值观。应该像保护自己领土一样地保护自己的历史。不要被专业化的歪曲者和阴谋家的甜言蜜语所迷惑，他们善于适应任何形势和伪造任何感情。崇拜别人偶像的危险并不亚于在别人的窗户下乞讨。

很多人像孩子一样，只以事情的表面现象——例如言语、文章、电视报道、电视系列片来判断事件的性质。新闻媒体编造一个非现实的世界，把一些利用者吸引到其中，在忍耐的幌子下鼓吹无神论，在联邦的幌子下鼓吹无民族性，鼓吹不完全的综合体。在这些条件下，只有我们的父母、爷爷、曾祖父能够提供可以信赖的世界观依靠。但是，为了从记忆深处获得这些价值观，正确地理解它们并把它们放到适当的位置，必须努力才行。在三代人系统地进行意识形态加工的年代里，把人们变成了没有灵魂的东西（没有灵魂的东西——根据突厥的神话，把被抓获的敌方俘虏变成没有灵魂的奴隶般的东西，完全服从于主人，不记得从前生活的任何事情。主人把这些没有灵魂的奴隶看得比普通人更好用。钦吉斯·艾特玛托夫，《一日长于世纪》），这一点不会不留下痕迹。

我们父辈的故事，
正像斯丘阿尔特人世纪的故事，
比普希金还遥远。
只能在梦里，
看见。

——鲍里斯·帕斯捷尔纳克

后 记

在苏联百科全书中没有确定人们的家族关系，只是写道：女婿、姑子、内兄，等等。关于家族的条文揭示悠久的家族共同体和植物园、动物园和语法里的不同类别。关于家谱的条文只是相对写了农业的动物和生物。有目的地消灭了有机地存在每个家庭里的整个一层文化。

本书的任务之一就是要恢复人们对先辈的记忆——这些是永久的价值。人民是出生于一个种族的人们，是一个根子上的枝条。人民是用血粘连在一起的，在老人中看到父亲，在同龄人中看到兄弟，在姑娘中看到姐妹，在老妇中看到母亲。在人民中间没有失去灵魂的人的位置。

在新闻媒体中缺乏我们国家各族人民历史发展的艺术情绪的思考结果。我们有系统表现俄国历史题材的艺术电视片、电视连续剧、系列电视报道、小说、连环画册、商品和社会活动吗？回答是令人难过的：基本缺乏，只有个别例外。19世纪末20世纪初农民和猎手（他们在拥有农业经验的同时，又能在城市人的职业中保障不菲的收入）的典型形象在哪里呢？这样的人有几十万，这是俄国社会生活的现象。缺乏仅仅在200至300年间就开垦了伏尔加河沿岸、南部草原、乌拉尔、西伯利亚、远东的农民-移民的形象。他们把国家的边界扩大到太平洋。从一开始就忽略了俄罗斯人民对其他民族文化、无论是近邻的文化还是很遥远的文化的易容受性。由于这一易容受性，俄罗斯人民以最小的冲突开发了遥远的领土，与当地人们和平相处，同时又在自己的土地上以不冲突的方式接待了其他民族的代表，无论是近邻的文化代表，还是很遥远地方的文化的代表。文化侵略以各种各样的形式进行。这一系统宣传的意识形态者们的兴趣是可以理解的。不仅孩子们不应该忘却父辈，而且家族的人也不应该中断联系，以便老人的经验能够传递给下一代。

不爱护历史和文化的现象表现在各个方面。例如，很多人对作为民族财富的档案文件的态度很不好。多数人对档案活动不以为然。档案馆自己也没有经常举行关于各个研究成果的展览，这些研究成果本来可以经常引起专家和许多其他人的兴趣。

1981年苏联国防部长签署了第225号命令。他确定了情报总局专门档案馆文件保存的期限，分别为10年、35年、50年、75年和"永久保存"。1982年12月专门档案馆馆长向情报总局局长 П.И.伊瓦舒金报告说，档案馆已经装满了，如果不增加储藏面积，那么有些档案应该销毁。于是"逐页审阅"并销毁了2.7万多个文件。过了6年，1988年，在准备总参谋长报告的过程中，一些军官发现，被销毁的原来是二战前苏联驻国外武官处和间谍机构的特别情报。

这些军官中的一位在回答当他看到被销毁文件清单的感受时气愤地说："真想哭一场啊！"借用约瑟夫·维萨里奥诺维奇·斯大林1942年第227号名为《决不后退一步》命令的话来说，可以把这个命令称为《决不往后瞧一眼》！

2012年纪念米哈伊尔·库图佐夫领导下的1812年卫国战争200周年。1930年在列宁格勒开始毁坏滨海修道院三圣-谢尔吉耶夫大墓地。在这个地方埋葬着库图佐夫元帅和亚历山大·苏沃洛夫大元帅几个女儿的遗骸。在大墓地的地方为军校的士官生建起了操场，上面写着："向前走！"这是沿着遗迹前进！

后 记

2006年纪念陀思妥耶夫斯基家族500周年。作家家族的墓地情况如下（不完全记载）：1931年位于莫斯科州扎拉伊区的作家父亲（米哈伊尔·安德烈耶维奇·陀思妥耶夫斯基）的墓地被夷为平地（陀思妥耶夫斯基曾被流放服苦役）；位于列宁格勒州帕夫洛夫斯克的陀思妥耶夫斯基的哥哥（米哈伊尔·米哈伊洛维奇·陀思妥耶夫斯基）的墓地已被毁；姐姐（薇拉·米哈伊洛夫娜·卡列皮娜）的墓地被毁；位于圣彼得堡博利舍奥赫金公墓的作家小儿子（阿列克谢·陀思妥耶夫斯基）的墓地保留下来，但是没有竖立纪念碑；位于辛菲罗波尔公墓的作家的孙子（费奥多尔·费奥多罗维奇·陀思妥耶夫斯基）的墓地未被保留；位于莫斯科拉扎雷夫斯基公墓的作家母亲（玛利亚·费奥多罗夫娜·陀思妥耶夫斯卡娅）的遗骸被毁。甚至用其他人的姓替代了作家及其亲戚的墓碑。这就是俄罗斯和世界著名人物的墓地状况！

那么普通公民的状况如何呢？或许去掉记忆的遭遇与他们无关？在莫斯科，1942年以前公民墓地的目录手册被毁。在梁赞，1812年卫国战争参加者的墓地被柏油覆盖，在墓地上建造了加油站，地方政府和社会组织写了赠言加以纪念。现在已经没有适当的历史之地来纪念历史性胜利周年。在特维尔州图尔吉诺沃村，20世纪30年代毁掉了保存有普京家族人士在内的很多当地居民遗骸的墓地。1937年以前去世者的墓地没有保存下来。或许本来应该划定界线，表明旧的墓地？基本建设投资很少，但是关于居民的记忆将保留下去，先辈的习俗将永远遵守。

在一个电视频道的历史节目里播放了关于一个英国人现在

寻找曾祖父墓地的多集影片。影片作者从墓地开始拍摄，详细介绍了寻找墓地的每一个步骤，强调了这位英国人对自己家族以及对寻找的先辈和祖国的爱。他的曾祖父背叛了自己的所有女人，起初生活在英国，后来逃到美国。这位曾经的富人去世后，竟然是靠市政出资埋葬的。几十年过去了，公墓工作人员还能够准确地指出此人遗骸安放的地方——一块有人照料的草地。

我们大家只有一次来到世界。生命具有悲痛的结束。记得自己出生的人永远不会背叛自己的家族。从一开始就赋予一个人能力、天才、爱情，很多人不能实现其所向往的东西。遇到问题时，很多人没有考虑它们的规模，就陷入怀疑，没有深思熟虑就追究那些枝节的东西，或者嫉妒，或者干蠢事。如何改变很多人历史的终结呢？应该在自己家族中汲取力量。想一想爷爷和奶奶的故事，到他们生活的农村去，去顶间的僻静处找到传家之宝。仔细地看一看老照片中人们开心的脸庞。您先辈的这些脸庞一定会鼓舞您自己和孩子们去创造美好的事业。如果看一看总统家族先辈们很好掌握的那些职业的经营现状，我们从专家们的鉴定大概就会看到以下情况。

以爷爷斯皮里东的烹饪专业为例。没有社会主义的短缺，可以很快地吃饭，虽然不总是吃得很好。但是饭店老板们不明白什么是俄国烹饪，没有去研究，介绍得很差，关于馅饼、饺子和红菜汤的介绍很原始粗糙。在大家都能得到的廉价的饮食水平上，失去了关于最普通的大众菜肴所含的健康物质的记忆，这就是粥、烘饼等。在贵族饮食的水平上，情况也好不了多少。有没有著名的具有鲟鱼、新鲜鱼子酱和野味的高水平皇家烹饪，可以带着高收入的人们去作美食旅游的民族餐厅？建议来俄罗斯的客人们还是食用意大利食品或日本的寿司，它们是真正的名牌。

以爷爷亚历山大的裁缝专业为例。以材料来说，在世界布匹、毛料、棉花、亚麻市场上，俄国现在和100年前各占多少份额呢？俄国的亚麻是闻名于世的品牌。过去在每个大的或较大的村庄都有亚麻厂，而现在呢？以设备为例，在国际专业化的展览会上行家们不解地询问俄罗斯专家：如果您们不投资发展自己的企业，只是用自己"倒爷们"的流通手段在某些国家照搬整个行业，你们将如何发展自己的事业并参加竞争？军工综合体企业关于生产两用产品的转产计划有没有取得结果？这个计划本来可以在例如轻工业的大批生产中加以有效利用的。又比如模型，我们将在世界上长期使用独一无二的、世界上任何地方都不生产的产品，与俄罗斯寒冷气候相适应的模型。那么有没有符合世界要求的模型呢？

以爷爷伊万的细木工专业为例。如果把我国现代锯材和原木家具生产的产量作比较，那么差距很明显。拥有世界上最大的木材储量，但是没有自己高质量的原木家具生产，这对任何人来说都无法解释。以家具为例，显而易见，加工产品的收入远远高于低级的原木和锯材生产。企业家们不能不讲收入，就是说，经济机制中有什么东西需要改变。还需要非常努力，才能使国家在出售本国商品的世界经济地图上占有当之无愧的位置。

但是没有理由悲观失望。生活正逐步回到正常的轨道，各种传统正在恢复，信仰在复苏，人们在成长。在乌拉尔出现了和自己家族许多代表通信的热心者。他们经过商量，一起来到先辈们居住的村庄。总共来了100多人。新闻媒体并没有对这个事件给以足够重视。在众多的新闻中，这一报道被作为人类一种原始的古怪行为而放在不重要的专栏里。

实际上，这是近年来在俄罗斯发生的最重要的事件之一。这些人以自己的愿望和会见向所有其他人表明，人民由很多家族组成，只要俄罗斯家族和其他家族相互之间通过私人联系而联系在一起，在俄罗斯就会既存在俄罗斯民族，又存在其他民族。乌拉尔的这些人首先证明了家族和民族之间活生生的联系。在普世价值的洪流中，这一倡议并未被发现。

每个人的生命在他出生前很久，大约在出生前六代期间或者150年期间就形成了。在婴儿诞生的一刹那间，他的很多东西已经预先决定。预测不是预言，但是就像人们所说，家族上有记录。在任何人的身上存在着很多代的记忆，对于所有人来说，历史的时钟都走得一样。

对价值观的理解不仅是一个家庭，而且是整个家族逐步回到我们多灾多难人民的意识中。在任何一个国家，在家族的古老基石上总是存有民族和国家的伟大和宏伟。我们每个人都是一代又一代家族链条中的一环。了解和理解自己家族的阴谋诡计后，我们可以扩大行动自由。家族变幻的平衡性使得我们可以看到借方和贷方。家族内部的真理和正义的规律要求遵守盈亏的零平衡。忠诚于家庭最大的义务是每个婴儿对自己父母的义务，对自己出生后直至成年时父母所给予的爱、温暖、关心、照顾和特殊关系的义务。我们把从父母亲那里所获得的东西，传承给自己的孩子们。但是孩子们并不能把这一切都还给父母亲。他们把父母给予的爱送给自己的孩子们，即下一代。家族的血脉就是这样传承下去。

译后记

2015年5月初，应国务院发展研究中心欧亚社会发展研究所（简称欧亚所）邀请，俄罗斯总统顾问格拉济耶夫率俄罗斯"伊兹博尔斯克"俱乐部代表团访华。代表团成员中包括俄罗斯汉学家、《习近平：正圆中国梦》作者瓦季姆·塔夫罗夫斯基和普京总统的堂弟、《普京家族》作者亚历山大·普京。

经欧亚所介绍，亚历山大同意授权中国人民大学-圣彼得堡国立大学俄罗斯研究中心翻译出版《普京家族》中文版。

俄罗斯研究中心为此成立了翻译小组。其中，经济日报前驻俄罗斯和中亚首席记者李垂发翻译前言至第一部分第二章；人民画报社《Китай》（中国）杂志高级编辑易甲子翻译第一部分第三章至第四章；新华社欧亚总分社前社长张铁钢翻译第一部分第五章至第三部分；前驻白俄罗斯使馆参赞、现任中国人民大学-圣彼得堡国立大学俄罗斯研究中心副主任王宪举承担第四部分至后记的翻译并统稿。

普京家族是伟大俄罗斯人民的一个缩影。《普京家族》是俄罗斯国内并不多见的家族家谱研究著作之一。作者亚历山大·米哈伊洛维奇·普京是现任俄罗斯总统弗拉基米尔·普京的堂弟，1953年10月18日出生于梁赞市，并在那里长大。1976年毕业于梁赞无线电学院无线电技术专业。先后在梁赞仪器厂、俄罗斯央行梁赞州分行工作。从2001年起在科米共和国乌辛斯克市石油钻井公司任职。后来转到莫斯科，在全俄私有化和个体企业协会工作。

　　亚历山大对普京家谱的搜集始于1986年，对普京家族12辈、特别是最近6辈家庭亲属的情况进行了研究，目的是想弄清自己的出身和祖辈的情况，找到失去联系的亲人，恢复往来和联系。当时谁也没有想到，普京家族中竟会有人担任俄罗斯总统。

　　从1992年至2002年，亚历山大花了10年时间，在搜集材料的基础上，完成了对普京家族史的研究。2013年出版了《普京家族：主要研究资料1986—2002年》。为了满足读者的需要，2015年出版了此书的精编版。现由当代世界出版社出版《普京家族》一书的中文精编版。

　　《普京家族》客观而全面地介绍了普京家族最近几代主要成员的生平。通过对他们的介绍，读者不仅可以了解他们的生平、工作和生活，而且可以了解他们当时的时代背景和生活环境，特别是了解近100年来俄罗斯沧海桑田般的巨变及其对人们的深刻影响。

　　毋庸置疑，通过阅读此书，读者可以了解现任俄罗斯总统弗拉基米尔·弗拉基米罗维奇·普京的家族遗传以及先辈们对他的深刻影响。

　　2016年12月17至20日，亚历山大先生应邀来华访问，并与翻译小组讨论了书中一些疑难问题。这为确保此书的翻译质量提供了有利条件。为了保障此书的照片质量，亚历山大还向译者提供了电子版照片。

　　值此《普京家族》出版之际，再次向亚历山大·普京先生致以衷心的感谢！

译后记

也要感谢当代世界出版社和中联部六局领导。由于他们大力支持和协助，这本书才得以很快出版。

中国人民大学–圣彼得堡国立大学俄罗斯研究中心主任、中国人民大学经济学院党委书记关雪凌教授，该中心工作人员张若涵、张琳都为此书翻译出版做了大量工作。也向她们表示由衷的谢意！

由于本人水平所限，翻译和统稿中难免有一些不妥之处，敬请读者批评指正。

王宪举

2017年4月